淘宝、天猫网上开店速查速用一本通

开店、装修、运营、推广完全攻略

刘珂◎著

时代出版传媒股份有限公司
北京时代华文书局

图书在版编目（CIP）数据

淘宝、天猫网上开店速查速用一本通：开店、装修、运营、推广完全攻略 / 刘珂著．—北京：北京时代华文书局，2015.5（2018.4重印）
ISBN 978-7-5699-0248-8

Ⅰ．①淘… Ⅱ．①刘… Ⅲ．①电子商务－商业经营 Ⅳ．①F713.36

中国版本图书馆CIP数据核字（2015）第086206号

淘宝、天猫网上开店速查速用一本通：开店、装修、运营、推广完全攻略

著　　者 | 刘　珂

出 版 人 | 杨红卫
选题策划 | 蒋西良
责任编辑 | 李凤琴
装帧设计 | 润和佳艺
责任印制 | 王　洋

出版发行 | 时代出版传媒股份有限公司　http://www.press-mart.com
北 京 时 代 华 文 书 局　http://www.bjsdsj.com.cn
北京市东城区安定门外大街136号皇城国际大厦A座8楼
邮编：100011　电话：010-64267955　64267677

印　　刷 | 北京盛彩捷印刷有限公司　010-60530960
（如发现印装质量问题，请与印刷厂联系调换）

开　　本 | 787×1092mm　1/16
印　　张 | 18
字　　数 | 320千字
版　　次 | 2015年6月第1版　2018年4月第10次印刷
书　　号 | ISBN 978-7-5699-0248-8

定　　价 | 39.80元

前言
Preface

据艾瑞统计数据显示，2014年初，中国电子商务市场交易额已突破10万亿元大关。面对如此庞大的利益市场，不少商家纷纷打破单一的经营模式，从实体经营转向网络营销，以寻求新的销售增长点。

同时，在网络经济日益发达，职场生存压力倍增的今天，许多人开始将目光投向了淘宝开店这个投资不大，几乎人人都可以起步的项目上。如今，开网店已是非常热门的话题，对于广大网上开店的创业者来说，现在正处于一个最好的时代，互联网的不断扩张、社交媒体的爆炸性增长……都为网上开店提供了更好的支持。虽然开一家网店并不困难，但想获得赢利并不简单。

为了帮助众多的新手卖家掌握淘宝开店的流程、货源准备、店铺装修、商品拍摄、交易方法、营销推广以及售后服务等知识，笔者根据自己多年网上开店心得，并结合了多名淘宝五皇冠店主的经验，精心策划编写了本书。

本书将目前最前沿、最流行的营销理念运用到淘宝这个平台，所有技术的应用效果都在淘宝店铺中得到过实际验证，已经获得了巨大的成功，并且还在持续创造着惊人的效益！

本书系统地介绍了在淘宝开店如何成为皇冠卖家的相关知识。全书分为四篇，共十四章，内容如下表。

篇名	主要内容
开张准备篇	开网店的基本常识、寻找好货源、做好开店前的准备、轻松当掌柜
店铺装修篇	给宝贝拍靓照、照片的美化与处理、店铺设计与装修
营销推广篇	寻找买家、免费推广店铺、搜索引擎排名与优化、店内推广与促销
管理售后篇	选择便捷实惠的物流渠道、培养专业资深的客服人员、网店售后服务与纠纷处理

本书编排精美、内容详尽、讲解清晰。力求让读者活学活用，在经营过程中实践技巧，并转化为实实在在的收益，早日走上快速赢利的良性经营道路。

本书读者对象为：

想在网络中实现创业梦想的有志青年；

即将毕业或已经毕业，想要创业的大学生；

拥有实体店，想要扩展经营的店主；

已在淘宝开店，正在寻求突破的卖家。

也许你还在为找不到工作而发愁，或者在抱怨工作的巨大压力，又或者为自己淘宝店铺的经营状况而担忧，幸运的是，你看到了这本书。只需要这一本书，就可以解决淘宝开店创业的所有问题，可谓一书在手，淘宝创业无忧！

开张准备篇

目录
Contents

目录
Contents

店铺装修篇

目录
Contents

营销推广篇

管理售后篇

开张准备篇

网上开店是一种在互联网时代背景下诞生的新销售方式，区别于网下的传统商业模式，与大规模的网上商城及零星的个人商品网上拍卖相比，网上开店投入不大、经营方式灵活，可以为经营者提供不错的利润空间，成为许多人的创业首选。

第一章

开网店的基本常识

时下，网上开店已成为一种新的潮流，学生、白领、农民纷纷开起了自己的网店。同时由于门槛低、风险小，开网店也越来越受到创业者们的喜爱。

第1节 常见网上开店平台

网上开店平台的选择主要分为三种：专业的C2C拍卖类网站；可以注册个人卖家会员的综合型购物网站；可以注册个人卖家会员的单项购物网站。

目前，中国提供网上开店服务的大型购物网站有上百家，真正有一定影响力的则数量不多。目前常见的网上开店平台分别是淘宝网、天猫商城、拍拍网和易趣网。

1. 淘宝网

淘宝网（taobao.com），中国最大的网购零售平台，目前拥有近5亿的注册用户数，每天有超过6000万的固定访客，同时每天的在线商品数已经超过了8亿件，平均每分钟售出4.8万件商品。随着淘宝网规模的扩大和用户数量的增加，淘宝网也从单一的C2C网络集市变成了包括C2C、团购、分销、拍卖等多种电子商务模式在内的综合性零售商圈。目前淘宝网已经成为世界范围的电子商务交易平台之一。图1–1为淘宝网首页。

图1–1 淘宝网首页

2. 天猫商城（天猫）

天猫商城（TMALL.com）是中国最大的企业对消费者购物网站，由淘宝网分离而成，由知名品牌的直营旗舰店和授权专卖店组成，现为阿里巴巴集团的子公司之一。天猫同时支持淘宝的各项服务，如支付宝、集分宝支付等。

天猫商城原名为淘宝商城，是一个综合性购物网站。2012年1月11日，淘宝商城正式宣布更名为“天猫”。2012年3月29日天猫发布全新Logo形象。天猫是淘宝网全新打造的B2C（Business-to-Consumer，商业零售）网站，其整合数千家品牌商、生产商，为商家和消费者之间提供一站式解决方案。提供100%品质保证的商品，7天无理由退货的售后服务，以及购物积分返现等优质服务。图1-2为天猫商城首页。

图1-2 天猫商城首页

天猫具有普通淘宝店铺和淘宝旺铺都不具有的功能。

（1）信用评价无负值，从0开始，最高为5，全面评价交易行为。

（2）店铺页面自定义装修，部分页面装修功能领先于普通店铺和旺铺。

（3）产品展示功能采用Flash技术，全方位展示商家的产品。

（4）全部采用商城认证，保证交易的信用。

3. 拍拍网

拍拍网（www.paipai.com）是京东商城战略收购的原腾讯旗下的知名电子商务网站。拍拍网于2005年9月12日上线发布，2006年3月13日宣布正式运营，是目前国内第二大电子商务平台。图1-3所示为拍拍网首页。

图1-3 拍拍网首页

拍拍网原为腾讯电商旗下业务，2014年被京东集团收购。拍拍网致力于打造一个卖家和买家互联互通的C2C平台。拍拍网主要提供各类服饰、美容、家居、数码、母婴、珠宝、食品和饮料等产品，来全面满足消费者的需求。此外，拍拍网还为第三方卖家提供数据挖掘和分析等增值服务，这些增值服务将帮助卖家对消费者和市场做出精准分析，并为其产品规划和开展精准营销提供支持。

4．易趣网

易趣网（eachnet.com）是全球最大的电子商务公司eBay和国内领先的门户网站、无线互联网公司TOM在线于2006年12月携手组建的一家合资公司。易趣网是中国最早提供网上开店服务的购物网站之一。易趣网秉承帮助几乎任何人在任何地方能实现任何交易的宗旨，为卖家提供了一个网上创业、实现自我价值的舞台；除了拥有品种繁多、价廉物美的国内商品资源，更推出了方便、快捷、安全的海外代购业务，给广大买家带来了全新的购物体验。图1-4为易趣网首页。

图1-4 易趣网首页

第2节 网上开店需要具备的条件

网上开店的目的当然是为了赚钱，要通过在网上开店赚到钱还必须具备一定的条件，这些条件分为硬件条件和软件条件。

1. 硬件条件

尽管网上开店十分简单，投资又少，但是也要具备最基本的条件和投资。网上开店需要一些必要的硬件设施，这些硬件主要包括以下几种。

（1）电脑和网络。电脑的配置无需高档，能上网，能进行简单的图片处理或网页设计即可。目前市场上的主流电脑都能满足网上开店的要求。网络当然应该选择能长时间上网的宽带网络，最好采用不限时间、不限流量的包月制收费的网络。图1-5为硬件条件之一的笔记本电脑。

（2）自己独立的工作室地址。开网店首先需要有一个办公的场所。如果自己在家办公，那就可以写上自己的家庭住址。网上开店，也要正规地开，工作室地址是一定要有的。

（3）方便与客户联系的移动电话。很多时候网上联系并不能解决全部问题，还需要手机、电话来帮忙。电话也是网上开店常用的工具，因为网络联系受制于电脑的限制而无法随身携带。

（4）可以清晰地拍摄产品图片的数码相机。开网店，数码相机是必备的。数码相机用来给产品拍照，以便在自己的店铺中进行展示。因为实体货物在上“网络货架”之前，一般都需要

图1-5 笔记本电脑

对其进行拍照并上传照片到店铺上。照片使买家更加有了直观的感受和了解，也使物品更受关注。没有照片的货物很难销售，因为没有照片这种直观的“货品”，商品很难引起买家的注意，而且还会让买家怀疑该物品是否存在。因此，好的数码相机和娴熟的拍摄技术就显得尤其重要。

数码相机的选择，最基础的可以用2倍光学变焦300万像素的。由于产品大多采用微距模式进行拍摄，要求数码相机的微距性能要好。相机品牌可以根据自己的喜好来选择，因为网上开店中主要的一部分就是通过图片给自己的客户展示产品，拥有了自己的数码相机，可以最快速地把自己的产品多角度、细致地反映在客户面前，客户想怎么看就怎么看，同时这也说明你服务周到。图1-6为数码相机。

（5）收发文件的传真机。一些文件需要通过传真来接收，如果自己的网店进入实际操作阶段，会有很多客户需要和你签订合同。这也是法律方面的保证，同时很多资料的收发也离不开传真机，所以生意做大的时候，传真机也是很重要的一件装备。

图1-6 数码相机

（6）打印机。虽然打印机并不是很重要的，但是平时也离不了，打印一些产品相关资料也是很有用的，有时还可以打印商品的照片看效果。

以上是一些网上开店的基础硬件设备，因为网上开店经营的策略有很多种，所以根据不同的经营策略，也可以选择其中的某几个设备进行组合。

2. 软件条件

网上开店有很多软件方面的要求。有些软件要求较为复杂。这里主要介绍一些常用的软件及软件方面要求，卖家可以根据自己的经营策略进行取舍。

（1）基本的网络操作要熟练。熟练的网络操作技术更有利于开展网上销售，如果你连自己网店的网页都打不开，那么即使你具备了开网店的一切硬件条件，也没有能力把生意做成，更不要说在网上开店了。

（2）必须能熟练收发电子邮件。网上开店要拥有自己常用的专门的电子邮

箱，卖家可以到网易、新浪等大型网站上申请，并应学会如何管理自己的电子邮件。网上开店做生意，电子邮件还是一种比较重要的沟通方式。

（3）需要熟练的运用聊天软件。如果卖家能够熟练地运用一些聊天工具，比如自己的QQ等，会更加有利于卖家与顾客的沟通。还有其他网站平台自带的聊天工具，比如淘宝网站的淘宝旺旺，也很有用。打字要熟练些，否则客户会认为你不认真，打字聊天是最好的沟通方式，卖家的生意就是在手指敲击键盘的时候谈成的。

（4）学会应用Word软件。Word是入门级的文字编辑软件，学会基本的操作以后，卖家可以很方便地编写合同，编写自己的产品宣传文案。文案编写的好坏程度对于销售有很大的影响，所以一定要尽可能地把文案写好，当然也就离不开文字编辑软件了。所以，如果你想开网店而对软件的应用又不是很熟练的话，你可以事先学习一下这个软件的应用。

（5）学会基本的网站建设软件。需要学习网站设计软件，因为至少可以知道网上商店的建设原理，并且还可以为自己的商店设计几个漂亮的广告页面，这样一个功能齐全的网上商店再配合几个漂亮的广告页面，效果会更好。

开网店时，用得着的基本的网站设计软件主要是Office系列软件中的Frontpage，还有就是Dreamweaver，前者很适合初学者学习，当然后者的优势就是更专业了。

（6）学会使用作图软件Photoshop。网上开店除了文案编写，另外一个非常重要的部分就是要有精美的商品图片和宣传图片，因为客户主要是通过图片来看你的产品的，质量差的图片会导致网店失去大部分的客户。因此是否能做出合适的商品图片，对网上开店来说是一个至关重要的因素，现在的作图软件有很多种，卖家只需要熟练地操作一个做图软件就可以了。这里给卖家推荐一种非常有用的学习软件——Photoshop。

第3节 网上开店的基本流程

开网店之前，首先要知道网上开店的流程。通过总结，网上开店流程应该包括以下几方面。

（1）确定卖什么。开店前需要想好自己要开一家什么样的店。在这点上，开网店与传统的店铺没有区别，寻找好的市场让自己的商品有竞争力才是成功的基石。

（2）选择开店的平台或者网站。需要选择一个提供个人店铺平台的网站，注册为用户。这一步很重要。

大多数网站会要求用真实姓名和身份证等有效证件进行注册。在选择网站的时候，人气旺盛和是否收费以及收费情况等都是很重要的指标。

（3）向网站申请开设店铺。要详细填写自己店铺所提供商品的分类，例如要出售时装、手表，那么应该归类在“珠宝首饰、手表、眼镜”中的“手表”一类，以便让你的目标用户可以准确地找到你。然后你需要为自己的店铺起个醒目的名字，网友在列表中点击哪个店铺，更多取决于名字是否吸引人。

（4）进货。可以从自己熟悉的渠道和平台进货，控制成本和低价进货是关键。

（5）登录产品。卖家需要把每件商品的名称、产地、所在地、性质、外观、数量、交易方式、交易时限等信息填写在网站上，最好搭配商品的图片。名称应尽量全面，突出优点，因为当别人搜索该类商品时，只有名称会显示在列表上。为了增加吸引力，图片的质量应尽量好一些，说明也应尽量详细，如果需要邮寄，最好声明谁负责邮费。

登录时还有一项非常重要的事情，就是设置价格。通常网站会提供起始

价、底价、一口价等项目由卖家设置。假设卖家要出售一件进价100元的衣服，打算卖到150元。如果是个传统的店主，只要先标出150元的价格，如果卖不动，再一点点降低价格。但是网上竞价不同，卖家先要设置一个起始价，买家从此向上出价。起始价越低越能引起买家的兴趣，有的卖家设置1元起拍，就是吸引注意力的好办法。

但是起始价太低会有最后成交价太低的风险，所以卖家最好同时设置底价，例如定105元为底价，以保证商品不会低于成本被买走。起始价太低的另一个缺点是可能暗示你愿意以很低的价格出售该商品，从而使竞拍在很低的价位上徘徊。如果卖家觉得等待竞拍完毕时间太长，可以设置一口价，一旦有买家愿意出这个价格，商品立刻成交，缺点是如果几个买家都有兴趣，也不可能抬高价钱。卖家应根据自己的具体情况利用这些设置。

（6）营销推广。为了提升自己店铺的人气，在开店初期，应适当地进行营销推广，但只限于网络上是不够的，要网上网下多种渠道一起推广。例如，购买网站流量大的页面上的“热门商品推荐”的位置，将商品分类列表上的商品名称加粗、增加图片以吸引眼球。

（7）售中服务。顾客在决定是否购买的时候，很可能需要很多你没有提供的信息，他们随时会在网上提出，卖家应及时并耐心地回复。但是需要注意，很多网站为了防止卖家私下交易以逃避交易费用，会禁止买卖双方在网上提供任何个人的联系方式，如信箱、电话等，否则将予以处罚。

（8）交易。成交后，网站会通知双方的联系方式，根据约定的方式进行交易，可以选择见面交易，也可以通过汇款、邮寄的方式交易，但是应尽快，以免对方怀疑你的信用。是否提供其他售后服务，也视双方的事先约定。

（9）评价或投诉。信用是网上交易中很重要的因素，为了共同建设信用环境，如果交易满意，最好给与对方好评，并且通过良好的服务获取对方的好评。如果交易失败，应给予差评，或者向网站投诉，以减少损失，并警示他人。如果对方投诉，应尽快处理，以免为自己的信用留下污点。

（10）售后服务。完善周到的售后服务是生意保持经久不衰的非常重要的筹码，与客户保持联系，做好客户管理工作。不管是技术支持还是退换货服务，都要做到位，这才是一位好卖家。只有做好售后服务，才能赢得回头客。

第4节 开店窍门与问答

1. 网上开店的三种方式

网上开店主要有三种方式：兼职经营、全职经营、网店与实体店结合经营。

（1）兼职经营。如果你拥有一份清闲的工作，那么可以利用自己的时间优势兼职开一家网店；如果你的工作让你有很多时间待在网络上，那么你也可以利用自己的网络优势开一家网店；如果你热衷于购物，经常逛商场，并且对商品消费很有感觉，你可以利用自己的审美优势开一家网店；如果你经常有出国机会，可以带回很多国内不常见的商品，那么开一家网店将是一个不错的选择，它可以充分展示你的货源优势，有可能会改变你的生活；如果你已经有一家实体店，那你的优势就不用再细说了，网店可以帮你拓宽销路……

（2）全职经营。随着网络经济的长足发展，网店已经深入人心，有很多人都盘算着在网上开个店铺，而且通过网店白手起家的比比皆是，房子、汽车也都应有尽有。可见，在网上全职开店完全可以作为一个人的终身事业来对待。

（3）网店与实体店结合经营。为了在互联网上宣传自己的商品，也为了在网上有一个可以对外宣传的窗口，有一些实体店和商品生产厂家，通常也会建设一个网上商店，其目的主要在于网上网下相结合，不但能够提高公司的知名度，还能够创造意想不到的经济收入。

2. 网上开店的心理准备

网店开张之初，一个好的开端是非常重要的，而这个开端，正是自己心理上的充足准备。

（1）平淡之心。首先要对开网店的困难有足够的认识。不要轻信报纸传媒

说得那么轻松：在家里轻轻点几下鼠标，就可以赚到钱了。绝非如此，开网店和任何一个谋生的工作一样艰辛，甚至有过之而无不及，你试过就知道。

网上开店的朋友，又岂止千万？在这么多人里，买家找到你的机会又会是多少？所以，一天、两天、三天，甚至是一个月、两个月、三个月没有生意都应该是事先有心理准备的。

（2）勤学之心。刚开网店，最最担心的是，店里没有人来看，自己辛苦进回来的东西，放到网上没人看，是最难受的事。如何提高店里的人气，是当务之急，在这样的情况下，要先清楚自己所处的环境，每个交易网站都有自己的特色和必须遵守的规则，熟悉了这些规则和环境后，方能得心应手地开好网店。

只有深入网店经营生活中去的人，才会真正明白其中的奥妙一点不比做学问少。很多事，需要自己亲身经历过，方才知其艰辛。

机会是大大的有，但从来只降临到有充分准备的人身上。

（3）感恩之心。在你危难的时候，最能给予你帮助的人，不是你曾施恩于对方的人，反而是无私施恩于你的人！

感谢买家，感谢卖家，感谢朋友，感谢家人，感谢淘宝网给予我们展示的平台，感谢一切曾在我生命中出现，给予快乐的人和事物。

一颗感恩的心，将是最快乐的心。做着如此快乐的事，又如何能不成功呢？

（4）持久之心。已经开了店几个月之久，但要知道，这仍然仅仅只是开始，还有很长很长的路要走。

期盼着第一笔生意成功交易后，会期盼着第二笔、第三笔。

期盼着每天成交一笔生意后，会期盼着每天两笔生意，每天三笔生意。

前面的路如此遥远，甚至可以一直延绵至生命的尽头，既然如此，还有什么是不可逾越的？还有什么是不可坚持下来的？

就把它当成你生命必须走的路吧，长长久久地走下去。

3．网上开店失败的常见原因

尽管网络创业确实是大势所趋，但是我们却也要看到这样一个事实，有很多人在网上开店都以失败告终。其实造成失败的原因不在于网络创业有多难，也不在于项目有多差，绝大多数都是因为创业者自身原因造成的，为什么呢？原因有以下几个方面。

（1）无耐心，容易放弃。创业，需要坚持，网络创业，更是如此，实体店开在那里，只要选好了址，人来人往，多多少少都有人上门，但网络不同，要想在浩瀚的网店中找到你，不通过一番宣传推广几乎是不可能的事情，因此这就需要创业者有极大的耐心，不要因为长期没有生意就疏于管理，最终放弃，其实只要你多推广，就一定会有生意的。

（2）不当一回事。网络创业成本低、门槛低，很多人甚至不假思索地进来了，而人一多，竞争自然也就激烈了；同时，成本低，风险也就自然低，而风险一低，就把这个项目不当一回事，反正退出也损失不多，所以网上创业的人动不动就放手不干、中途退出了。

（3）不舍得投资。在很多人眼里，网上创业就是零成本的，还没赚到钱，就要投资，不少人都不舍得。但试想，你自己又不懂网络开店，又不愿意花钱去学习，或者是自己不会做网站，淘宝网店也弄得乱七八糟，还不愿意请人来帮忙装修，难道指望天上会白白地掉馅饼吗？尽管有人说可以自学成才，但你花一年半载去学习一样东西和有老师带路几天或者几周就学会，其中的时间可能都够你赚回N倍之前的投资了，所以时间就是金钱，就是这样的道理。

（4）无生存危机。很多网上创业者都是待在家里或者店里创业，与外界接触少，对外界的各种压力不是太敏感，不能时时面临生存危机，所以这种环境容易使人松懈，很容易缺少努力拼搏的精神，所以当危机真正降临的时候，就不知所措，没有经验处理导致了失败。

（5）没有计划和目标。这其实也和网上创业门槛较低有关，很多人开网店自己都没有给自己定一个目标，往往是看到其他人做，就跟着做了，试想，没有目标和计划，那创业无异于无头苍蝇，只会在成功路上越走越偏。

大学生网上开店，两年成“款姐”

在校大学生创业已不是新鲜的话题，大学生网上开店是个热门行业。武汉体育学院大四学生秦芳经过短短两年的经营，身家已达20万元。

生意滚雪球，两年身家20万元

在菊乐路的一家茶坊，一身休闲打扮的秦芳眼神里透着精明，“给我创业灵感的是同寝室的一帮姐妹，她们经常讨论穿着打扮，偶然得知网上开服装店，可免房租、装修、税收，投入人力不大。在联系其他省外城市的中学校友做了调查后，东拼西凑了两千多元钱就在易趣网上注册了店铺”。

“2001年8月，我的店刚开张，接到南京和上海两位小姐的订单，也许是高兴过了头，我把货发错了。”秦芳叹了一口气，为了维护诚信，她不仅发了几封电子邮件道歉，还横下心对客户做了赔偿。后来，她的生意开始滚起了雪球，在全球最大的中文商品交易网站易趣网上拥有3家连锁店，总的资产大概有20万元。秦芳的同学刘艳说，秦芳在她们系里已是小有名气的“款姐”。

程序很简单，但也不乏辛苦

“开店很简单，按网站的规矩，300元的开店费，月租50元，不用上税，投入非常少。”秦芳说，在网上开店并不比开个实体店铺轻松多少，她专门去学了Photoshop的图片制作软件，买来数码相机。

制作程序很简单，但不乏辛苦。首先进货很辛苦，每天早上4点多起床，拿回商品挨个照相、量尺寸。发货也是个艰巨的任务，生意好的时候，每天卖出去几十件衣服，得自己挨个写单子，发快递。

悟出小窍门，网上开店卖“艺术”

当然，在网上开店，不仅商品本身要有档次，还要给每件商品写上好的说明，这说明不是普通的标价，而是要给商品赋予艺术性的语言，一定要符合网络顾客的口味。“忙碌的都市生活让很多人在网上购物，顾客多为30岁以下的中等收入男女，商品的包装要体现韵味和成熟。针对北方的顾客，要在商品中体现出一种秀美和灵巧。比如一双高帮鞋的制图，除了制图确保显眼，还可在鞋帮上用玫瑰花点缀等。”秦芳说，这些小窍门是她逐渐悟出的。

第二章

寻找好货源

新手开网店，网店装修好了，万事俱备，只欠货源！那该怎么去寻找货源，找到物美价廉的商品呢？

第1节 选择合适的货品

确定要开一家网上店铺后，“卖什么”就成为最主要的问题了。在确定卖什么的时候，要综合自身财力、商品属性以及物流运输的便捷性，对售卖商品加以定位。

1. 网上开店卖什么好

在考虑卖什么的时候，一定要根据自己的兴趣和能力而定。尽量避免涉足不熟悉、不擅长的领域。同时，要确定目标顾客，从他们的需求出发选择商品。

随着电子商务的发展，一部分网络产品得到市场的认可并迅速火爆起来，而另一些产品就湮没在互联网的发展中。具体来说，适合网上销售的产品应具备以下特点。

（1）体积较小。主要是方便运输，降低运输的成本。体积较大、较重而又价格偏低的商品是不适合网上销售的，因为在邮寄时商品的物流费用太高，如果将这笔费用分摊到买家头上，势必会降低买家的购买欲望。

（2）附加值较高。价值低过运费的单件商品是不适合网上销售的。要做价格相对稳定，不要做价格短时间内相对不稳定的产品，初期开店的小店主承担不了这个风险。

（3）具备独特性或时尚性。网店销售不错的商品往往都是独具特色或者十分时尚的。

（4）价格较合理。如果网下可以用相同的价格买到，就不会有人在网上购买了。网下没有，只有网上才能买到，比如外贸定单产品或者直接从国外带回来的产品。避免做大路货之类的产品，这类产品一是利润相对少，二是价格相对透明，三是随处可见的商品毕竟不是那么吸引人。初期开店不可能有太多的

人气和订单，如果形不成一个量的话，是很难继续下去。

（5）通过网站了解就可以激起浏览者的购买欲。如果这件商品必须要亲自见到才可以达到购买所需要的信任，那么就不适合在网上开店销售。如果有品牌商品进货渠道的可以考虑做品牌商品，因为这类产品的知名度较高，即便买家不看到实物，也知道商品的品质。

2. 网店进货注意事项

很多网店新手卖家对进货没有经验，导致在货源方面的不足或成本问题等因素，直接造成网店经营的失败。开网店进货需要注意以下几点。

（1）高中低档结合。一家网店若想做到兼顾各类消费者，就应该做到高中低档结合，让每个人都能够满载而归。但是这里所说的高中低档不是指钻石和鹅卵石的差别，而是说在同样的钻石级别的商品里，要有真正名贵、让内行人一眼就看出小店的专业的品质，同时也要有门槛较低、价格合适、可供普通买家入门的商品。另外还要注意的是进低档商品时，应该着重样式和颜色，进高档商品应看重质量和特色。

（2）按照季节进货。网店的一大好处是可以随卖随进，减少囤货的风险。因此按照季节的更替选择热销的商品进货才能把这种优势发挥到最大限度。

（3）紧跟流行趋势。网店经营者应该随机应变，灵活机动，能够根据市场自主调节进货商品的类型。在开店之初，做一个聪明的跟风卖家，能够积累资金，为扩大营业规模做准备。

（4）结合店铺风格。一家店要让买家印象深刻，就必须创造出自己的风格。而商品的进货也应该和店铺的风格统一。

（5）进些周边商品。网店的重要用途之一是满足顾客一站式购物的需要。所以卖烹饪材料的小店不妨也进点烹饪书籍卖，卖服饰的小店也进些配件卖，既能增收，又能为买家提供便利。

（6）少量多次原则。少量多次原则是降低成本，提高商品流通速度，回避市场风险，进行潜在消费需求调查的不二法则。

（7）按照需要供货。一般来说，卖家按照自己对市场的估计进货，买家再根据自己的需要在不同的商铺购买。但是现在也有另外的消费方式，即买家挑选信任的商家，告之自己需要的商品，请商家按需进货。这样可以最大限度地

避免囤积和浪费。

（8）问清能否换货。有些商品如果价格合适了，是可以更换颜色和尺码的。但是旧款换新款就要看进货商的砍价功力了。

（9）注意看进货单。付钱之前先看看上家给你开的单，看看上面的单价和件数对不对。

（10）和进货商建立良好联系。遇到好的批发商，要让对方相信你是做生意的，是长久合作的。刚开始他们都会半信半疑。但是等你做上一段时间，来进货补货的频率多了，批发商自然给你最低的价格。

（11）装熟原则。一般进货商都会给熟人更低的价格，所以不妨装装熟。比如，你看见某个店里面有好几款衣服你都很喜欢，你一进去就跟批发商说："老板，我又来了，这两天进了什么新款？"这一招很管用。老板一听是回头客，不仅会很热情地介绍，也不敢开高价。即使你从来没去过这家店，甚至是第一次进货也没关系。一天进进出出批发市场的人数众多，老板哪能个个都记得。所以小小地投个巧，也是为自己多争得一分利润的空间。

（12）多看多问多比较。如果有了固定的进货渠道，也不要因此就偷懒，还应该积极去寻找更低廉、更方便、更新式的进货渠道。一定要多看多问，尽可能对你所从事的项目有更多的了解，这样才会在做生意的过程中少受骗、多获益。

第2节 了解网店进货渠道

在确定了自己的经营商品范围之后，就要去寻找物美价廉的货源。当然，网上开店因为手续简单，也可以随时根据自己发现的货源情况调整经营方向。网上开店大致可以从以下几个渠道找到货源。

1. 批发市场

不管是实体店铺还是网店，大多数的卖家都是从批发市场进货的。虽然厂家是一手货，价格中的利润比较大，但是一般的厂家都有一定的大客户，他们通常不会和小卖家合作的。所以当你还没有最终确定要销售什么商品的时候，去批发市场考察一下，说不定会有意想不到的收获。

（1）批发市场的特点：

①批发市场的商品数量多、品种全、挑选余地大，且易“货比三家”。

②批发市场很适合兼职卖家，在这里进货时间和进货量都比较自由。

③批发市场的价格相对较低，对于网店来说容易实现薄利多销。

相比较其他几种渠道而言，批发市场的确是新手卖家不错的选择。如果你刚好生活在大城市，周围有大的批发市场，不妨就去那里看看吧，保证不会让你失望。

（2）批发市场订货的注意事项：

新手去批发市场订货往往很茫然，费力又达不到效果。所以，在去之前应多学些经验，可以到社区论坛、有经验居里去打听，那里常常有很多很好的经验之谈。总体来讲，在批发市场订货要注意以下几点。

①出门时着装要得体，要轻装上阵。第一次去批发市场，因不知道“厉害”，穿得与平时一样，会带来很多不必要的麻烦。比如，因穿吊带背心，皮

肤被晒得红肿脱皮；因穿裙子蹲在地上看货，几次被人踩住；因穿高跟鞋，转悠五六小时后变得疲惫不堪。所以，在淘货这个时段最好着装得体，一身方便、舒适、轻松的“行头”，会助你一臂之力。

②打扮专业一些，提问专业一些，防止被人看出是“菜鸟”。新手去拿货，批发商会从你的语言和“行头”上看出你的购物经验。因为大多新手穿着与平时一样，也没有标志性的拿货小推车，问价时喜欢问多少钱一件、这件怎么卖或可以拿几件等。所以，一些批发商会在没其他人的情况下有意加你的价，在这方面可参考以下建议。

第一，如果货不多用不上小推车的话，你可以手上拿一两个批发市场最常见的大塑料袋，最好是黑色。

第二，问价时要询问怎么批、怎么拿或最低多少等，买得多可询问打包多少，不要用多少钱一件或这件怎么卖等零售市场上的问法。

③第一次进货不要拿太多，以防压货。初次进货，新手往往有些茫然，不知道拿多少、拿些什么合适，好像觉得这也行那也行；而有的人一旦开拿又往往止不住，拿完货回到家再次翻瞧，左看右看竟然对某些货品有些不满意了。为了避免这样的情况，应该尽量做到以下几点。

第一，不要带太多现金。如果计划好拿3000元的货你就不要带4000元钱，这样能够强制性地对自己的有所控制。有的人会说：“我带着不用，没有遇到特别中意的就不拿。”但实际上真到了那个地方可以说就身不由己了，你会产生难得去一次就多拿点的想法，也很有可能被“环境”感染而“一时兴起”（别人都在疯抢，自己的手也痒了），也可能会被批发商的花言巧语左右了你的意志。所以，从最根本的问题入手才可能解决这样的问题。

第二，注意季节性。对于一些服装产品而言，新手拿货一开始并不知道服装的季节时间一般会比市场提前两到三个月，所以你不要看现在是炎炎夏季，但批发市场的商家们已经在忙着准备秋季服装了。如果你不明白这个道理，还在大张旗鼓地进夏季尾货，还在为拿到了商家清季处理的便宜货得意，偷笑的可是批发商，而你拿回来的货也可能会因转季打折而卖不出价，或因需求少而影响到销售量。所以，须看准季节时机慎重拿货。

第三点，不要失去主张完全被批发商意见所左右。有的新手去拿货时因为

一点也不了解和熟悉市场行情，所以看到别人拿什么自己就拿什么，批发商说什么好就按批发商的意见赶快掏钱，这样完全没有自我主张的进货态度往往造成货品混乱、不易搭配，更无从谈个人风格了。所以，去之前一定要分析好经营方向——是走低档还是中档路线，把握好店铺品位——是做休闲还是以正装为主。

④尽量少带贵重物品，避免不必要的损失。除了货款，其他物品尽量少带。进货的时候要兼顾的事情太多了，容易忽略携带的贵重小物品。所以，如果有的人还想带数码相机去照点货品、地理环境的，有的女孩还带着闪闪诱人的金项链、金手链“招摇过市”的，就得格外小心了。在热闹的批发市场，贵重物品稍不留意就会被人“顺手牵羊”的。所以，货款应尽量放在不显眼的地方，如内衣层或贴身腰包里，多加提防、多加小心。

⑤多家问价，谨防拿到“炒货”。在批发市场，衣服、鞋帽、裤、裙、箱包、饰品等多得你几天都看不完，但其中鱼目混珠假扮厂家而投机取巧的也大有人在，行话就叫“炒货”。他们无厂无生产能力，从不同生产厂家那里挑货以打包价购入，然后以“批发价”批给淘货的人，但价格却比厂家的批发价贵不少。这样的店铺一般有个特点，就是货品没有一个统一的风格，五花八门，什么都有，而且通过他们的精心搭配和店铺装修，你会错以为是比较有档次的品牌经营店，你会觉得好像比那种简陋的批发市场都高档。

在这方面，新手淘友要注意，第一次去先不要急于拿货，多问多看多转，把市场行情摸清，做到心中有数才能游刃有余。

⑥钱货要当面清点，避免遭受损失。这里所说的清点有两层含义，一是当面清点好钱款，二是当面清点好货品。清点钱款容易，只要注意别收到假币、别多给商家就行。而货品的清点则要不怕麻烦，并尽可能细致地检查。在人头攒动的批发市场，特别是紧俏新品被人疯抢时，少发一件货或发错颜色、尺码、款型的事经常发生。而网店小本经营，去的次数有限，不能像实体店那样三天一去、两天一返，对有问题的货品可以即时调换，只能自己承担瑕疵损失。所以，与其将来被动，不如当面就消除隐患。

⑦对于颜色较浅的货品，要细致检查。现在做生意难，客户要求商品既要便宜又要质优，所以一些卖家不得不经常做些在便宜货中加次品的“勾当”。

质量好进价就贵，价格低质量就会存在一点瑕疵，所以在价格稍低的厂家那里批发浅色货物就要特别留意了，也许因厂小，为节约成本，厂家即便发现次品也是不会挑出来的，一般谁会一件件去检查呢？谁也不会认为包装完好的货品还会再出什么问题。所以，对于浅色特别是白色的商品要特别留意，因色浅就更易沾染污迹，所以一定要细致检查。

⑧买好的货物，千万要不离左右。在批发市场，有些人专做偷拿别人货品然后低价转卖的勾当，这些人没事时就以推货为名盘守，然后见机行事，如果你进店挑选时间较长（因有的店人多小推车进不去）而疏于看管，出来时就有找不到自己货物的危险。所以，始终要记着货物不离左右，随时注意周围情况。

⑨对自己中意的店铺，要留下联络方式。经营网店多少都有自己的风格，所以淘货也会受到这样的主观影响，去批发市场淘货，如果产品不合自己店铺的风格，可能不会进去瞧一下，所以每次去批发市场专挑对口店铺的商品，遇到比较满意的就应留下联系方式，方便联系。如果平时要货不多又不想跑时，你还可和批发商联系，亲自去拿或由对方寄来都很方便。

2. B2B电子商务批发网站

全国最大的批发市场主要集中在几个城市里，而且有很多卖家也没有条件千里迢迢地去这几个批发市场。所以，阿里巴巴、生意宝等作为网络贸易批发的平台，充分显示了其优越性，为很多小城市的卖家提供了很大的选择空间。它们不仅查找信息方便，而且也专门为小卖家提供相应的服务，并且起拍量很小。

（1）网络进货优势明显。网上批发是近几年才开始兴起的新事物，发展的虽然还不成熟，但网络进货相比传统渠道进货的优势已经很明显，具有以下几个优势。

①成本优势。可以省去来回批发市场的时间成本、交通成本、住宿费、物流费用等。

②选购的紧迫性减少。由于亲自去批发市场选购的时间所限，不可能长时间慢慢挑选，有些商品也许并未相中但迫于进货压力不得不赶快选购，网上进货则可以慢慢挑选。

③批发数量限制优势。一般的网上批发基本上都是10件起批，有的甚至

是1件起批，这样在一定程度上增大了选择余地。

④其他优势。网络进货还能减少库存压力，还具有批发价格透明、款式更新快等优点。

（2）如何识别骗子网站。目前网络上有大量的各类商品批发网站，为卖家进货提供了很大的便利。但与此同时，很多卖家开始反映遇到一些骗人的网站，以下是一些识别骗子网站的方法。

①观察网站制作是否精致。很多骗子网站制作都是非常粗糙的，甚至只是几个很简单的页面，网站的图标也非常粗糙，让人看上去非常不舒服。而正规注册公司的网站都会非常在意网站的形象，同时对网站的技术要求也都会比较高，网站的图片、形象等都很规范、清晰，视觉效果感觉非常好。

②观察网站留下的联系方式、公司地址是否详细。一般的骗子网站是不会留下详细联系方式的，或者只留下一个手机号码，至于具体的公司地址更是语焉不详。而正规的注册公司网站联系信息一般都会非常详尽。

③观察网站的营业资格。一般的骗子网站都没有营业执照，可以要求他们出示营业执照等证明。不过需要注意的是，一些比较高明的骗子网站也会用图片处理软件伪造一份营业执照，大家在观察营业执照的时候需要仔细辨认，查看是否有涂改痕迹，而正规的注册公司网站则会主动出示他们的营业执照。

④了解网站的合作状况。在决定要代理商家的产品之前，一定要多注意了解他们的网站，注意观察他们是否有与其他网站进行合作、推广等活动，骗子网站是不可能和其他网站进行合作的，而正规的公司网站都会主动寻求合作。

（3）网络批发注意事项。网络进货不比批发市场进货，因为网络毕竟存在着一定的虚拟性，所以大家选择商家的时候一定要谨慎小心，选择比较可靠的商家进行交易。

①判断网站是否属于注册公司。如果连公司都没有注册，这样的网站货品要么就是调市场货来销售，要么就是做一些回收货品的销售等，货品质量很难得到保障。

②货品更新速度是否快速。货品更新速度影响到网络销售的业绩，同时也影响到实体店铺的营销业绩。如果一个网站的商品更新速度比较快，至少说明他们的产品在市场上的受欢迎程度还是不错的。

③是否是真人实物拍摄。目前网络上有很多服装都是一些时尚杂志上的款式图仿单，导致出现了很多问题，比如实物与相片不符合、实物质量太差等，造成很多不必要的损失，而真人实物拍摄则强调了衣服的质感、真实性以及品质，是网络销售的绝佳选择。

④网站是否支持上门看货。如果不能支持上门看货，那就要先考虑一下这个商家是不是骗子公司了。当然有些公司由于代理数量比较多，可能会对上门看货提出一定的要求，比如有的公司会要求必须一次性批发50件并预交定金之后才支持上门看货，一来是为了最大限度地优化客服工作程序，二来是最大限度地保证对每一位经销商的正常服务，这样的要求也是可以理解的。所以在是否支持上门看货这一点上，还需要大家更加仔细地辨别、分析，不能一概而论。

⑤要看网站的发货速度。有些网站的发货速度非常慢，可能下了订单之后两三天甚至五六天之后才发货，严重影响了顾客对卖家的信任，造成了客户资源的流失。所以在选择批发网站的时候，一定要看网站对发货速度的承诺。发货以后还要看网站是否支持退换货。有些网站以次充好或者在产品发生质量问题的时候以各种理由搪塞并拒绝退换货，这一点也需要加以注意。

3. 外贸尾单货

外贸尾单货就是正式外贸订单的多余货品。外商在国内工厂下订单时，一般工厂会按5%～10%的比例多生产一些，这样做是为了万一在实际生产过程中有次品的话（外商检验非常严格，不得有一点瑕疵），就可以拿多生产的数量来替补，这些多出来的货品就是外贸尾单货。

（1）外贸尾单货的特点。外贸尾单货的优点就是性价比高，通常商家所销售的几十元钱的产品出口后都是几十美金或是更高的价格，但缺点是颜色和尺码不全，不能像内销厂家的货品那样齐码齐色。所以，它的价格一般比商场或其他地方更便宜。

（2）如何辨别真假外贸尾单货。面对鱼龙混杂的外贸货市场，应该如何判断其真假呢？下面介绍几点经验供卖家参考。

①看价格。大多数外贸企业不擅长内贸，一旦产生了尾单货，一般都会选择低价脱手。

②看质量。真正的外贸尾单货的质量和正品一样，这就需要有相当的经验

才能辨别，或者手上有真货可做比较。

③看包装。真正的外贸尾单货的外包装都是比较简单的，那些包装精美、所有配件都全的商品就值得怀疑了。

④看尺码。一般来说，尾单货特别是服装类的尾单货，有断码现象是非常正常的，尺码几乎不可能齐全。

⑤看瑕疵。有些外贸尾单货是有瑕疵的，不过瑕疵并不明显，不容易看出来。

⑥看商标。一般尾单货的商标都是最后才贴上去的，有的甚至没有，这并不代表商品不好，或者是质量有问题，而恰恰说明了真货的严谨性。越是替知名品牌加工产品的厂家，它的尾单货就越是不可能有商标，因为越是知名的品牌对商品的控制越是严格，包装袋也算在内。

4. 民族特色工艺品

民族特色工艺品也是网店货源的一个不错的选择。

（1）民族特色工艺品的优劣势。民族特色工艺品具有工业化产品所没有的特性与优势，如奇特、淳朴、个性化。具有地域特色、民族内涵、文化底蕴等，这些特性与优势使其在商品海洋中显得尤其突出，但也有一些受地域限制、知名度低等的劣势。

（2）民族特色工艺品的作用。

①收藏。人们外出旅游，除了在景点拍照留念之外，一般还会购买当地的民族特色工艺品作为收藏品或赠品。

②用作家居装饰。现在的人们不太喜欢冷冰冰的金属材料、没有质感的塑料制品，而是更喜欢具有民族内涵和文化底蕴的民族特色工艺品，如在书房、卧室、客厅的墙壁挂上具有民族特色的挂毯，或张贴具有民族风情的装饰画，已经成为家居装饰的新潮。

③作为随身携带的饰品。民族特色饰品也成为人们的最爱，如钥匙圈、手机挂件、胸颈饰物、衣饰、手饰、脚饰、头饰等。

5. 二手闲置物品与跳蚤市场

（1）二手闲置物品。二手闲置物品虽然有无法退货、利润不高、无法持续经营等缺点，但也有以下几方面优点。

①不用考虑店铺的经营方向，能收集到什么就销售什么。

②没有压货的风险。

③不用考虑货物的成本。

④减少浪费现象。

（2）跳蚤市场。如前所述，闲置物品不会一直增加，卖掉一件就少一件。那么，卖光这些闲置二手货后怎样保持现有的经营特色继续经营下去呢？其实有一个地方能收集到便宜的二手货，那就是跳蚤市场。

“跳蚤市场”是欧美国家对旧货地摊市场的别称，它由一个个地摊摊位组成，市场规模大小不等，所售商品多是旧货，如人们多余的物品及未曾用过但已过时的衣物等。小到衣服上的小件饰物，大到完整的旧汽车、录像机、电视机、洗衣机，一应俱全，应有尽有，价格低廉，仅为新货价格的10%～30%。

在跳蚤市场淘货要打起十二分的精神，以避免交易中的陷阱。很多买家会选择网上跳蚤市场，在网上进行二手货物交易时要注意以下几点。

①注意虚假信息。虚假信息的特征有以下几点。

发布了大量的信息，热门类别尤其多，价格极其低廉，极具诱惑力；

注册人的名字明显是化名；

电话号码所在区域与标明区域不符，如在福建开户的手机却说是在广州（或其他地区）等。

②进行交易时要注意以下几点。

通过对外公布的个人信息就可以知道信息发布者的情况。例如，借助于信息发布者对外公布的联系电话，你可以通过直接打电话与信息发布者联系，辨别发布的信息与信息描述是否一致，从而进行正确的选择。

如果需要面对面交易，尽可能带朋友一起去或在公共场所交易。

检查发布信息中价格的可信度，可以在跳蚤市场中搜索相关类别最近的信息价格作为参考。

在进行物品交易时，应仔细核对成交物品与信息描述是否一致，是否属于违法销售或有害身心健康和个人财产安全的物品，所交易的物品是否属于国家禁止或限制买卖类商品。

6. 库存积压的品牌商品

品牌商品在网上是备受关注的产品之一，很多买家都通过搜索的方式直接寻找自己心仪的品牌商品。不少品牌商品虽然在某一地域属于积压商品，但在其他地域可能是畅销品，所以，积压库存的品牌商品也是网店货源的重要渠道之一。

（1）品牌积压库存的优点。

①商品价格低。由于工厂处理库存货几乎都是被动处理，价格方面自然比较好谈，但也取决于个人的谈判能力，谈判能力强的自然可为自己省下不少钱。另外，人缘比较好的人，能调动场面气氛，说话很容易让人接受，侃价方面自然高人一等。

②商品品种多。无论企业属于哪一行业，如果要生存下去，就必须以市场为导向，生产出市场需要的商品。而市场的需求正朝着多元化发展，因此企业就要不断研发新的商品，以适应市场的需求。这样日积月累，企业库存的商品品种必然越积越多。

（2）品牌积压库存的缺点。与其他货源一样，积压的品牌商品也有其缺点，网店新手应多加留意。

①数量大。企业的库存数量一般都比较大，这一点对大部分小本经营的网店卖家来说是个不好的消息。

②款式过时。企业的库存货有些是以前的流行商品，但对现在来讲无疑是过时商品，这一点也需多加注意。

③混杂有瑕疵品。一些商品不会将瑕疵品做报废处理，而是当作库存商品卖给客户，检查货物时要打起十二分精神，不要看到价格便宜就忘乎所以。

④需更换商品的外包装。企业的库存货大部分都没有标准的外包装，或者外包装已经陈旧、变形、变色甚至破烂不堪，需要客户自己重新处理包装，而这会增加你的成本。

（3）寻找积压库存的品牌商品。在寻找积压库存品牌商品的过程中，要注意以下问题，否则收购回他人的库存后，商品不好销，立即变为自己的库存，让库存压力从厂家那里转移到自己的身上，有可能导致自己从此一蹶不振。

①消费者的品位。先从各个渠道详细了解当前大众消费者的品位，看他们

是重实用还是重感观，重内涵还是重外形，重本土品牌还是重国外品牌，等等。

②文化鉴赏力。了解一下当前大众消费者的文化鉴赏力如何。

③销售及市场动态。广泛关注市场动态，并进行分析。

④预测市场需求能力。预测市场需求能力及市场需求量。

⑤重视消费需求的不确定性。消费者的消费需求变化很大，不确定性增强了，流行风的存活期也越来越短，流行风具备越来越强的区域性。

7. 换季、节后、拆迁与转让的清仓品

由于商家急于处理这类商品，其价格通常很低，如果你以一个极低的价格买进，再转到网上销售，利用地域或时间差价则可以获得丰厚的利润。所以，要经常去市场上转转，密切关注市场变化。

（1）换季清仓品。每到换季时间，大大小小的商场各显身手，名目繁多的优惠活动层出不穷，花花绿绿的横幅到处悬挂，直接冲击着过往行人的眼球，这时是有心要开网店的人进货的好时机，选购换季商品时，在商品品质方面要注意以下几点。

①要注意察看商品是否为瑕疵品。

②有些特殊的商品要注意有效期或保质期。

③要注意察看商品是否合时宜。

④换季商品的价格。一些商家在牌子上标示的原价格和现折扣价格只是商家的"数字游戏"，目的是让你以为他确实是亏本大甩卖。其实，原价并非真正的价格，折扣价格也并非是价格的底线，还是有周旋余地的。

（2）节后清仓品。在春节、情人节、劳动节、端午节、儿童节、中秋节、教师节、国庆节、圣诞节等节日，大家都会尽情地购物，于是形成一股节假日的消费热潮。

商家当然不会放过这些节假日蕴藏的巨大商机。于是，在节前购进大量应节的商品，以期在节假日赚个盆满钵盈。节后清盘，利润相当可观，但手头上还有部分未及时售出的商品，于是就出现了节后清货的活动。

传统店铺的节后清货确实是网店的重要货源之一，可是如何把握其中的分寸，才能不至于因"乱花渐欲迷人眼"而导致进错货品呢？这就需要我们进货时注意以下两方面。

①商品的生命力。凡是应节的商品，必然是有其生命周期的，有的商品在节日一过，就很少有人购买了，比如情人节的玫瑰，中秋节的月饼，圣诞节的松树等。

②商品的再生力。有的应节商品可以等待下一年的这个时候再行销售，比如圣诞节的圣诞卡。因为实体店的固定成本居高不下，如果商家为了下一年再销售而将货物积压在仓库里，那么利润将会被一点点蚕食掉。到下一年的这个时候，不管商家以什么价格出售该商品都是亏损的。所以，理智的商家都会不计成本地处理节后商品。相对而言，网店的固定成本非常低廉，可以趁虚而入，做起实体店想都不敢想的压货生意方式。

（3）拆迁清仓品。拆迁清仓品也是网店很好的货源之一，但卖家进货时一定要小心里面是否有陷阱，一般来说，应注意以下两方面。

①是否真的要拆迁。先弄清楚商家所谓的拆迁消息是否可靠，如果只是商家的一个促销手段，那肯定有问题，最好不要进货，否则如果你进来的货物价格过高，在网上就没有竞争优势了。

②谨慎挑货。由于商家急需清货，时间紧迫，价格必然很低，这样才能吸引消费者在短时间内决定购买，这时进货就一定要打起精神细心挑选了。

（4）转让清仓品。店铺转让的原因五花八门：有的是因为经营困难，要收手；有的是经营一段时间后未收到预期的效果，要转行；有的是已经在其他地方物色到更好的店面，要转移阵地；有的是家中有变故需要大量现金，要套现；有的是租期将到，无心继续经营；有的是与房东有纠葛，要离开此地；等等。

转让时最令商家头痛的是如何处理店铺里的货物。权衡利弊，低价抛售套现无疑是商家最明智的选择。

实体店铺转让时所抛售的都是之前正常经营时剩余的商品，所以品质比较可靠，价格又便宜很多，完全可以放到网上店铺的货架上出售。但一般的实体店商品数量和品种都比较多，如果将整个店铺的商品都包揽下来，需要较大的投资，对于小本经营的网店来说，风险实在太大。可以选择某些合适的品种与商家洽谈买断事宜，商家一向非常注重大批量的购买行为，所以价格可以压得很低。

8. 工厂货源

一件商品从生产厂家到消费者手中，要经过许多环节，其基本流程是：原料供应商→生产厂家→全国批发商→地方批发商→终端批发商→零售商→消费者。

如果是进口商品，还要经过进口商、批发商、零售商等环节，涉及运输、报关、商检、银行和财务结算。经过如此多环节、多层次的流通组织和多次重复运输过程，自然就会产生额外的附加费用。这些费用都被分摊到每一件商品上，所以对于一件出厂价格为2元的商品，消费者往往需要花15元才能买得到。

哪些工厂可以尝试着去洽谈，哪些工厂你根本想都不要去想？一定要对这方面情况有所了解，这样才不至于到处碰壁，浪费大量的时间和精力。

对于外资厂和大型工厂来说，其吞吐量都较大，动辄以万计，仅是生产样品都成百上千种，对小订单一般也不会理会。

此外，代理加工厂和自主品牌厂都有自己的各级代理商，不能发货给他人，否则会造成恶意串货。

所以，对于网店新手来说，要找的只能是做内销的小型工厂了。

第3节 在阿里巴巴网站进货

阿里巴巴（www.1688.com）为全球领先的小企业电子商务公司，也是阿里巴巴集团的旗舰业务。

阿里巴巴在1999年成立于中国杭州市，通过旗下三个交易市场协助世界各地数以百万计的买家和供应商从事网上生意。三个网上交易市场包括：集中服务全球进出口商的国际交易市场，集中国内贸易的中国交易市场，以及透过一家联营公司经营、促进日本外销及内销的日本交易市场。此外，阿里巴巴也在国际交易市场上设有一个全球批发交易平台，为规模较小、需要小批量货物快速付运的买家提供服务。

以下是在阿里巴巴进货的流程：

1. 注册阿里巴巴会员

（1）在浏览器打开阿里巴巴中文站，在首页单击“免费注册”按钮，如图2-1所示。

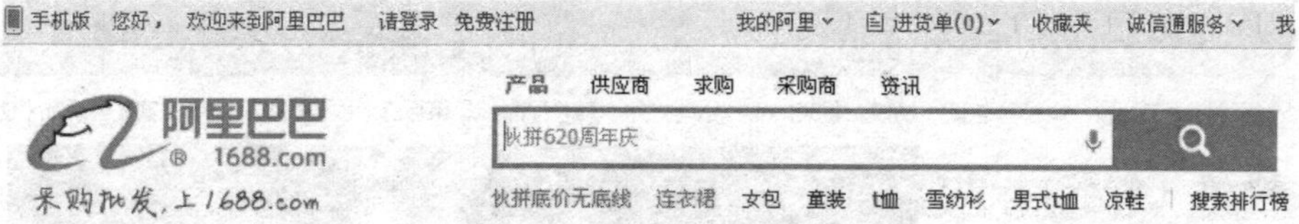

图2-1 选择免费注册

（2）填写会员信息，在下方填写手机号码，并输入手机收到的验证码。如图2-2所示。

（3）注册成功后，会提示完善账号信息，这里可以选择重要信息填写。如图2-3所示。

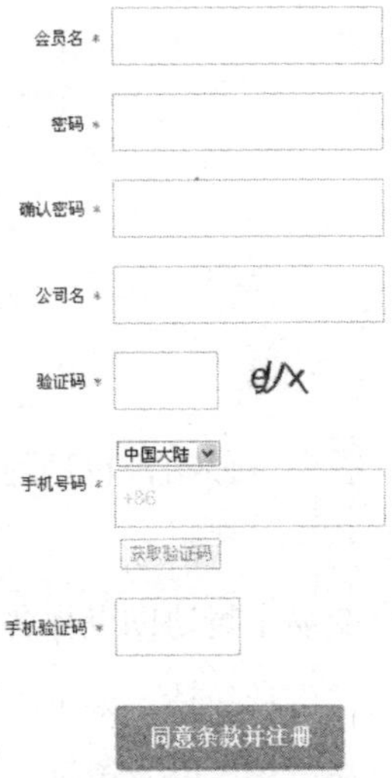

图2-2 填写会员信息

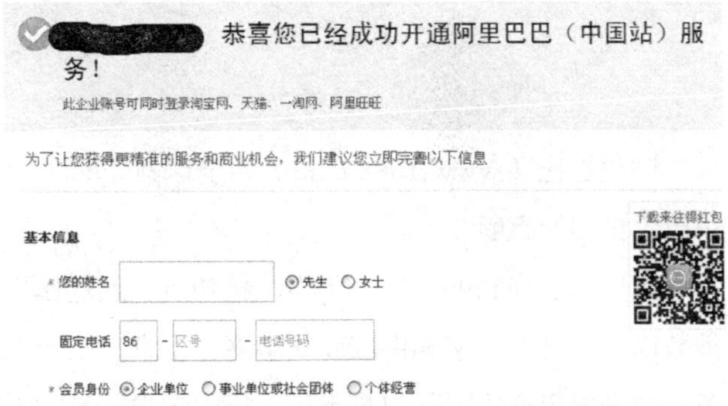

图2-3 注册成功

2. 在阿里巴巴进货

（1）在阿里巴巴首页，选择“产品”，输入你想搜索的产品。如图2-4所示。

图2-4 输入想搜索的产品

（2）进入搜索结果页面，会看到许多产品的图片，如图2-5所示。每一张图片都代表一款产品，可以慢慢挑选。

图2-5 搜索结果

（3）单击你需要的商品，会弹出该商品的详细信息，如图2-6所示。

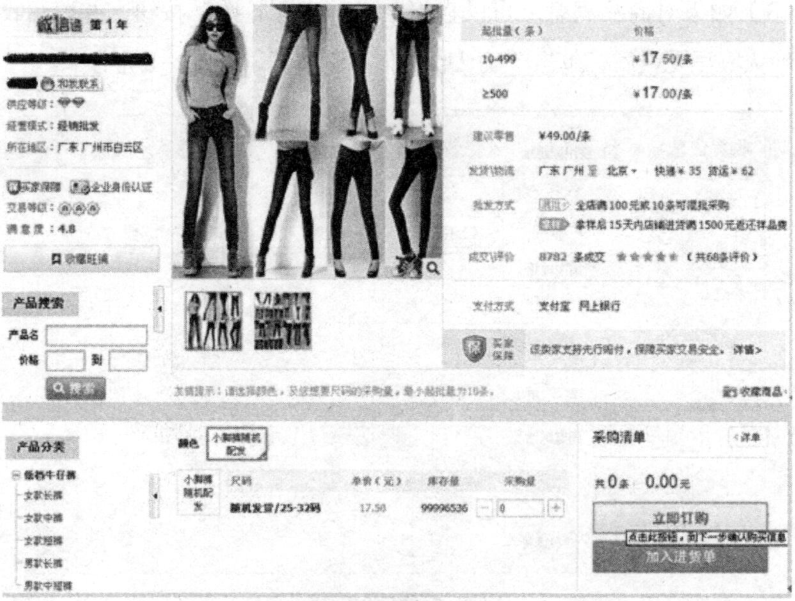

图2-6 商品的详细信息

（4）单击“与我联系”按钮，通过旺旺与批发商进行交谈，如图2-7所示。

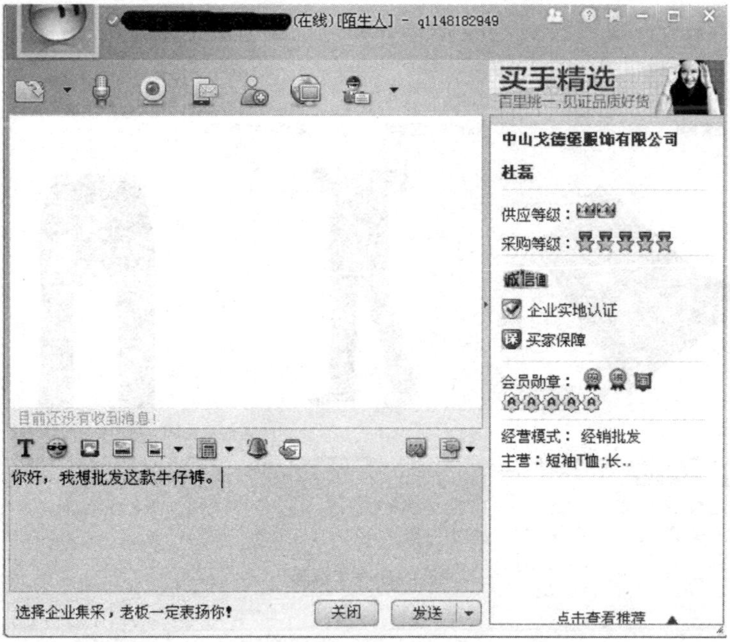

图2-7 与批发商进行交谈

（5）如果对商品满意，可以直接单击“立即订购”按钮，并填写收货信息，确认填写无误后，单击“确认收货信息”按钮，如图2-8所示。

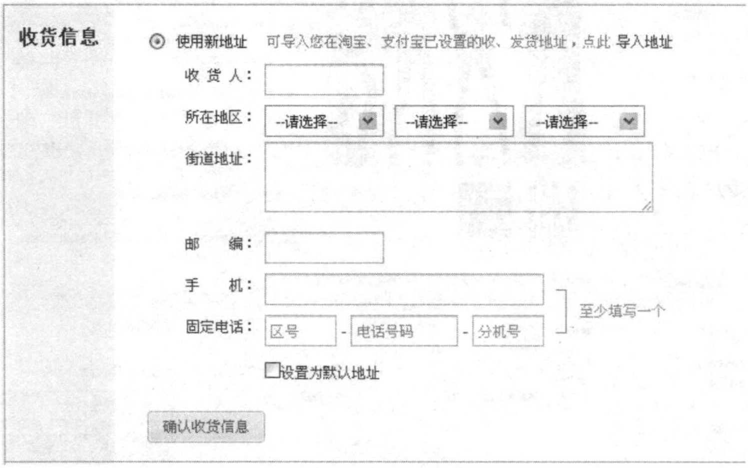

图2-8 填写收货信息

（6）确认收货信息后，单击“提交订单”按钮，如图2-9所示。

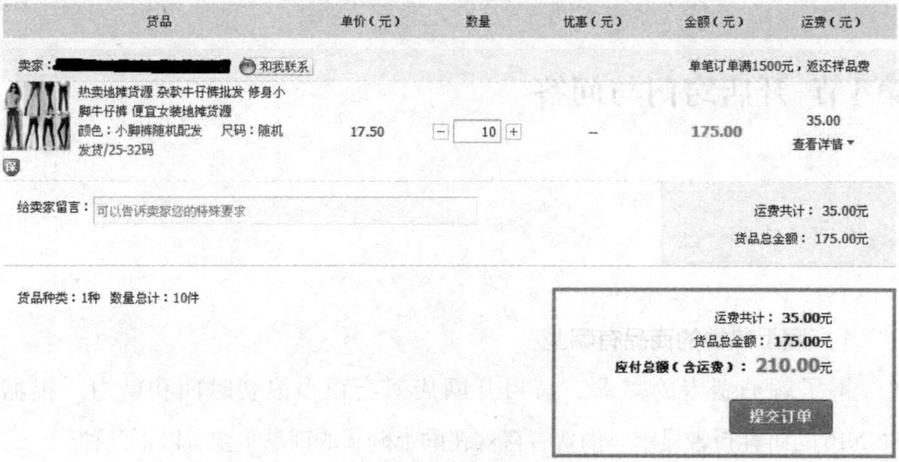

图2-9 提交订单

（7）提交订单后，会弹出付款方式页面，如图2-10所示。在本页面可以选择绑定支付宝，然后通过支付宝交易，也可以选择使用网上银行进行支付。

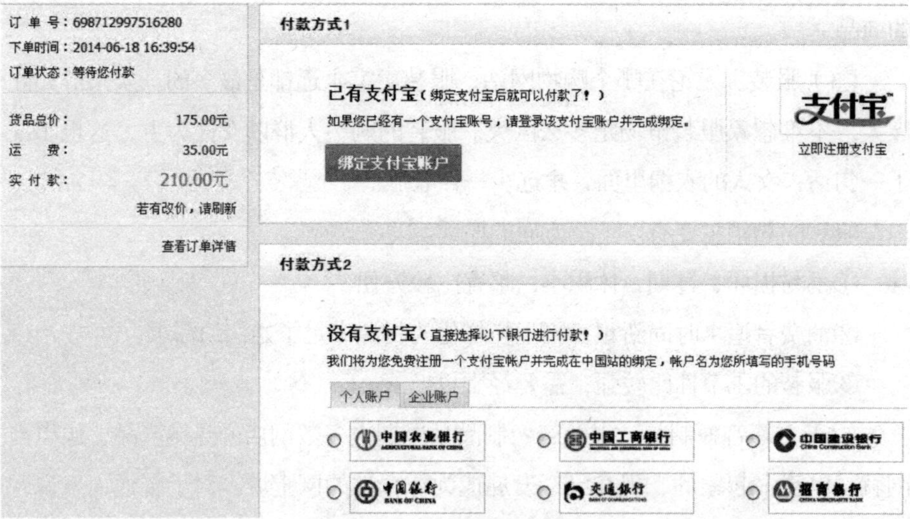

图2-10 选择付款方式

第4节 开店窍门与问答

1. 网上热销的商品有哪些

不了解消费者的需求，盲目开网店只会白白浪费时间和精力。根据CNNIC的研究报告显示，消费者喜欢在网上购买的商品主要有以下几种。

（1）化妆品。爱美是人的天性，现在人的生活、工作压力特别大，很容易使人憔悴，化妆品可以让女人更美丽。不仅只有女人才用的化妆品，而且现在连男人也开始使用，市场需求更大。

（2）珠宝首饰。从古至今，珠宝首饰一直受到女人的青睐。作为男人，可能永远也无法理解为什么有这么多的女人会对珠宝首饰趋之若鹜。事实上，无论在淘宝网还是拍拍网，首饰（尤其是水晶、翡翠类首饰）一直都是卖得最好的商品之一。

（3）服装。无论在哪个购物网站，服装卖家永远都是最多的。卖家群如此庞大，不难想象服装市场是多么巨大。服装的购买人群以女性为主，这也印证了一句话：女人的衣橱里面，永远少一件衣服。

服装的热销主要有以下三方面的原因。

①不易损坏、过期，体积小，邮寄比较方便。

②消费者追求时尚新颖，网上多样化的货源满足了她们的需求。

③服装的季节性比较强，需要经常更换。

（4）书籍音像制品。书籍音像制品是早期大多数网店的热销产品，像当当网就是以卖书起家的，现在已经发展成为综合性的网上城。对于普通人来说，网上开书店是比较困难的，一方面没有正规的拿货渠道，另一方面也很难跟当当网、卓越网等这类大型的购物网站竞争。

（5）虚拟商品。目前游戏点卡、电子宠物及充值卡等虚拟产品的销售业比较乐观。经营该类网店的优点是不需要投入很多资金进货，缺点是这些虚拟商品本身需要花很多时间在网上培养和积累客户，而且利润空间也比较小，客户群也是以年轻人为主。

（6）数码产品。数码产品在网上销售得比较多，目前应用于大型网络销售的数码类产品包括电脑及电脑配件产品、数码及数码配件产品、手机、相机、内存卡和移动硬盘等。这类商品的利润空间比较高，市场消费空间比较大，但容易在物流配送的过程中出现丢失和损坏现象，卖家需要掌握相关专业知识才能更好地得到消费者的信赖。

2. 怎样掌握进货时机

俗话说“商场如战场”，时机一旦错过，必将“吃败仗”。因为，你不可能随时进货随时到货，从进货到入库、上架总需要一定的时间。一旦商品无法按时到达，就会造成缺货，从而影响销售，甚至会影响店铺的形象。所以，店铺经营者一定要掌握进货的最佳时机。

一般情况下，进货时机包括这样几种情况。

（1）跟潮进货。时尚、流行的变化也会在相当程度上对商品销售产生影响，需要适合的订货对策与之对应，此时也是很好的进货时机。

（2）开店或装修后进货。新开店进货是必然的，店面重新装修后，为了让新装修的店铺更有新鲜感，吸引更多顾客的光临，进货也是其中非常重要的一项，新进的货品能为店铺带来更多商机。

（3）补货。经营者应根据因顾客购买造成的缺货或因新款商品推广以及促销活动计划安排而补货。对于店铺经营者来说，抓住了最佳的补货时机，就等于把商品销售了一半，那赚钱也就不在话下了。

（4）季节、节日与促销进货。季节变化，每年固定的节日、纪念日，地区特有的各种活动，都会影响某类商品的销售状态。根据类似活动期间商品销售的实际情况，在季节性变化来临之前，或在节日、纪念日之前适当增加某类商品的订货量，可以更好地适应销售需要。

3. 如何获得批发商的支持

影响到批发商对你的支持有两个因素：第一个是你的首次进货金额，如果

你首次进货金额太少，批发商就会认为你没有实力，或者你对他的产品信心不足；第二是补货的频率，如果你经常到批发商那里去补货，即使数量不多，但批发商还是认为你的货物周转快，能够为他带来长期的效益。批发商对你的支持表现在，一旦有新货会尽快通知你，而且可能下次进货的时候他会自动把价格调整下来。再者，批发商如果认为你是重要客户，一般都会向你透露近期哪类商品热销，了解这些行情会让你对市场和客户判断更准确。

4．批发市场的规则

（1）不要指望通过批发商换货来降低风险。进货时，千万不要对批发商提出如果产品不好卖能不能换成好卖的商品这类问题，如果你这样问，会被批发商认定你以前没有做过生意的，是生意场上的新手（如果做生意风险可以控制到这种地步，可能谁都发财了），接下来不用说你都猜到批发商会给你什么样的报价了。批发商没有义务为你承担进货的风险，他能够为你更换次品已经是很好的支持了。

（2）批发市场里面价格的调整很小。前面提到，批发商单件商品的利润很低，商品价格的下调不可能像零售商一样，一般调整到了2%～3%，能够降个5%就已经很厉害了。如果你死缠着批发商要求在批发价上再打个8折，又会让批发商知道你很少到批发市场批货了。另一方面，在批发市场里，一般货物的运输都是通过汽车或者铁路（因为运输成本比快递低得多），而且都是买家自己负责，碰上一个好的批发商的话，他最多愿意帮你去托运，但是搬运到货场的费用和运费肯定都是买家自己付的。

把好货源关是成功的关键

胡敏现在已是一个皇冠级网店的店主，她的店里专门销售外贸尾单产品（简称外单），经营有五年了。胡敏是一个喜爱时尚的女孩子，在读大学的时候，她就经常在网上购买外单衣服，她的理由是外单衣服质量好、款式新、时代感很强、方便运动。

在她的带动下，身边很多同学也开始从网上选购衣服，而且大家也都喜爱购买外贸服饰。颇有几分生意头脑的胡敏，很敏锐地注意到这是个商机，于是就想到自己开一家网店，专营外贸尾单服饰，肥水不流外人田嘛！

决心已下，说干就干。可是，资金成了拦路虎，没有钱怎么进货？无奈之中，她只好发动身边所有力量，东拼西凑，很快，借到了一万元。拿到钱之后，胡敏并没有直奔批发市场，因为多年的消费经验告诉她，批发市场里边的东西并不便宜，而且质量还没有保证。

精明的胡敏打算冒险赌一把，直接找外单厂家进货。于是她整日在网络上寻觅，功夫不负有心人，生产商还真找到了，服装款式也让她非常满意。接下来，她孤注一掷，精选样品之后，决定吃下了生产商所有外单尾货。

因为胡敏进货量大，所以成本降低了，利润也自然就上去了。她进的第一批服装，由于款式新、价格低，而且当年网上销售竞争力不大，再加上同学众多、朋友照顾，没几天，这些衣服就全部销售了出去。

初战告捷，年轻的胡敏不免有些飘飘然，放松警惕的她又开始在网上

寻找外单生产商。几天之后，她又看好几个款式，而且她发现这个厂家比上次的厂家在价格上给出的优惠更多。胡敏毫不犹豫地从网上下了订单，决定大量吃进。

一周之后，到货了，令她没有想到的是，这批服装全是仿版货，而且生产商为了赶时间，竟然粗制滥造，做工非常差。胡敏非常愤怒，决定退货，然而有合同在先，她当时也没注意其中的陷阱，因此不能退货。冷静下来的胡敏做出了令所有人惊讶的决定：为了维护小店信誉，坚决不卖次品。

可是一万多元钱毕竟不是小数目，尤其对于生意才刚刚起步的胡敏来说，简直是个毁灭性的打击。为此，她大哭一场。从那以后，她就特别意识到选择生产商的重要性，也特别注意与供货商进行互动沟通和筛选，后来再也没有在进货上吃过亏。

解决了货源问题，胡敏的生意开始蒸蒸日上，进入了一个良性循环，由于她的进货量越来越大，厂家又给了她更大的优惠。后来有几家外单服装生产商跟她商量，希望能够为他们代销商品，甚至答应可以先销售后结款，胡敏现在正在考察这些产品的质量，如果质量过关，她就可以代销。代销的价格当然是很有优惠的，利润自然也是很丰厚的。

不久，年纪轻轻的胡敏，就已经拥有了一家网店和两家实体店，每月的纯利润都接近六位数。她乐观地认为，网络销售的发展不可估量，其销售额的增长绝对是最快的，而外贸尾单产品由于质量有保证，款式深受大家欢迎，价格又比品牌服装便宜很多，因此市场潜力非常大。

第三章

做好开店前的准备

本章主要介绍如何注册淘宝账号，以及如何开通支付宝等内容。学习本章内容，读者可掌握网店开张的基本程序。

第1节 注册淘宝会员

注册淘宝会员时，需要填入一个电子邮箱地址。下面首先介绍注册电子邮箱的步骤。

1. 注册电子邮箱

当然如果已经有了电子邮箱，就可以使用已有的电子邮箱地址，无须重新注册新的电子邮箱。这个电子邮箱很重要，淘宝网会向这个邮箱发送所有的交易信息，同时也用于激活账号，起到保护账号安全的作用。下面以网易邮箱为例，介绍注册新邮箱的步骤。

（1）打开浏览器，在地址栏输入http：//mail.163.com/，进入网易邮箱登陆页面，单击“注册”按钮，如图3-1所示。

图3-1 网易邮箱登陆页面

（2）在打开的页面中，可以选择注册字母邮箱、手机号码邮箱或VIP邮箱，在这里选择字母邮箱，然后填写邮件地址、密码及验证码，最后单击“立即注册”按钮，如图3-2所示。

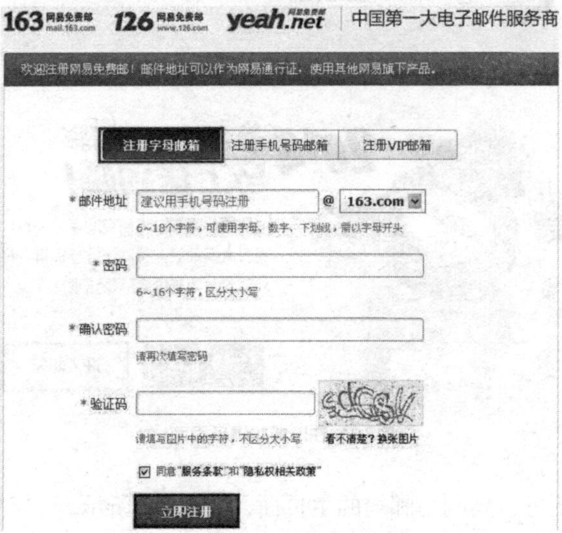

图3-2 填写注册信息

（3）进入提示页面，在本页面再次填写验证码，然后单击“提交”按钮，如图3-3所示。

图3-3 填写验证码

（4）进入注册成功提示页面，单击“进入邮箱”按钮，如图3-4所示。

图3-4 注册成功提示页面

（5）此时便可看到网易邮箱的主页面，如图3-5所示。

图3-5 网易邮箱首页

2. 注册淘宝会员

在邮箱注册完毕后，就可以进行淘宝会员的注册了。使用邮箱注册淘宝会员的步骤如下：

（1）打开浏览器，在地址栏输入http：//www.taobao.com，即可打开淘宝网首页，单击“免费注册”按钮，如图3-6所示。

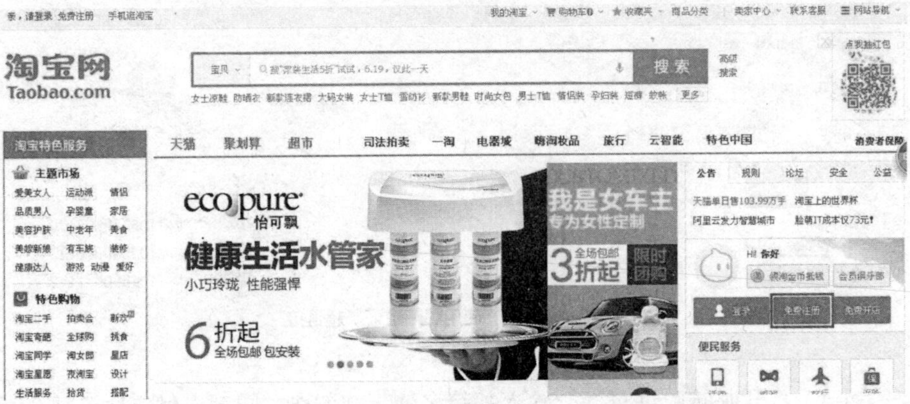

图3-6 淘宝网首页

（2）进入会员注册页面，填写会员名、登录密码及验证码，单击“同意协议并注册”按钮，如图3-7所示。

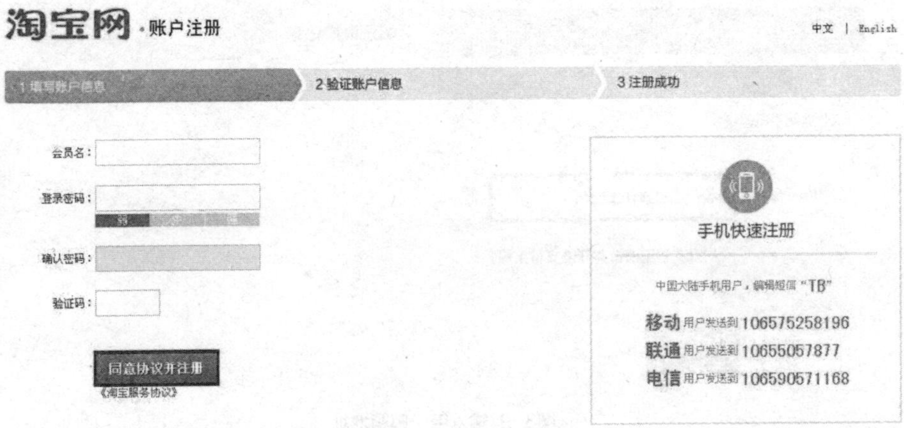

图3-7 会员注册页面

（3）在打开的验证账户信息页面中，用户可以输入手机号码进行验证，也可以使用邮箱进行验证，这里单击“使用邮箱验证”超链接，如图3-8所示。

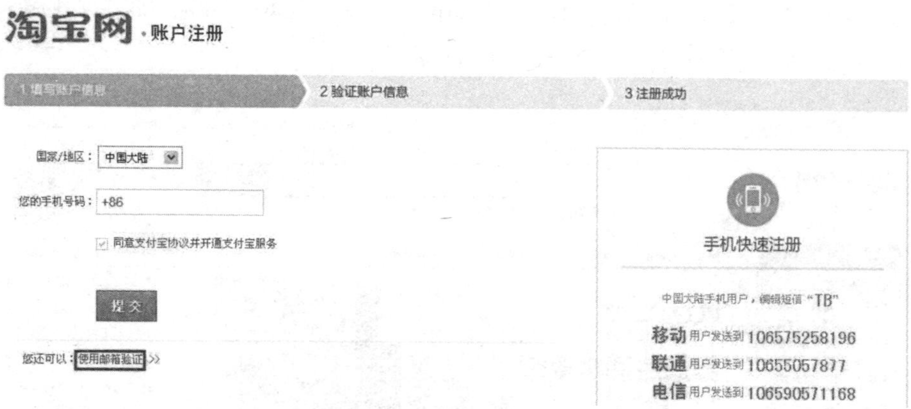

图3-8 单击“使用邮箱验证”超链接

（4）打开邮箱验证页面，输入邮箱名称，并勾选“同意支付宝协议并开通支付宝服务”，单击“提交”按钮，如图3-9所示。

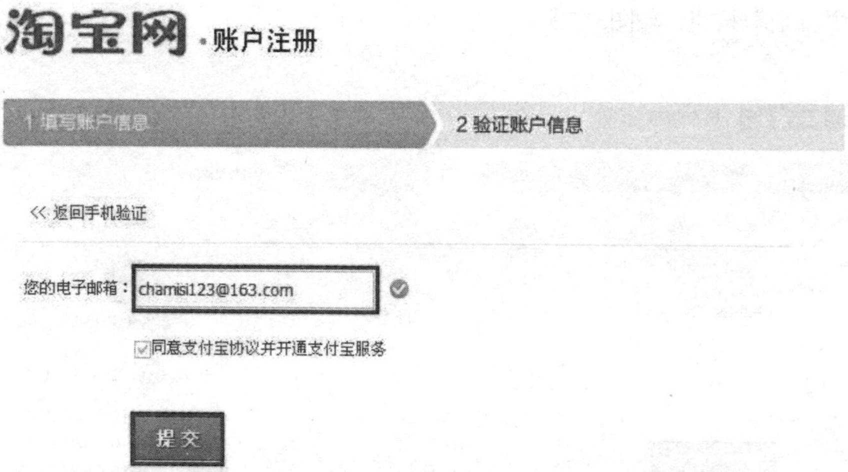

图3-9 输入电子邮箱地址

（5）进入激活账户页面，单击“去邮箱激活账户”按钮，如图3-10所示。

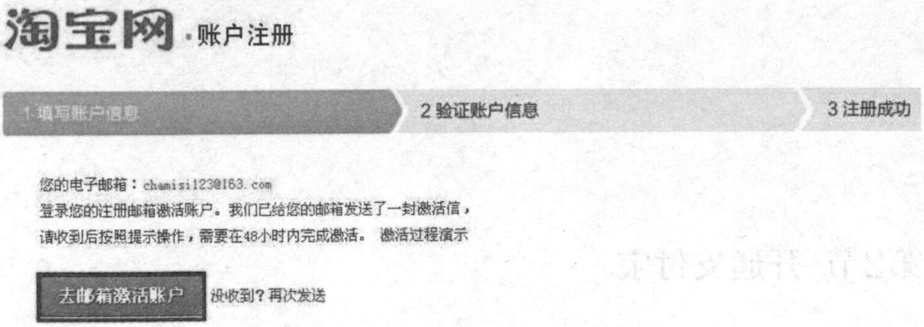

图3-10 单击“去邮箱激活账户”按钮

（6）在邮箱中，打开淘宝网发送的邮件，单击“完成注册”按钮，如图3-11所示。

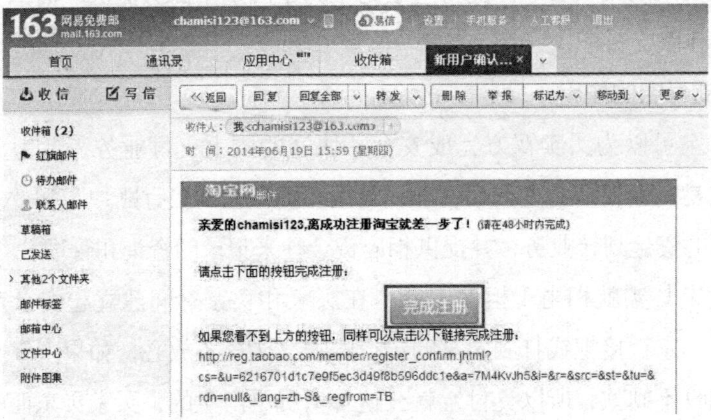

图3-11 单击“完成注册”按钮

（7）此时弹出注册成功的页面，如图3-12所示。

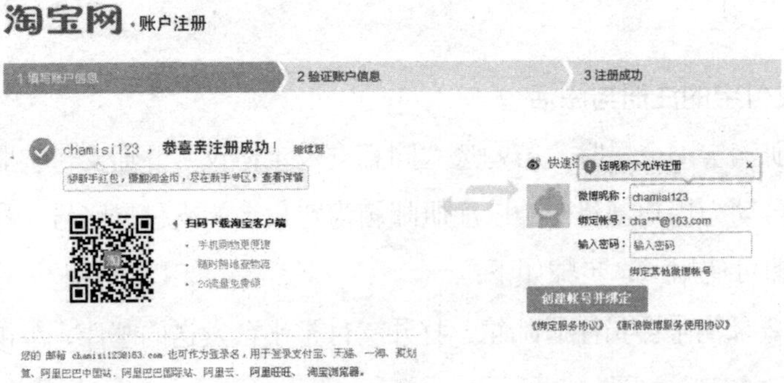

图3-12 注册成功

第2节 开通支付宝

支付宝（中国）网络技术有限公司是中国主流的第三方网上支付平台，是阿里巴巴集团的关联公司。支付宝致力于为中国电子商务提供“简单、安全、快速”的在线支付解决方案。

1. 支付宝的作用

支付宝可以为买卖双方完成安全、快速的网上支付业务，并为买卖双方提供了交易资金记录的查询和管理；为用户提供在“银行账户”和“支付宝账户”之间的资金划转业务，并提供相应资金往来记录的查询和管理。

支付宝其实就相当于担保中介，在买家和卖家之间建立起资金互通的桥梁，如果买家直接把钱打到卖家的银行账户，买家不放心，如果卖家直接把货了，还怕收不到款，所以支付宝就在这种情况下产生的，买家买东西的时候先把钱打到中介“支付宝”，等买家收到货后，再由支付宝打转入卖家账户，这样一来，双方放心了！

支付宝的存在既维护了消费者的切身利益，又有力地完善了网购的安全性和规范性。

2. 支付宝的注册与激活

在注册淘宝网会员时，若勾选“同意支付宝协议并开通支付宝服务”，淘宝网将会自动为用户创建一个以注册邮箱为账户名的支付宝账号。打开邮箱激活该账号即可使用了，步骤如下：

（1）登录淘宝会员注册邮箱，打开支付宝平台发送的邮件，单击“立即登录支付宝”按钮，如图3-13所示。

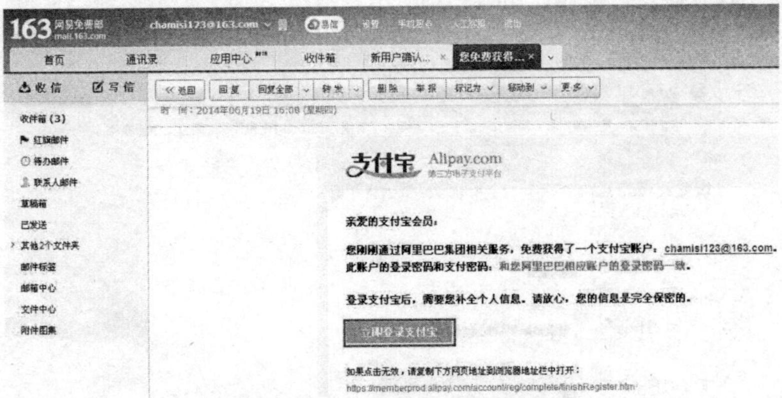

图3-13 单击“立即登录支付宝”按钮

（2）进入设置身份信息的页面，在该页面设置支付密码，并填写身份信息，然后单击“确定”按钮，如图3-14所示。

注意：个人信息必须如实填写，一旦提交将无法修改。

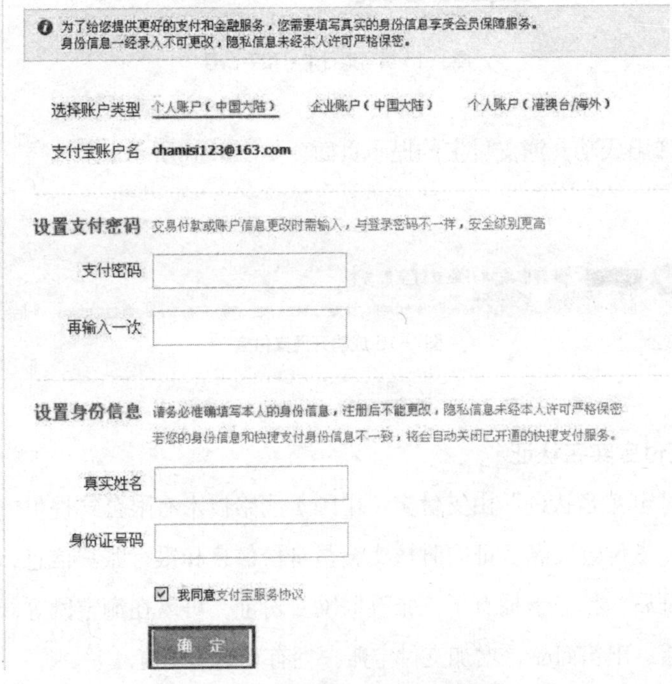

图3-14 设置支付密码并填写身份信息

（3）进入设置支付方式页面，在此页面输入银行卡卡号和手机号，单击“同意协议并确定”按钮，如图3-15所示。

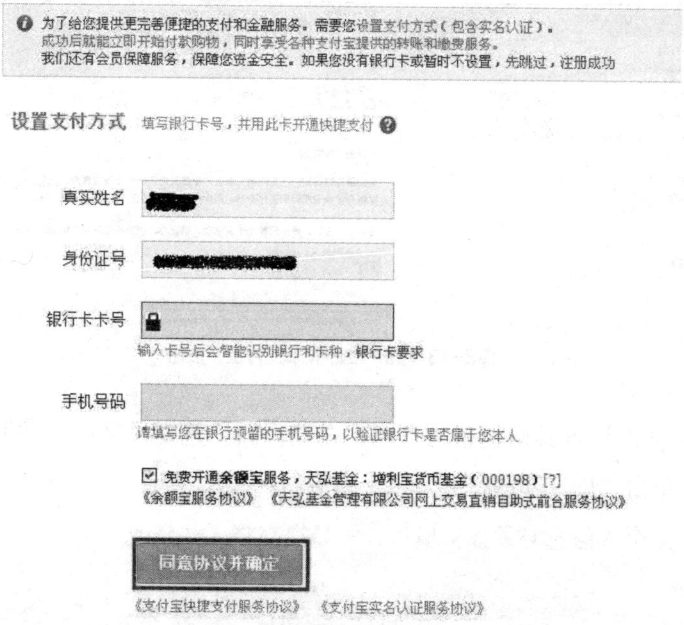

图3-15 填写银行卡号和手机号

（4）弹出成功开通支付宝的提示页面，如图3-16所示。

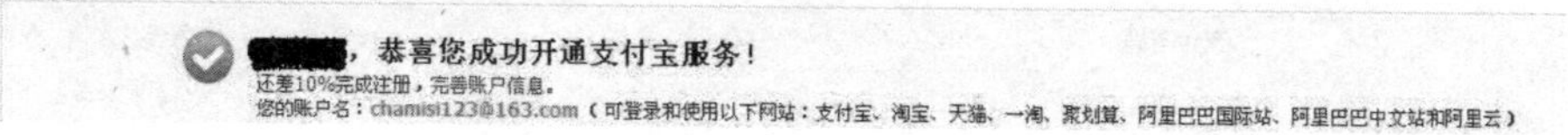

图3-16 成功开通支付宝

3. 支付宝实名认证

“支付宝实名认证”由支付宝（中国）网络技术有限公司提供的一项身份识别服务，支付宝实名认证同时核实会员身份信息和银行账户信息，通过支付宝实名认证后，相当于拥有了一张互联网身份证，可以在淘宝网等众多电子商务网站开店、出售商品，增加支付宝账户拥有者的信用度。

支付宝实名认证的具体步骤如下：

（1）登录支付宝网站，单击“账户设置”，如图3-17所示。

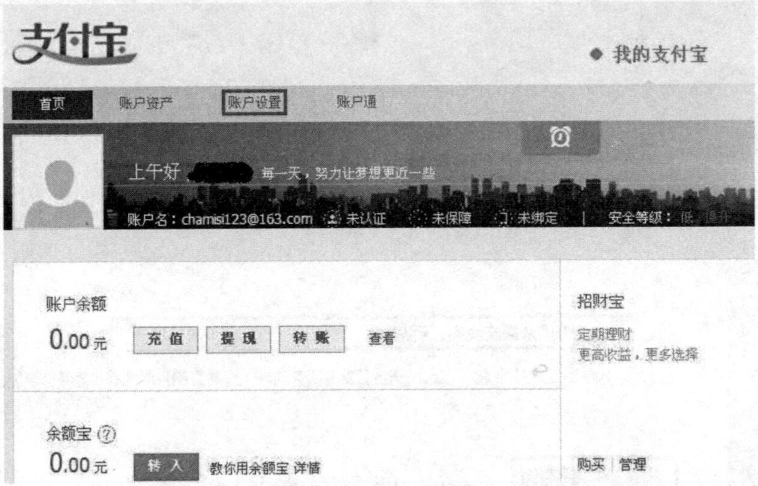

图3-17 单击“账户设置”

（2）进入账户设置页面，单击 “立即认证”，如图3-18所示。

图3-18 单击“立即认证”

（3）进入实名认证页面，单击“立即认证”按钮，此页面中系统默认开通余额宝，用户可根据需要来选择是否开通。如图3-19所示。

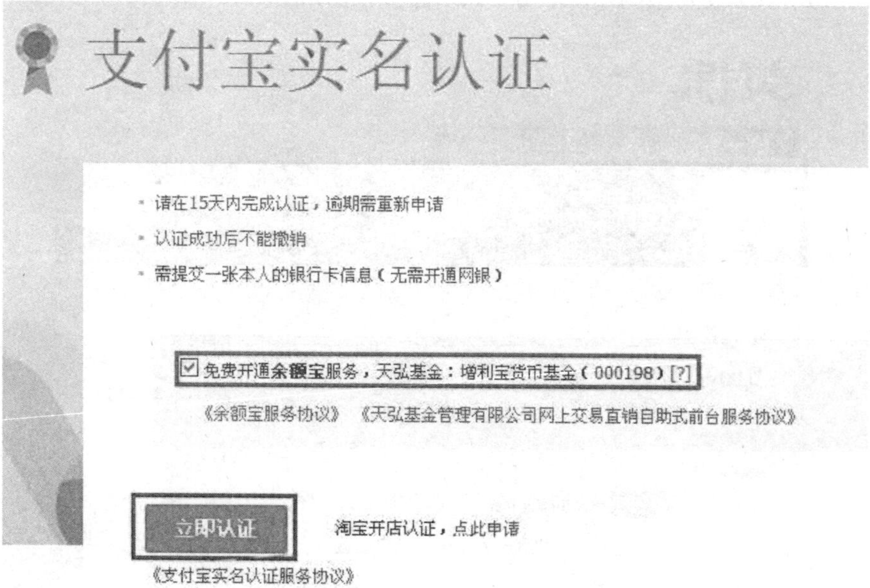

图3-19 再次单击“立即认证”

（4）填写身份证信息，单击“下一步”按钮进行身份验证。如图3-20所示。

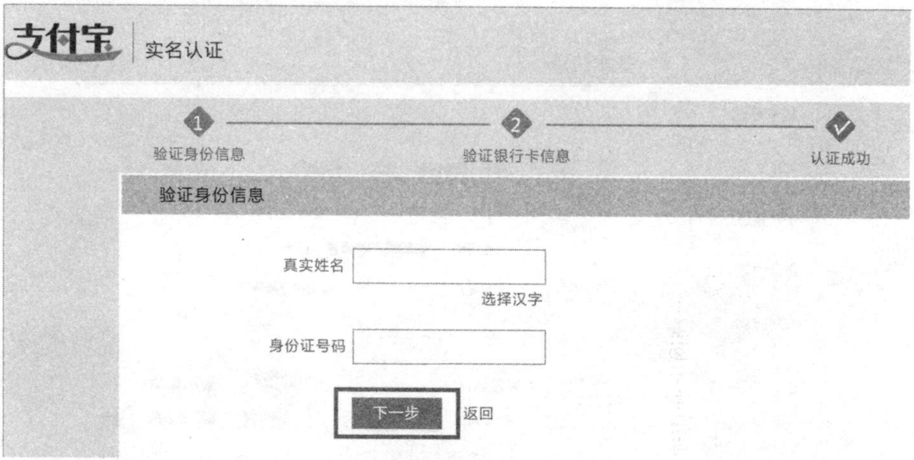

图3-20 填写身份证信息

（5）在弹出的页面中确认身份信息，单击“下一步”按钮，如图3-21所示。

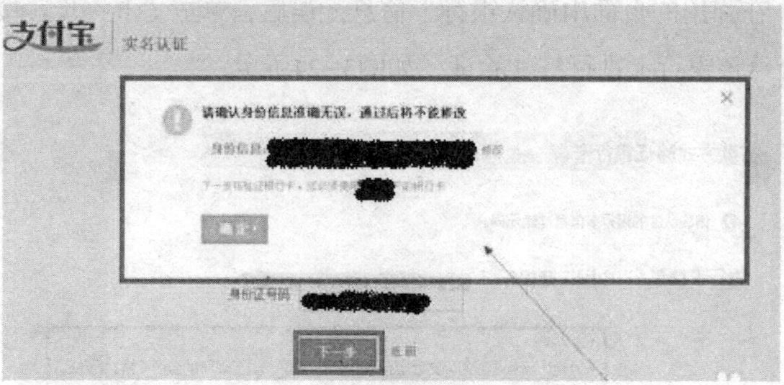

图3-21 确认身份信息

（6）单击“跳过，继续认证”按钮，如图3-22所示。

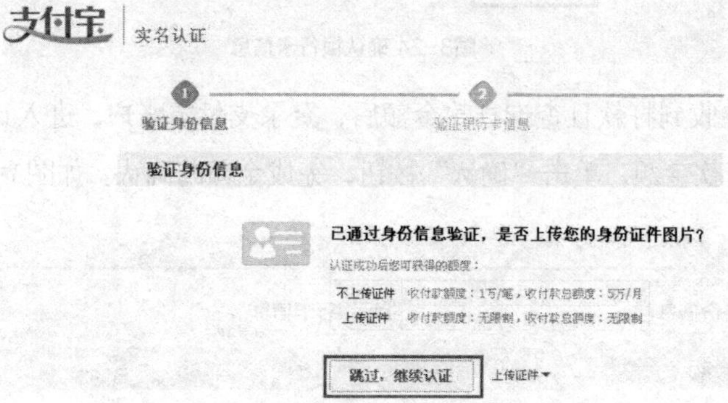

图3-22 单击“跳过，继续认证”按钮

（7）输入银行卡卡号和银行预留手机号码，单击“同意协议并确定”，如图3-23所示。

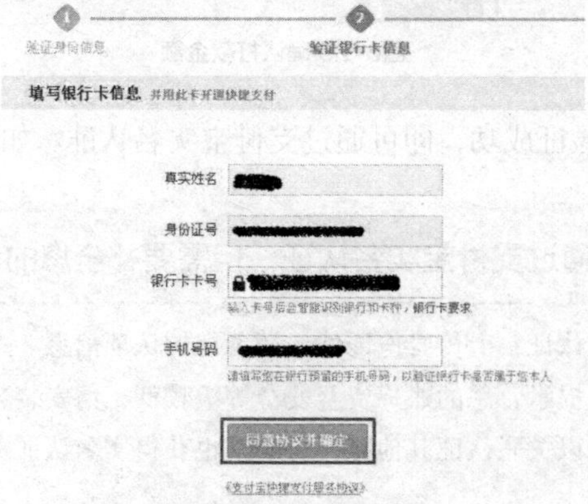

图3-23 验证银行卡信息

（8）在弹出的页面中确认银行卡信息无误后，单击“下一步”按钮，支付宝平台会给该银行卡进行打款验证，如图3-24所示。

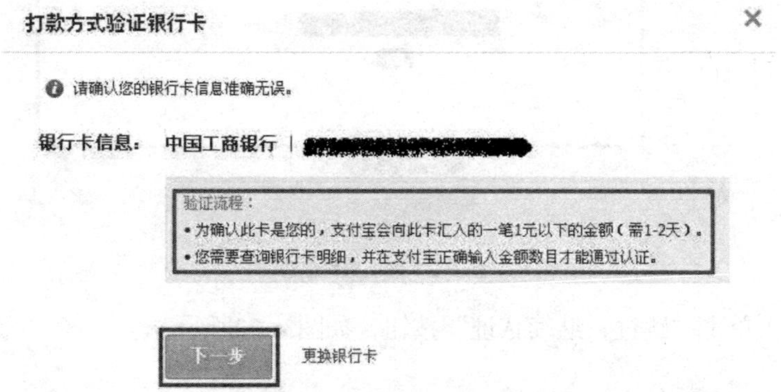

图3-24 确认银行卡信息

（9）在收到打款且查询打款金额后，登录支付宝账户，进入认证页面，输入收到的打款金额，单击“确认”按钮，完成金额的确认。如图3-25所示。

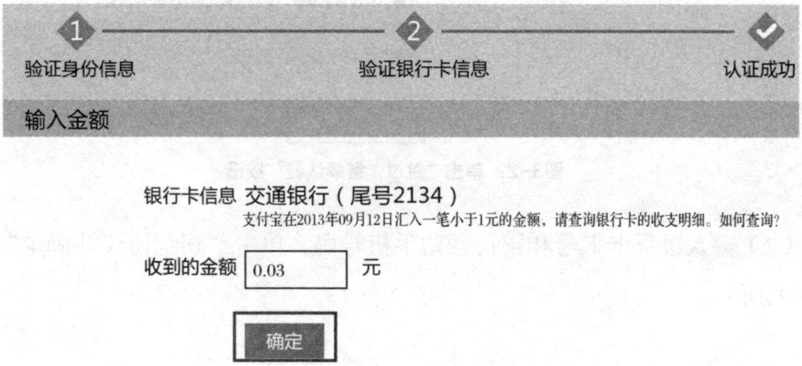

图3-25 确认打款金额

（10）银行卡验证成功，即可通过支付宝实名认证。如图3-26所示。

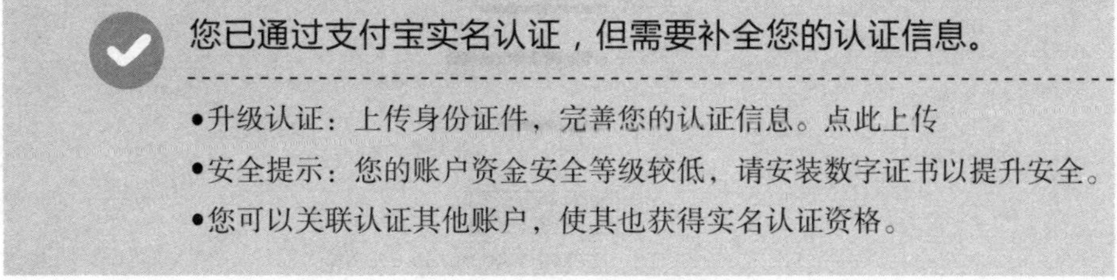

图3-26 通过支付宝实名认证

第3节 淘宝工具软件下载与安装

为了更便捷地管理和经营淘宝店铺，卖家还需要下载相关的淘宝工具软件，最常用的有千牛工作台和淘宝助理软件。

1. 千牛工作台的下载与安装

千牛工作台的原身为阿里旺旺卖家版，2014年1月，阿里旺旺卖家版停止更新，新版全面升级为千牛工作台。千牛为阿里巴巴官方出品的卖家一站式工作台，分为电脑版和手机版两个版本。其核心是为卖家整合：店铺管理工具、经营资讯消息、商业伙伴关系，借此提升卖家的经营效率，促进彼此间的合作共赢。让卖家可以更加便捷和高效地管理店铺，让生意游刃有余。千牛安装步骤如下：

（1）用浏览器打开网址http：//work.taobao.com，进入千牛工作台官方下载页面，开店用户在本页面选择单击“卖家用户入口”，如图3-27所示。

图3-27 选择“卖家用户入口”

（3）选择电脑版，单击“立即下载”按钮，如图3-28所示。

图3-28 选择电脑版下载

（4）在弹出的下载页面单击下载按钮，下载完成后，双击打开下载好的安装软件qianniu_（2.02.05N），如图3-29所示。

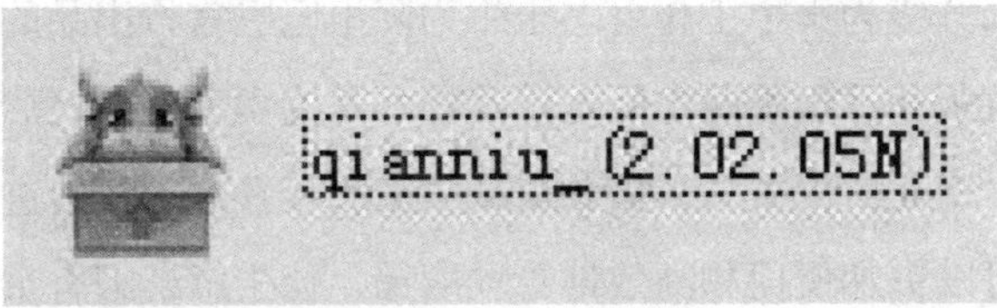

图3-29 双击打开安装软件

（5）在弹出的安装提示框中，单击“下一步”按钮，如图3-30所示。

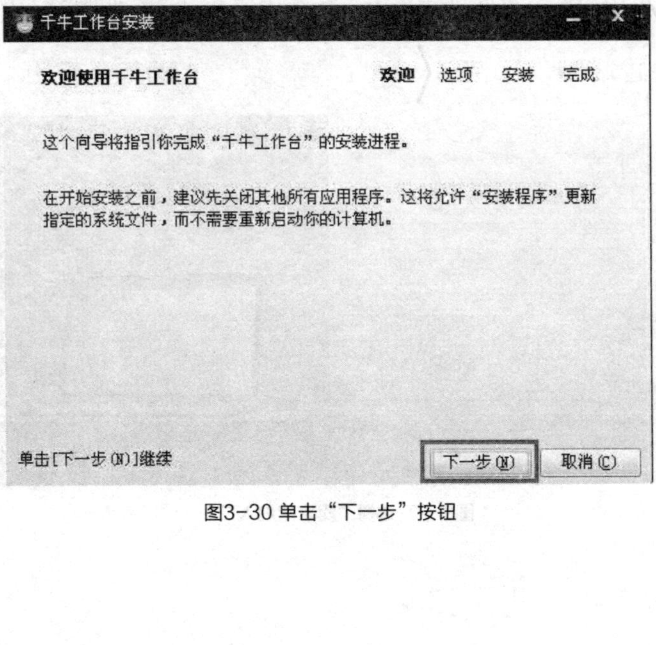

图3-30 单击“下一步”按钮

（6）阅读许可协议之后，单击“下一步”按钮，如图3-31所示。

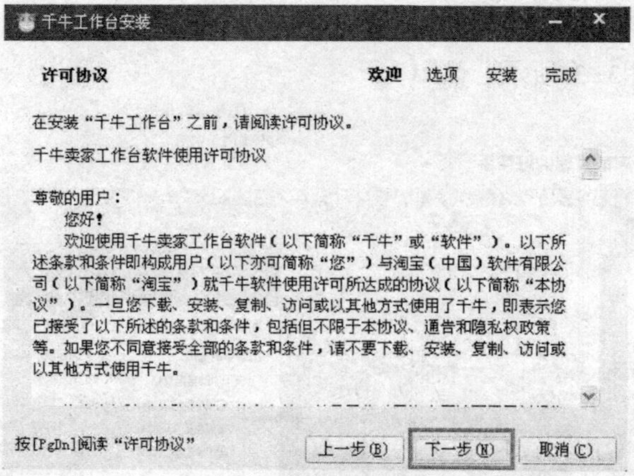

图3-31 单击“下一步”按钮

（7）直接单击“安装”按钮，系统默认将软件安装在系统C盘。这里推荐安装在其他盘，操作方法为：单击“浏览”按钮，选择其他安装路径，选择好后单击“安装”按钮。如图3-32所示。

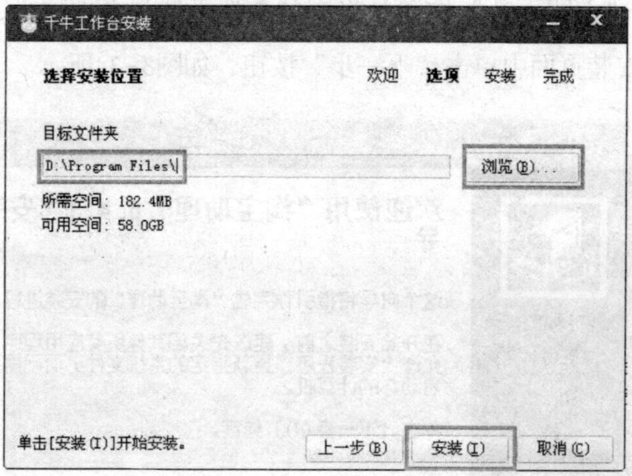

图3-32 单击“安装”按钮

（8）显示系统正在安装，在安装完成后，单击“完成”按钮，千牛工作台即安装完毕。

2. 淘宝助理的下载与安装

淘宝助理是一款免费的、功能强大的客户端工具软件，它可以使店主不登录淘宝网就能直接编辑宝贝信息，快捷批量上传宝贝，是上传和管理宝贝的一

个非常不错的店铺管理工具。下载和安装淘宝助理的步骤如下：

（1）打开浏览器，在地址栏输入http：//zhuli.taobao.com/，打开淘宝助理下载页面，如图3-33所示。

图3-33 淘宝助理下载页面

（2）单击“立即下载”按钮，将安装文件下载到本地硬盘，双击安装文件，在弹出的安装页面中单击“下一步”按钮，如图3-34所示。

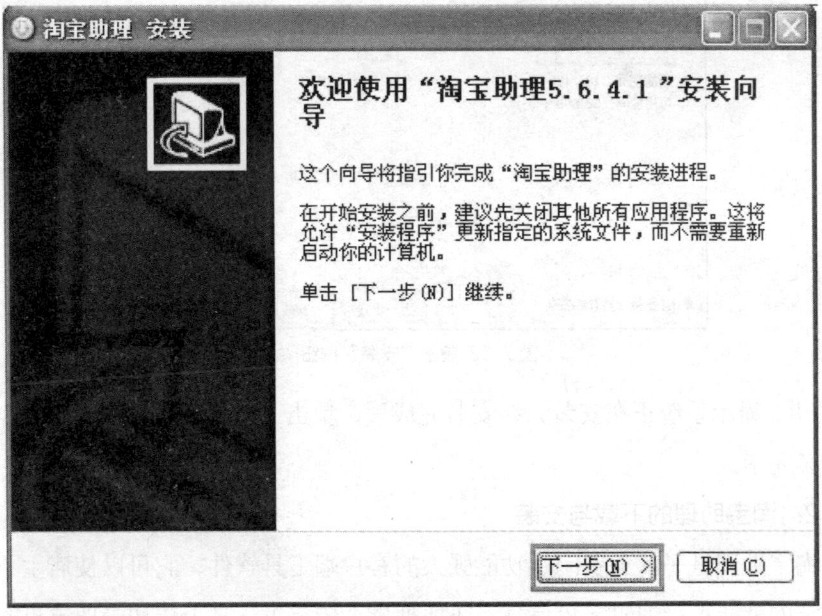

图3-34 单击“下一步”按钮

（3）进入许可证协议页面，阅读授权协议后单击“我接受”按钮，如图3-35所示。

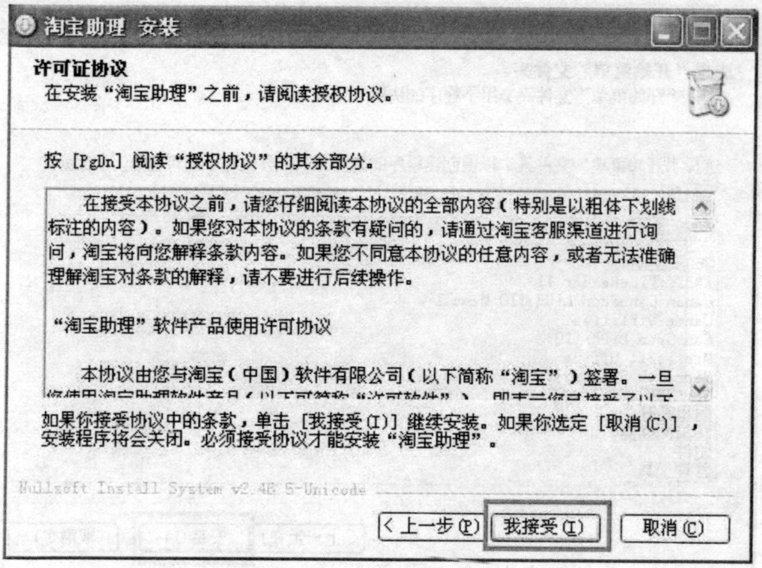

图3-35 单击“我接受”按钮

（4）选择软件的安装位置，建议安装在系统盘以外的硬盘内，然后单击“下一步”按钮，如图3-36所示。

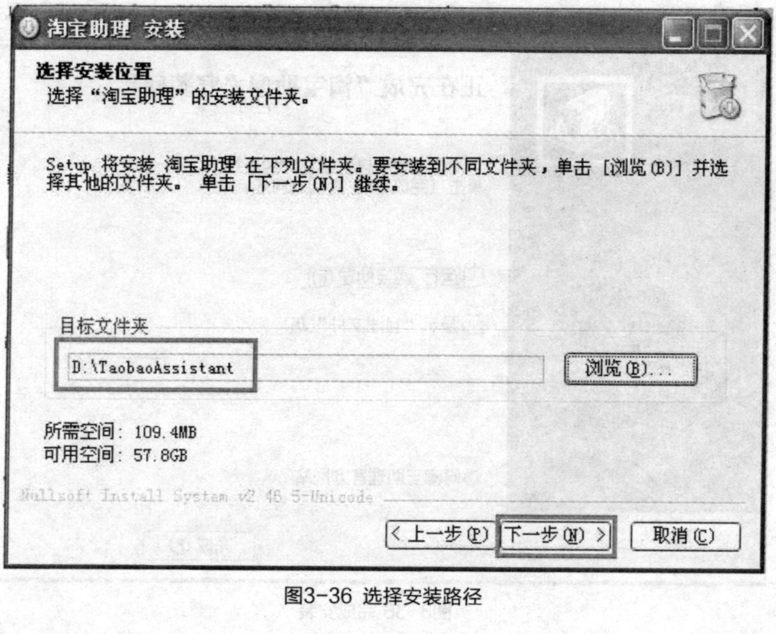

图3-36 选择安装路径

（5）单击“安装”按钮，开始安装，如图3-37所示。

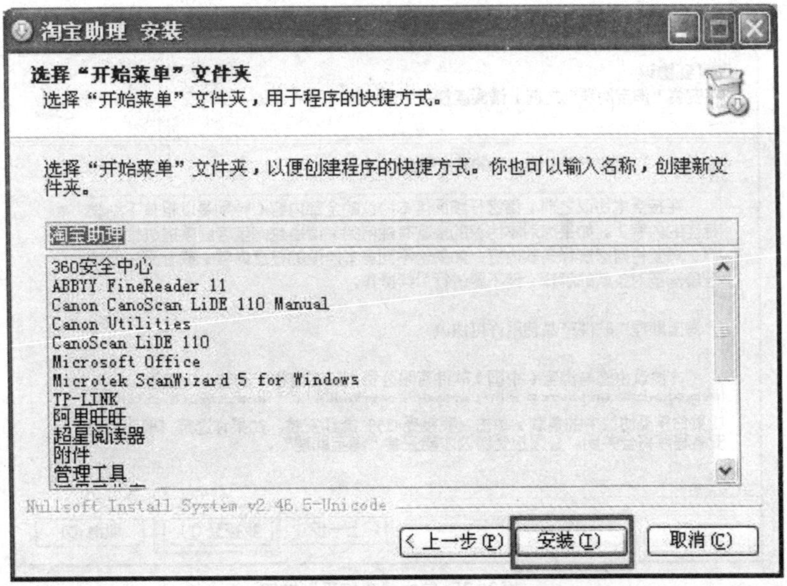

图3-37 单击“安装”按钮

（6）单击“完成” 按钮，即完成淘宝助理的安装，如图3-38所示。

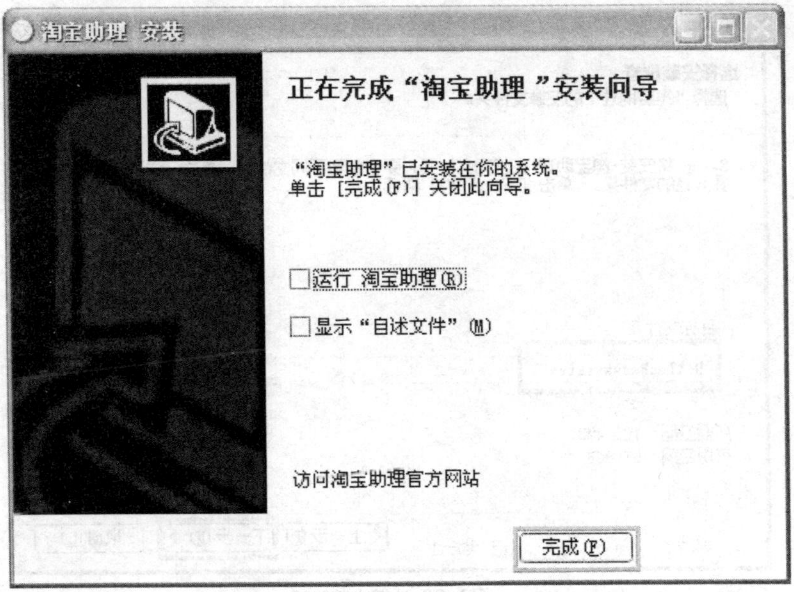

图3-38 完成安装

（7）打开淘宝助理软件，输入用户名和密码，即可登录进入淘宝助理，如图3-39所示。

图3-39 淘宝助理界面

第4节 如何入驻天猫商城

在了解天猫开店流程之前，先熟悉一下天猫商城的基本知识。

1. 天猫和淘宝的区别

天猫和淘宝同属于阿里巴巴集团的购物平台，两者区别如下：

（1）卖家与商家的区别。天猫和淘宝之所以称为购物平台，是因为有非常多的商家和淘宝卖家在这两平台上开店和销售产品，但两者却有细分。

天猫：属于商家销售平台，多为企业或者公司直销形式销售产品，又称天猫商家，是众多品牌产品的销售商城。

淘宝：相当于地面的集市一般，产品多为批发或者代理的形式销售产品。

（2）开店区别。天猫属于企业或者品牌商城，开店审核比较严格，需要具体营业执照、企业相关证明资料等，并且入驻天猫商城需要缴纳一定的开店费用及保证金，相比淘宝开店成本要高很多。

而淘宝属于个人集市，个人卖家开店平台，开店流程相对简单，只需要有个人身份证即可免费在淘宝开店，免费拥有个人的淘宝店铺。

（3）产品及服务的区别。天猫商城成本高，因此产品相对来说要比淘宝贵，由于条件的限制，信誉相对比较好，有完整的售后服务流程，商家信誉保障，并且产品经过严格审核，全为正规品牌，无假冒伪劣产品销售。

淘宝属于集市产品，产品多样化，并且相对天猫商场产品，销售价格更低，但淘宝个人卖家信誉下降较大，因此消费者在选购个人淘宝店铺产品时应更注重挑选有信誉的卖家购买。

2. 天猫商城开店所需材料

天猫开店所需材料如下：

（1）支付宝企业认证需要的材料。包括营业执照影印件、对公银行账户（可以是基本户或一般户）、法定代表人的身份证影印件（正反面扫描件）。

（2）如果是代理人，除了以上的材料，还需要身份证影印件（正反面）、企业委托书，必须盖有公司公章或者财务专用章，不能是合同/业务专用章。

3. 天猫商城开店的步骤

天猫商城开店具体步骤如下：

（1）进入天猫商城首页，鼠标悬停在页面右上角“商家支持”处，在下拉栏中单击“商家入驻”超链接，如图3-40所示。

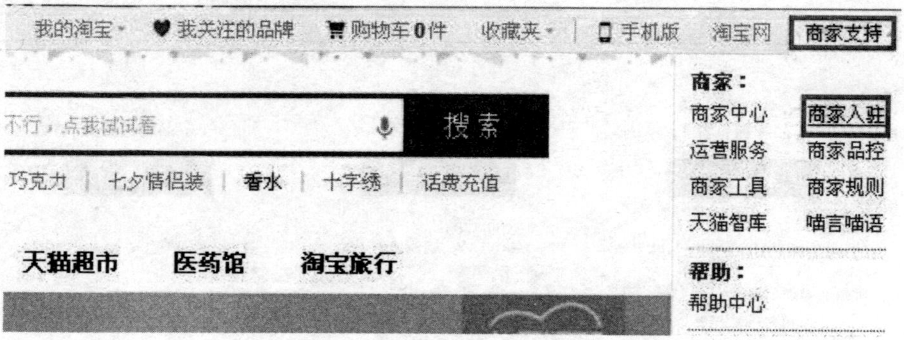

图3-40 单击“商家入驻”超链接

（2）在“入驻流程”下“支付宝”栏内单击“立即申请”按钮，申请企业支付宝账号，如图3-41所示。申请步骤与第二节中支付宝注册步骤相同。

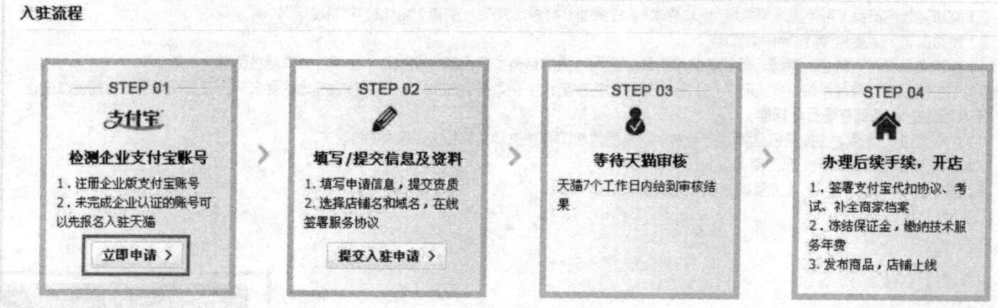

图3-41 申请企业支付宝账号

（3）在“入驻流程”下单击“提交入驻申请”按钮，如图3-42所示。

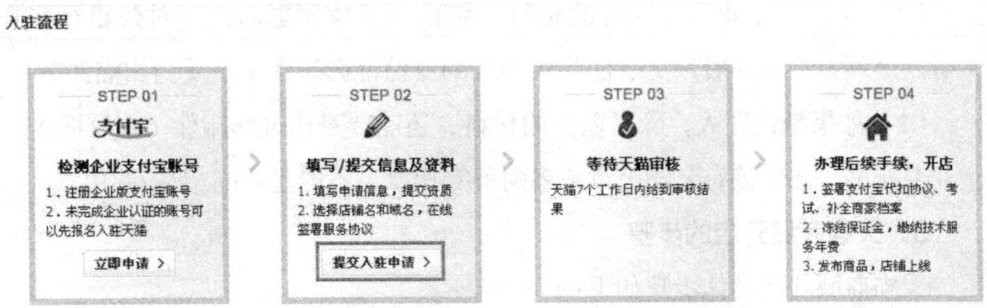

图3-42 提交入驻申请

（4）选择店铺类型，如图3-43所示。

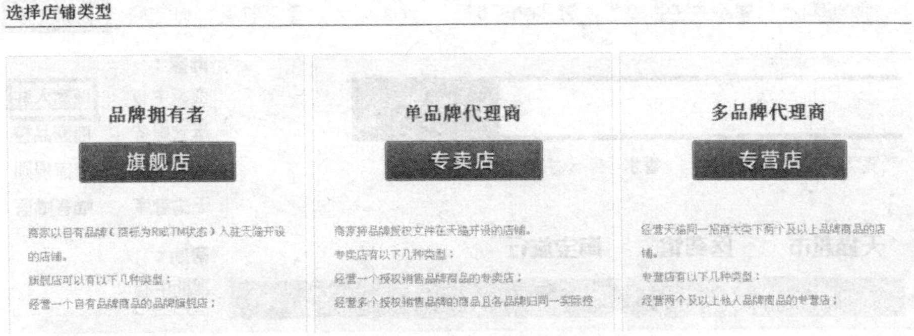

图3-43 选择店铺类型

（5）选择你准备经营的店铺类型后，在新页面了解店铺入驻费用及资质条件，确定后单击页面下方的“入驻天猫”按钮，如图3-44所示。

图3-44 单击“入驻天猫”按钮

（6）在新页面阅读“天猫商家须知”和“重要提醒”，单击“我知道了”

和“同意”按钮，如图3-45所示。

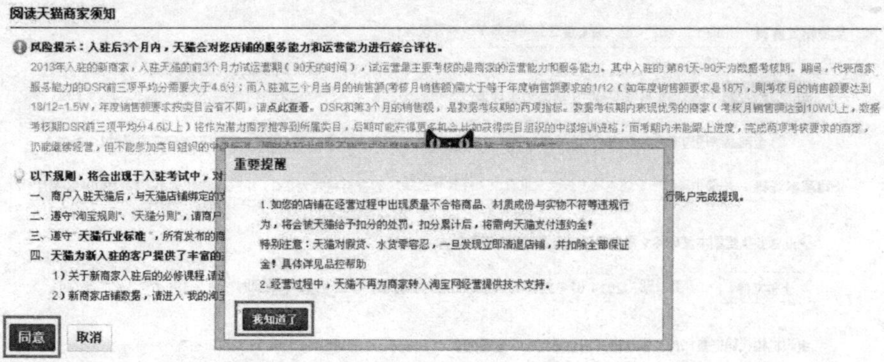

图3-45 单击“我知道了”和“同意”按钮

（7）在新页面输入注册好的企业支付宝账号，单击“下一步”按钮，进入“填写申请信息”页面，填写信息后单击“下一步，上传资料” 按钮，如图3-46所示。

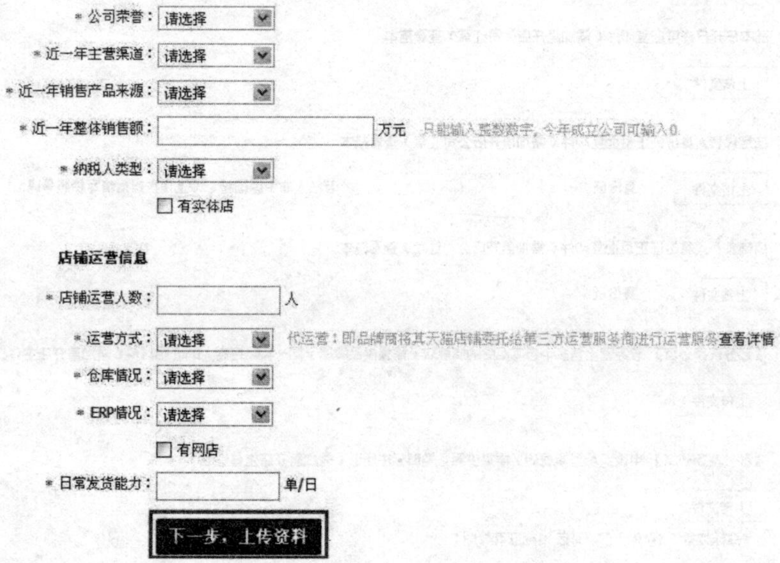

图3-46 单击“下一步，上传资料” 按钮

（8）在“资质上传”页面上传相关资料，然后单击“下一步，店名及域名预选择”按钮，如图3-47所示。

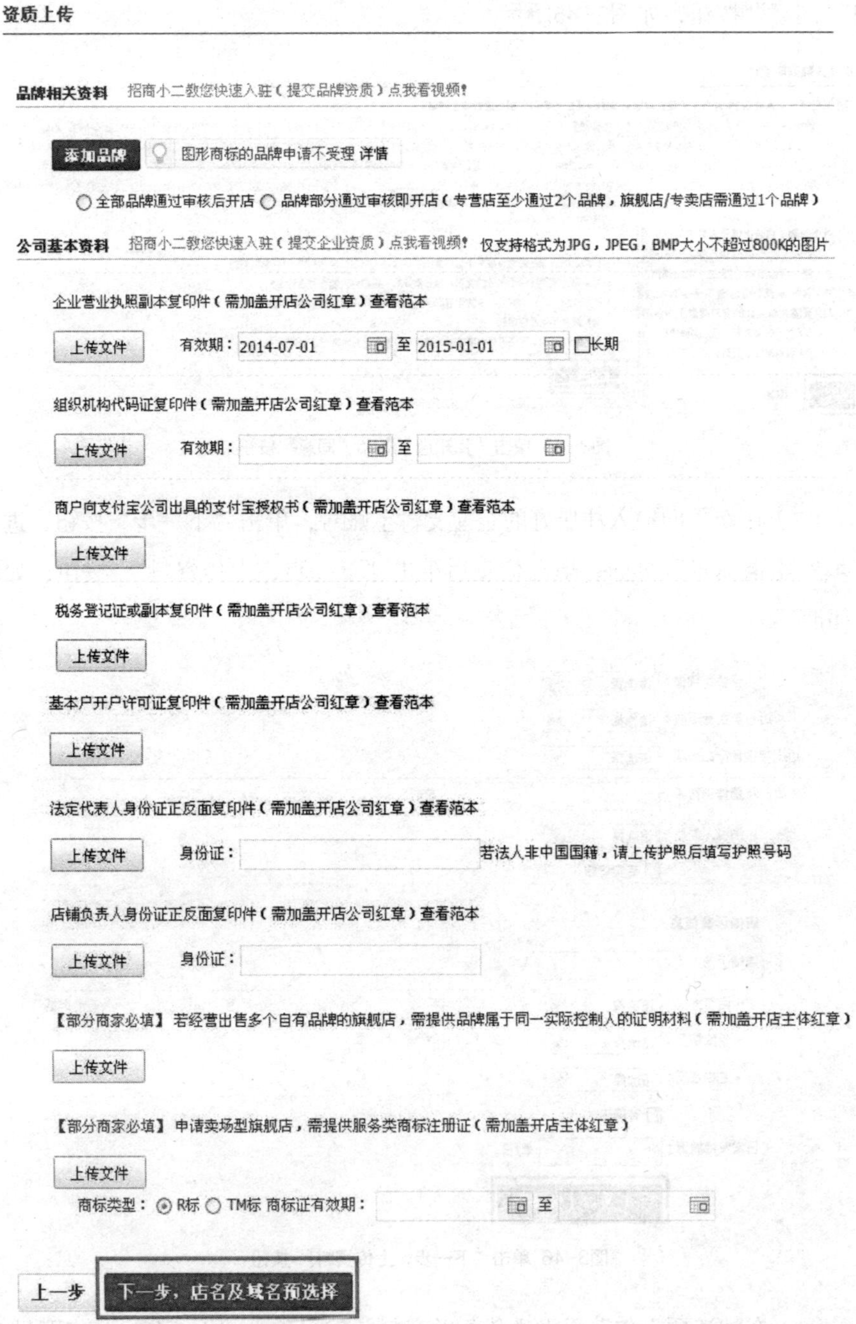

图3-47 单击“下一步，店名及域名预选择”按钮

（9）在新页面中单击“下一步，确认协议”按钮，如图3-48所示。

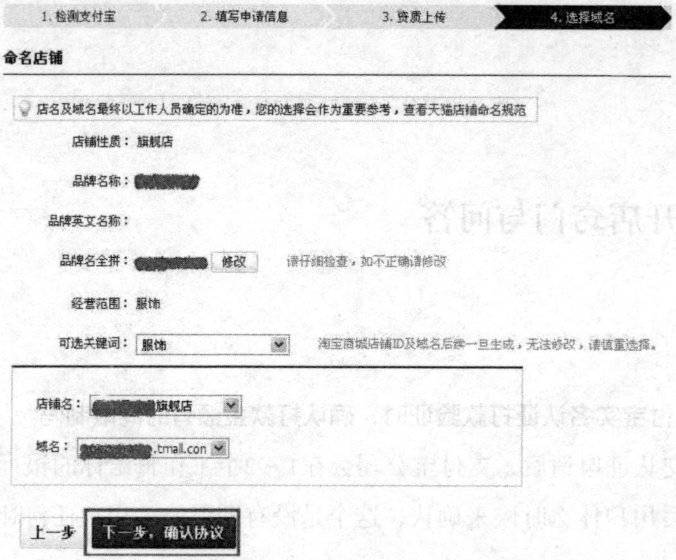

图3-48 单击“下一步，确认协议”按钮

（10）在新页面阅读确认协议，勾选“同意以上协议”，单击“下一步，等待审核”按钮，如图3-49所示。

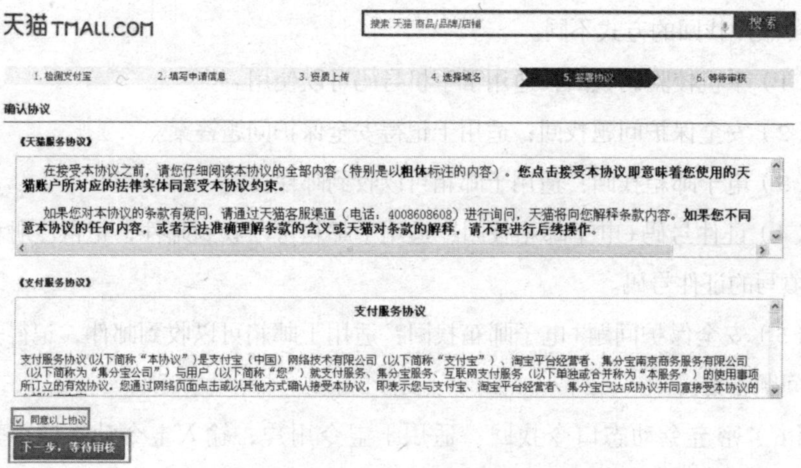

图3-49 单击“下一步，等待审核”按钮

到此，即完成入驻天猫商城流程，接下来，耐心地等待官方审核通知即可。

第5节 开店窍门与问答

1. 支付宝实名认证打款验证时，确认打款金额有时间限制吗

在提交认证申请后，支付宝公司会在1～2个工作日给你的银行卡打款，但是打款后用户什么时候来确认，这个是没有期限的，用户任何时间操作都可以。

2. 支付宝登录密码被锁定怎么办

如果登录密码提示被锁定了，通过找回密码的方式重新设置新密码可立即解锁密码，之后支付宝账户可正常使用。

找回登录密码共有以下8种方式，支付宝系统根据各账户的情况进行判断，各账户找回的方式不同。

（1）手机校验码找回：适用于手机号码可以使用。

（2）安全保护问题找回：适用于记得安全保护问题答案。

（3）电子邮箱找回：适用于邮箱可以收到邮件。

（4）证件号码+电子邮箱找回：适用于邮箱可以收到邮件，记得注册和认证时填写的证件号码。

（5）安全保护问题+电子邮箱找回：适用于邮箱可以收到邮件，记得安全保护问题答案。

（6）密宝令动态口令找回：适用于宝令用户，输入宝令动态口令验证修改。

（7）手机校验码+证件号码找回：适用于手机号码可以使用，记得注册和认证时填写的证件号码。

（8）人工审核找回：会向您的支付宝账户邮箱发送一封邮件，您需要根据

邮箱提示填写相关身份信息提交后待客服在48小时内进行核实处理。

3．支付宝密码被盗怎么办

登录支付宝账户，将登录和支付密码设置为不一样的密码，同时最好使用英文字母和数字的组合。

另外，修改一下邮箱密码，或者在“我的支付宝”→“账户信息管理”→“账户基本信息”中修改邮箱地址，新的邮箱需要是没有注册过支付宝账户的邮箱。

最后，在安全中心自主注销支付宝数字证书，然后马上重新申请证书。

4．没有手机可以注册淘宝会员吗

在电脑上注册成为淘宝会员有2种方式，即手机验证和邮箱验证，但是都需要通过手机来完成注册工作，没有手机则无法注册成功。

若没有手机或者手机已经绑定其他淘宝账户，可以使用邮箱来注册，在邮箱接收激活邮件之前，需要通过手机来验证注册的安全性。建议您可以向家人、朋友、同事借用一下手机，接收验证码，完成注册。

邮箱注册用来验证的手机不会与您的淘宝会员名绑定，且接收短信是免费的。同一个手机号，一天内最多允许验证注册成功五个邮箱账户。

|经|典|案|例|

从网下到网上——凯米尔内衣的成功之道

此前，一直把淘宝网看作是“假货、盗版”横行之地的周扬，这回真的玩大了。2013年，他的淘宝商城店铺“凯米尔”月销售额达到4000万元，保守估计，净利率达到50%。

“中国制造”的内功

学国际贸易出身的周扬，毕业后的第一份工作便是在湖北武汉的黛安芬工厂中做采购，此后辗转多家内衣工厂。

2006年，周扬辞去工作，在孝感市孝南区建起了一座小小的裁片加工厂。说是工厂，“其实充其量就是个小作坊，买几台缝纫机，雇几个工人，从大型代工厂那里领回一些裁剪好的布料，做好了再送回工厂做质检”。

而在外贸形势一片大好的本世纪初，周扬的“小作坊”毛利率可达20%。但这不是他创业的终点。他一方面招兵买马，按照与自己合作的大型代工厂的部门设置，让小工厂看起来照样“五脏俱全”，另一方面，则开始独立地承接一些小额的内衣成品加工订单。

接下来的几年，周扬和当地的大多数工厂老板一样，将代工生意做得风生水起，年销售额逾3亿元不说，更重要的是，代工厂在海外大客户的“苛刻”要求下锻造出一套相对专业高效的供应链体系。

如果不是敏锐地感知到了2000年末开始发端的一些“坏兆头”，周扬或许还会在代工这条“康庄大道”上飞驰。然而，就在他刚刚用手头所有

的资金买下一块新地、建起一个能容千人的大工厂时，他突然发现，那些合作多年的欧美品牌客户们开始变得越来越“古怪”——要求交付的设计稿越来越多，但订单却迟迟不下；总订单额虽然没太大变化，但款式做得越来越多，每一款的订单额却越来越小。

多番打听之后，周扬才渐渐了解客户对于市场前景的迷茫和谨慎，而此时的他，也并没有更多的选择。“建工厂把钱都花完了，还有一千来号人要养活，而且生意人都想图个好兆头，刚搬了新工厂，我一定要让它至少看上去红红火火的”，就这么盘算着，他一狠心，将原本将近30%的毛利空间一下子压到了5%，率先抢到了订单。

此后的每一天，周扬和当时珠三角许许多多代工厂老板一样，几乎是在一种“白色恐怖”下度过的，“一会儿这个人来电话说，听说谁的厂子关了，一会儿又有另一个人跑来告诉你，谁被收购了”，而周扬也开始反思自己过去的代工模式是否过于单一，是否该尝试内销，线上线下两大类渠道又该如何选择。

大胆假设，“大胆”求证

2007年年底，周扬决定“曲线”试水网络。他先找人搭建了一个网罗内衣爱好者的BBS社区，打算等攒够了人气，再将流量导向另一个独立的B2C网站。但让他郁闷的是，几个月后，他发现BBS社区里，除了自己的朋友，便是朋友的朋友。更重要的是，即便他花钱去其他时尚门户买流量，在他心里也开始打出一个个新问号：“这些流量最终会变成有效流量吗?”“我到底是要做什么呢？”

就在这时，一个做玩具生意的朋友拉着周扬到广州参加淘宝商城的招商会，抱着听听看的心理，他去了，也抱着试试看的心理，他以“凯米尔”的品牌进驻了淘宝商城。

起初，周扬并没有重视淘宝商城，他让原先负责BBS运营的员工打理着这家网店，把过去几年代工剩余的布料，重新设计生产后，以“凯米尔”的品牌在淘宝上销售，同时他自己又重新回到了代工道路上。

有一天，网店的员工跑来告诉周扬，第一批生产的内衣好多款式已经卖脱销了，还不断有顾客来询问，之后会不会再生产。周扬决定再生产一批试试，结果再次脱销。而此时，凯米尔的日销售额已迫近10万元。

2009年年初，周扬开始认真研究电子商务，在顺德一处闲置办公楼里组建起凯米尔营销和客服团队。

虽然周扬在代工时积累下欧美众多品牌客户的尺码和数据样本，但当他第一次正式为凯米尔生产内销产品时，却发现原本在欧美最好卖的几个尺码照搬到内地并不热销。此外，一些已经购买了凯米尔产品的顾客也会在评价中对更为细节的设计、做工提出各种各样的意见。周扬据此进行一一调整。

但是，让他没有想到的是，伴随着凯米尔在淘宝商城上的日成交量渐增，另一种质疑声也开始渐渐变大。一些顾客在评价中怀疑凯米尔，不过是一家从各家代工厂里收罗尾货在淘宝上倒卖的皮包公司。

于是，2013年下半年，周扬拿下武汉市汉口步行街和民众乐园的两个门面，决定在那里开设两家凯米尔的线下体验店。

这一招被证明显然是有效的。在开设体验店之前，凯米尔的购买人群分布上海第一、成都第二、广东第三、武汉第四。而当体验店在武汉市内开到第7家时，武汉的购买人群上升至了第一位，所占比例也远远超过此前上海的9%，达到17%。周扬随即一口气又在成都和江苏等地新开十余家体验店。

“凯米尔在线下只做体验店。”周扬万分坚定地说，“因为我还准备再做一个高端品牌‘时尚巴黎’，定价在350元以上（凯米尔的平均价位为100～150元），主做线下。”

周扬也并未因此而完全放弃代工业务。一方面，尽管毛利率低得可怜，但每年3个亿的订单还能给上千人的工厂不少帮衬；另一方面，给诸如C&A、H&M、CK代工，也能让周扬和他的设计团队（一部分已外包给欧洲的两个工作室）了解到最前沿的流行信息，同时将内外销的采购环节整合在一起，尽可能地压缩成本。

至于品牌商标，周扬自信地回答道：“可以说，我们就是网上的H&M!”

第四章

轻松当掌柜

前文对开店前的准备做了详细的介绍，本章将介绍店铺的开张程序，主要包括申请店铺、店铺设置、发布宝贝等，在发布较多的商品时，可以使用淘宝助理批量上传发布。

第1节 发布宝贝，申请店铺

开通淘宝普通的店铺是免费的，卖家至少要发布10件宝贝才能申请店铺。没申请到店铺前，宝贝只可以作为单品出售，申请到店铺之后，就可以将宝贝放在店铺中出售。

1. 发布宝贝

宝贝可以在淘宝网站发布，也可以通过淘宝助手发布。发布宝贝有两种方式：一种是一口价方式；一种是拍卖方式。下面讲述在淘宝网用一口价方式发布宝贝的步骤：

（1）登录淘宝网，单击网站右上角“卖家中心”超链接，在“我是卖家”页面单击左边“发布宝贝”超链接。如图4-1、4-2所示。

图4-1 单击“卖家中心”超链接

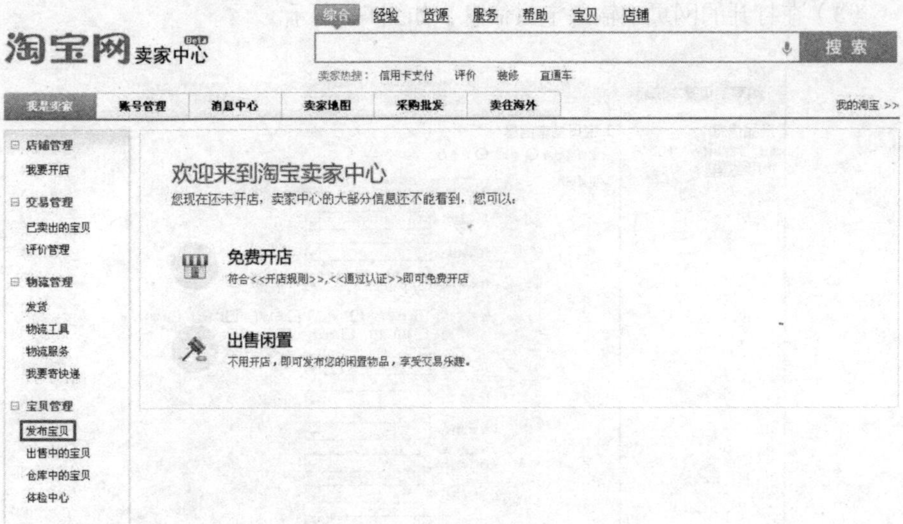

图4-2 单击“发布宝贝”超链接

（2）选择类目发布宝贝，也可以输入宝贝名称，系统会自动匹配类目，选择好后，单击“我已阅读以下规则，现在发布宝贝”按钮，如图4-3所示。

图4-3 选择类目

（3）在打开的网页中输入宝贝信息，如图4-4所示。

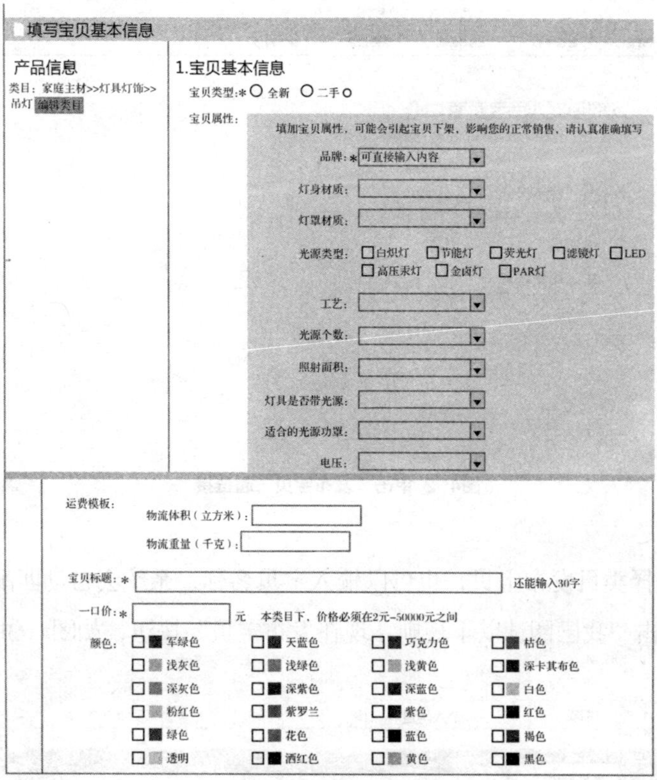

图4-4 填写宝贝信息

（4）单击“上传新图片”按钮，上传宝贝图片，如图“4-5”所示。

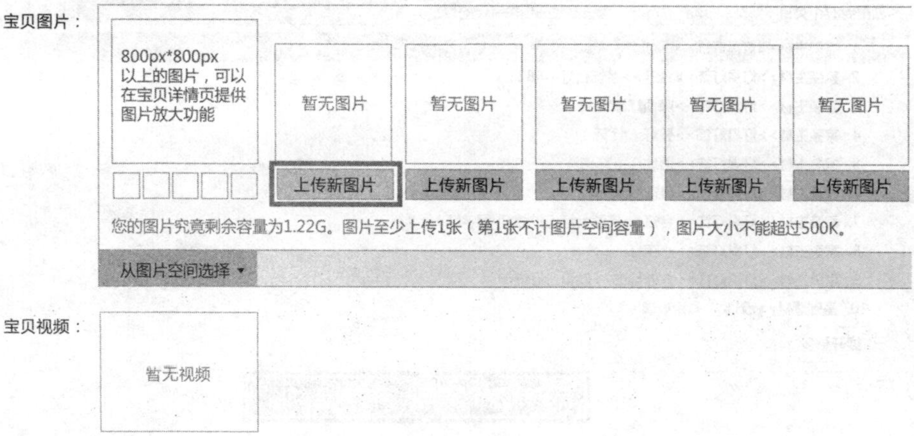

图4-5 上传图片

（5）填写宝贝详细描述信息。在本页面可以设置文本格式等，如图4-6所示。

图4-6 填写宝贝描述信息

（6）填写宝贝的物流信息，如图4-7所示。

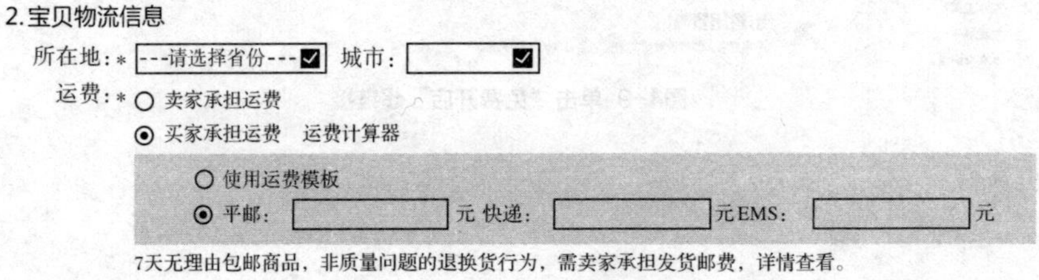

图4-7 填写宝贝的物流信息

（7）填写宝贝的其他信息，单击“发布”按钮完成宝贝发布，如图4-8所示。

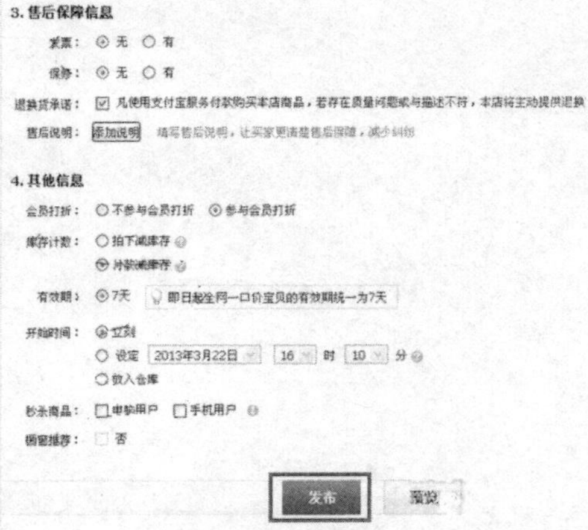

图4-8 填写宝贝其他信息

2. 申请网上店铺

在发布了10件宝贝后，就可以申请开通网上店铺了。用户可登陆淘宝，进入卖家中心，在“我是卖家”页面单击“免费开店”超链接，即可开通网上店铺，如图4-9所示。

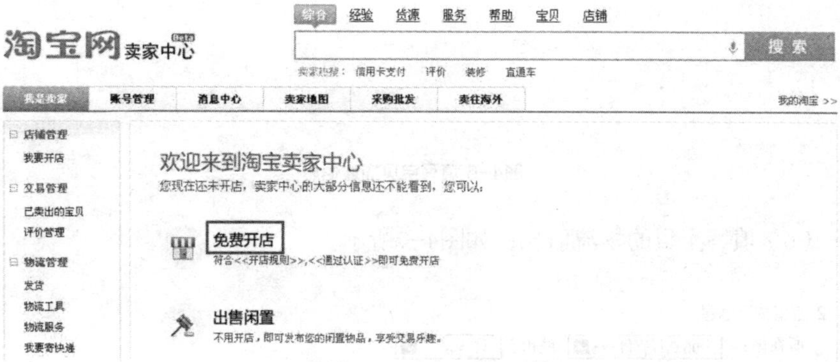

图4-9 单击“免费开店”超链接

第2节 使用淘宝助理批量发布宝贝

淘宝助理是一款免费的客户端工具软件，卖家可以通过淘宝助理批量快捷地上传宝贝。

1. 上传宝贝

（1）双击桌面的淘宝助理图标，在登录界面输入淘宝会员用户名和密码，进入淘宝助理主界面，如图4-10所示。

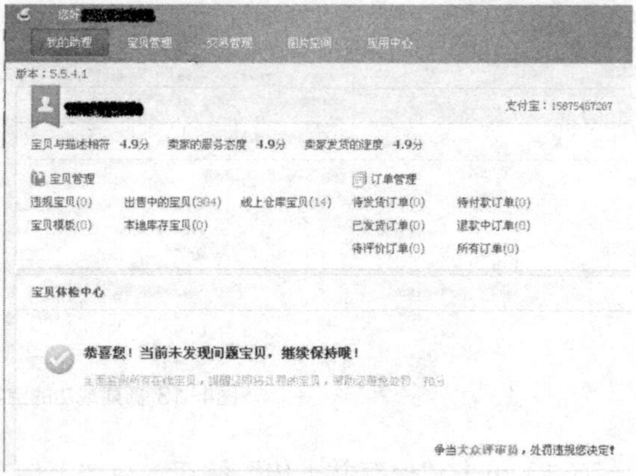

图4-10 淘宝助理主界面

（2）单击顶端“宝贝管理”按钮，单击“创建宝贝”按钮旁倒三角，在弹出的下拉栏中单击“新建空白宝贝”按钮，如图4-11所示。

（3）在创建宝贝对话框中，填写宝贝的基本信息及描述，如图4-12所示。

（4）填写完基本信息与宝贝描述后，单击“保存”按钮，新建宝贝即会被放入“库存宝贝”的目录中，如图4-13所示。

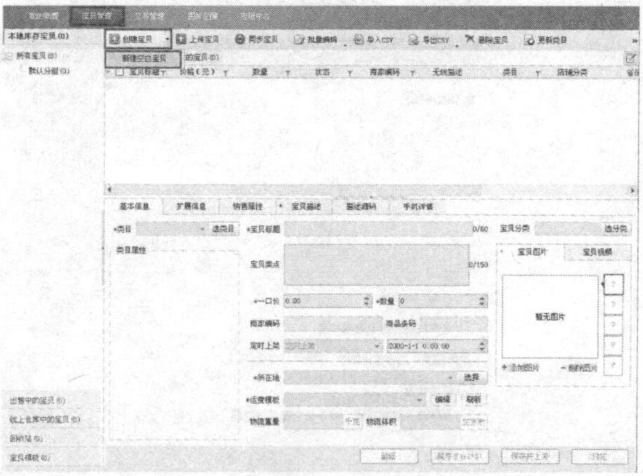

图4-11 新建宝贝

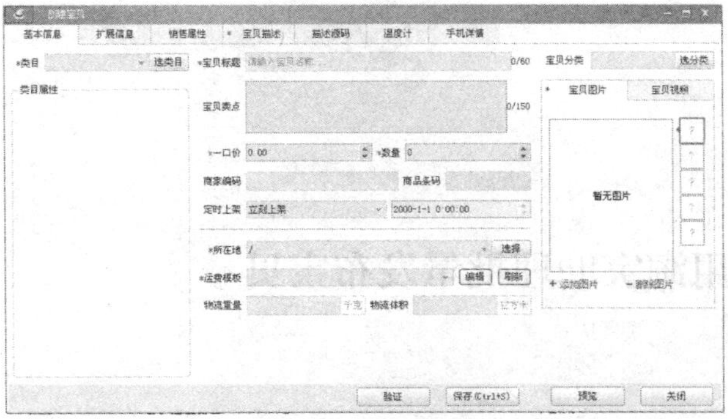

图4-12 填写宝贝基本信息

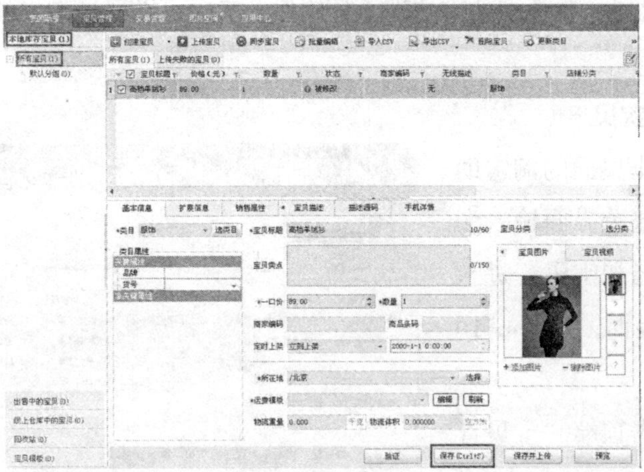

图4-13 新建成功的宝贝

（5）单击“保存并上传”按钮，在“上传宝贝”对话框中单击“上传”按钮，宝贝就会发布到淘宝网，如图4-14所示。

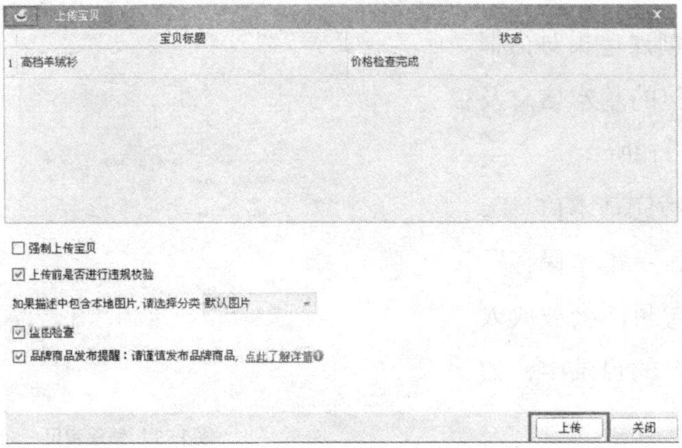

图4-14 上传宝贝

2. 批量编辑宝贝

淘宝助理工具的功能十分强大，可以对选中的具有相同类目的宝贝，进行批量编辑宝贝属性。卖家可以有选择地编辑宝贝的部分属性而不影响其他属性，节省卖家宝贵的时间。使用淘宝助理批量编辑宝贝的步骤如下：

（1）在“所有宝贝”中选择想要编辑的多个宝贝，然后在“批量编辑”下拉栏内选择要编辑的部分，如图4-15所示。

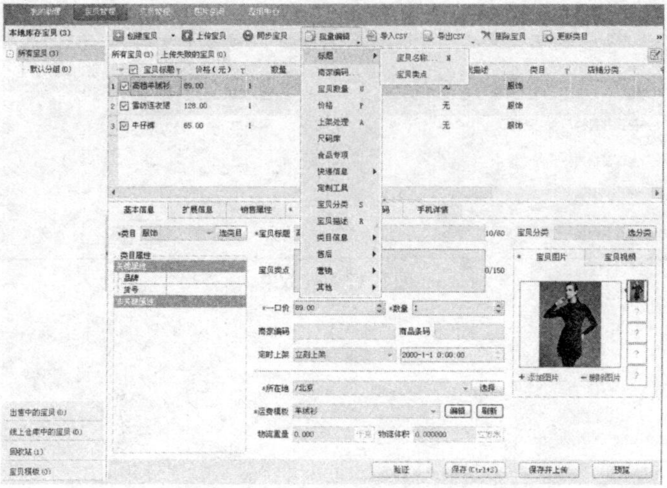

图4-15 选择批量编辑的内容

（2）例如，卖家想要批量修改宝贝名称，可单击“批量编辑”下拉栏内选择宝贝名称一项，会弹出“宝贝名称”窗口。如果想在名称后加上“特惠出售”，先选中“后缀”复选框，填写“特惠出售”，如图4-16所示。

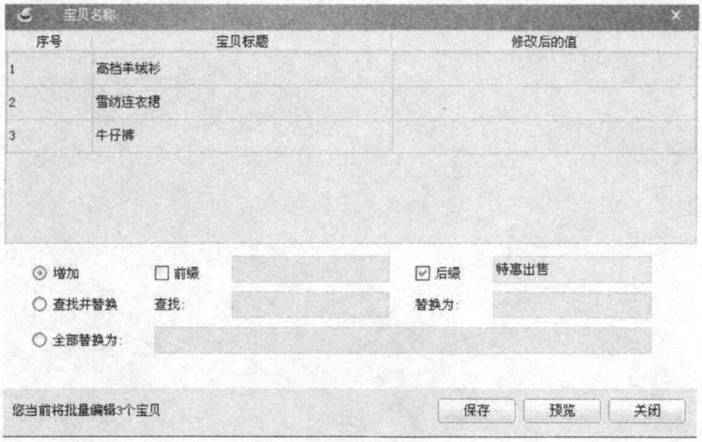

图4-16 批量编辑宝贝名称

（3）单击“预览”按钮，可看到修改后的宝贝信息会显示在“修改后的值”的下方，如图4-17所示。

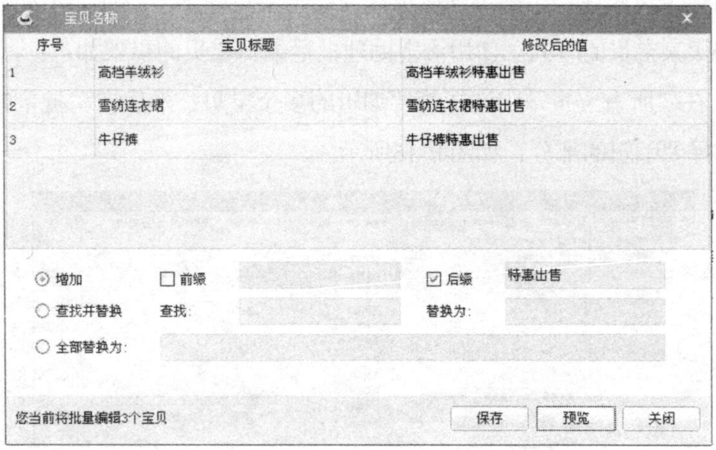

图4-17 预览效果

第3节 开店窍门与问答

1. 如何给店铺取个好名字

有的店铺人们去过一次就能记住，而有的店铺人们交易了几次但店名还是记不住。记不住的原因就是名字没创意，所谓的名字创意主要包括以下几方面：

（1）避免用数字和拼音字母（个人认为字母和数字要比汉字难记的多，要是打算和老外做生意你就尊便）。

（2）考虑以后准备主营何类商品（名字可与店铺今后所售商品相联系）。

（3）掌柜名字很重要，取名时以容易记为原则。

很多卖家取店名的时候，都是根据自己的喜好来命名，其实一个店名关系到你的店被别人搜到的几率。

我们知道，用户进淘宝搜索，很大部分都是输入自己想要的东西名称，比如手机、服装等关键字，如果你的店名里包含这样的关键字，这样就能被别人搜索到。

比如“时尚女性流行前线——浪漫书屋”，包括时尚、女性、流行、书等几个关键字，当然不同时期可以适宜地增加些广告语，比如打折、促销、情人节等词语，也是很有必要的。

2. 把握商品最佳上架时间

如何提高流量是每个卖家都非常迫切需要解决的问题，其中均匀调整宝贝上下架时间这个细节特别重要，然而很多卖家每天都有新宝贝上架，又有很多宝贝下架，该如何处理这些宝贝上下架时间分布的问题呢？如何让买家更容易搜索到你的宝贝？

大家都知道上传宝贝这环节很重要，一些卖家可能会认为宝贝一下全部上到店铺，就完成了，其实这就是一个错误的做法。传宝贝要分时间、分批，保持每天都有宝贝上传较好，并且是要在黄金时间段上架，下架时间可以选择7天或14天，推荐使用7天有效期的下架时间。因为选择下架宝贝天数越短，宝贝就会有更多下架机会，以及排名靠前的机会，让买家更容易搜索到自己宝贝的机会。

宝贝上架黄金时间段为：上午9:00—11:30；下午13:30—16:30；晚上19:00—22:00。

3．不能发布宝贝的原因有哪些

请先确认您的账户是否具备发布商品的条件，且账户是否有因违规被处罚限制发布商品，如都没有问题，请根据您的情况点击选择查看。

（1）发布商品时提示：您的店铺状态不正常，不能发布、编辑全新商品。

（2）超过发布商品数量上限。

（3）上架时提示数量必须大于0。

（4）发布宝贝时提示输入属性错误。

（5）发布宝贝时无法选择类目。

（6）发布宝贝不成功，有出错提示。

4．一家店铺可以卖几类宝贝

目前淘宝没有限制店铺中经营宝贝的种类（成人、音像、书籍、酒类制品、彩票类目等除外）。

比如卖家可以发布女装，同时也可发布男装或虚拟商品。卖家可以根据发布的主营宝贝数量来选择您的店铺类目。

需要注意的是，如果店铺经营的种类区别过大，可能会影响后续参加相应的促销活动（因淘宝的相关促销活动对店铺会有不同的要求）。

80后弱听女孩淘宝创业之路

网店“小雪出品”的店主周雪是一个平凡的山东农家女孩，从小患有弱听，面对择业，她毅然决定放弃大城市返乡创业，用乐观的心态和创新的意识，寻找到一条通向自己梦想的路。

从今年3月到6月，仅仅三个月的时间，她的淘宝店快速成长为三钻。

返乡创业，从头做起，乐观看世界

2008年，周雪物流管理专业毕业，在家人的安排下，周雪做起了银行柜台的工作，但听力不足影响着她和别人面对面的交流。“我必须找到一个扬长避短的方式。”周雪说。

2009年，周雪从网上看到很多人通过淘宝开店，她一下被吸引住了。在互联网上交流，可以让她通过屏幕跟外界沟通，而免去了线下对话的尴尬，这不正是她所期待的么？8月的一天，周雪应聘去杭州一家淘宝网店里工作。经过大半年的时间，在完全掌握网店的流程和技巧之后，2009年底，周雪决定离开杭州，再次返乡，开一家自己的淘宝店。周雪自信而乐观，她认为相比线下开店，淘宝涉及的资金少，但面对的消费者更多。简单筹措到一些启动资金后，2010年4月，周雪的淘宝店正式开张。同时，好友王丹也被她的创业热情和想法感染，两人一起开始了创业之旅。

淘宝“造梦”，平凡女孩在路上

周雪和王丹反复商量后，两人决定选择服装行业。虽然在淘宝上销售服装的商家非常多，但是服装的刚性需求是显而易见的，而且门槛不高，技术含量相对低。但是，服装的范围太广泛了，要在淘宝目前的市场状况

下，能迅速立足并建立自己信誉度的方法就是借助品牌。

寻找品牌成为周雪不得不面临的一个难题。许多经销商都不愿意把东西批发给她，因为担心网络销售会给线下店造成影响。终于有一家名叫森马的经销商勉强愿意让周雪代销产品，但只答应给她1000件过季的囤货，且折扣很高。

周雪如获至宝："森马的品牌认知度较高，这样市场培育成本就大大降低。"周雪跟商家谈妥不做进货，只是先把照片展示在网上，如有人购买，就去拿货。靠着这样节省成本的"无仓储销售"，周雪的"小雪出品"正式开张了。

"那是开店后的第三天，是一个江西买家，拍了一件黄色T恤，成交价格为85元。"回忆起当时，周雪如数家珍，虽然只有85元，但是意义非凡，自己的辛苦终于得到了市场的回报，两个小姑娘很兴奋。有了一单、两单、三单……订单渐渐多了起来。20天过去了，"小雪出品"升了一钻，又过了30天，二钻……到5月20日的时候，店铺已经突破了三钻，这离她们开店的时间才3个月不到。面对这样的成绩单，周雪知道自己已经找到实现梦想的路。

要做品牌沃尔玛

淘宝上已经有海量商品，森马的品牌销售淘宝店也有很多，如何从这些种类繁多的类目和店铺中突围？周雪有了自己的想法：要亲切、朴实、热情地服务客户，让客户感受到满是笑脸的服务态度，同时保证商品的品质和质量。

虽然拿到的只是一件普通的衣服，但是在她的巧妙的创意搭配之下，T恤展示出了不同的特质。周雪面对每一个客户不仅热情，还积极帮他们找到合适的搭配。胖人应该怎么穿，矮人应该怎么穿，周雪都会精心为客户设计好。"接下来我们将选择更多的服装品牌做代销，新品和旧品做搭配，让消费者有更多选择。"她说。从产品上架、到期下架、检查橱窗位，到加入直通车、导入导出数据包、寻找类目等，周雪都能应付自如。"淘宝客的推广能帮我们增加单品的购买量，而直通车的推广可以让我们的店铺为更多人所知。"

店铺装修篇

网店的店铺装修与实体店的装修目的一样，都是让店铺变得更美，更吸引人。甚至对于网店来讲，一个好的店铺设计更为重要，因为客户只能从网上的文字和图片来了解网上店铺，了解产品，装修得体的网店能增加用户的信任感，甚至还能对自己店铺品牌起到关键作用。

第五章

给宝贝拍靓照

图片是网店的灵魂，优质宝贝图片是网店的基础。开网店一个重要因素是图片的展示，好的宝贝图片能为你带来更大的成交率。

第1节 拍摄照片的器材

一位专业的摄影师需要的设备是非常多的，专业的相机、镜头、三脚架、各种各样的灯光系统等。也可以说，摄影十分耗费资金。但是作为网商，我们中的很多人都不具备专业的摄影技术，也没有那么多昂贵的专业摄影设备，那么我们到底需要哪些拍摄设备呢？

1．数码相机

根据拍摄商品特点的不同，对相机性能的要求也不一样。拍摄绝大部分的商品，我们只需要拥有一台如图5-1所示的家用卡片式数码相机，甚至连像素多少也没有特别的要求。

5-1 数码相机

一张商品标题图片常用的尺寸是500像素×500像素，即25万像素，一张商品描述图片常用的尺寸是（500～700）像素×（500～700）像素，最大也就

是49万像素。而目前市面上的数码相机动辄就是千万像素，300万像素的相机已经难寻踪迹。也就是说几乎市面上所有的数码相机都可以满足图片的像素要求。

但是在拍摄网络零售行业使用的商品图片时，所需相机需要有一个基本的功能，那就是微距拍摄功能。因为几乎所有的商品描述图片都需要表现商品的细节之处，目前80%以上的数码相机都具备微距拍摄功能。

服饰类的商品图片很容易出现色差问题。如果您是服饰类商品的卖家，建议您尽量选择带有M挡的相机拍摄商品图片。M挡即手动挡，具有M挡的相机可以随意调节光圈、快门、曝光值、白平衡等参数，这些参数的设置可以影响图片和实物的差异。在拍摄服饰类商品和其他对真实性要求比较高的商品时，特别需要使用能随意调节拍摄参数的相机。目前市场上大部分1000元以上的相机都可以达到这个要求，不过在购买的时候还是要留心相机是否具有M挡。

2. 三脚架

在拍摄商品图片过程中，不少卖家由于双手拿相机的时候没有拿稳或者有抖动，而导致所拍摄的照片模糊不清，而使用三角架解决此类问题，可以增加稳定性，如图5-2所示。选择三角架的时候，建议使用带有伸缩支架和云台的三角架，其拍摄的俯角更大，拍摄出来的商品更全面大气。

图5-2 三脚架

3. 灯光设备

如果在室外拍摄，使用的光源为自然光；如果在室内进行拍摄，此时使用的光源就是各种灯光。节能灯、摄影灯以及外置闪灯等都是室内用光的上选，如图5-3所示。

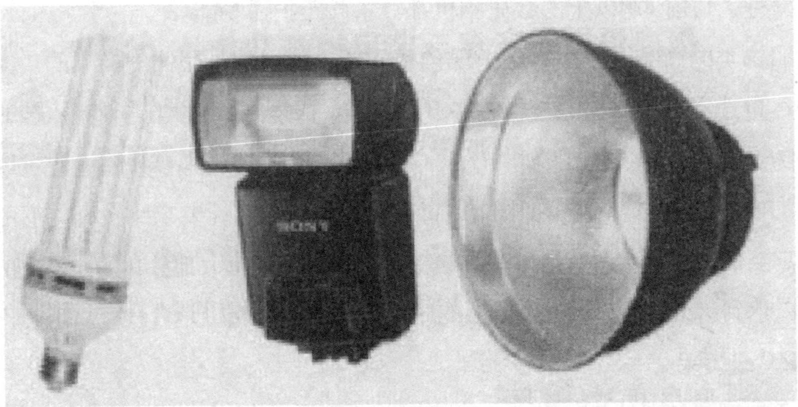

图5-3 灯光设备

4. 摄影棚

专业的柔光摄影棚是拍摄小件商品的好道具，在购买时，一定要买专业的、品牌的，因为柔光布的好坏直接影响了利用摄影棚拍出的效果，摄影棚图片如图5-4所示。

图5-4 摄影棚

5. 背景纸或者背景布

很多新手在拍摄宝贝的时候，往往忽略背景，只求宝贝拍得清晰，到后面修图的时候才发现，要抠掉原来的背景，给宝贝换一个干净的背景是多么费功夫的事情。其实在拍摄之初，可以根据宝贝的颜色、特点等，将它放置在一个合适的背景里再进行拍摄，也许会事半功倍。我们常使用的背景道具有各种颜色的背景纸和背景布，可以让商品有一个明快、干净的背景，背景布图片如图5-5所示。

图5-5 背景布

第2节 拍摄宝贝靓照的技巧

卖家可以去网上找相关产品图片，也可以雇摄影高手拍产品图。但是，网上的图片大都带logo，并且很多图片的效果都很差；而雇摄影高手拍图是一笔不小的开支，对于个人网店来说成本太高。显而易见，自食其力拍好产品图是最好的选择，这就需要我们学习一些拍摄产品的基本技巧。

1. 搭建摄影棚

要想拍好产品图，首先你必须搭建一个拍静物的摄影棚。如果主要拍小件的产品，只需要搭建一个比较小的摄影棚即可，如图5-6所示；如果要拍类似衣服之类的产品，则需要搭建一个比较大的摄影棚，前期投资也就会相应提高。

图5-6 小型摄影棚

不过，如果实在没有条件搭建摄影棚，也可以利用自然光进行拍摄，但这就只能在白天拍。不建议在普通灯光环境下拍产品，这样很难拍出效果。

所以，如果真想拍好产品，最好还是自己在家搭建一个小型摄影棚，投资两三千元即可。

2. 器材的准备

要想拍好产品图，器材的选择也有讲究。微单的镜头选择太少不做考虑，单电倒是可以考虑，但本着精打细算的原则，它的价格还是偏高。最好的选择是入门级单反，标准套机通常只需要三千多元就能入手，还能节约出一些钱另外购买一支微距镜头。入门单反照相机如图5-7所示。

图5-7 索尼入门单反相机

很多时候我们需要拍产品的特写图，标准变焦镜头的最近对焦距离太远，很难拍好这样的特写图片，这就需要用到微距镜头。

微距镜头的价格也不贵，3000元以内就有很多选择。由于是拍产品，就尽量选择焦段小一些的微距镜头，比如图5-8所示的索尼DT 30mm F2.8 Macro SAM微距头。

图5-8 索尼DT 30mm F2.8 Macro SAM微距头

3. 控制好畸变和景深

有了摄影棚和器材，接下来就是表现摄影技术的时候了。但是，淘宝店卖的产品千奇百怪，而每种产品的拍摄方法都不尽相同，要怎么才能拍好各种产品呢？

虽然每种产品的拍摄方法都不一样，但拍摄的基本要素是一样的，那就是控制好畸变和景深。在有了摄影棚的前提下，布光不成问题，我们需要注意的地方就是畸变和景深。

（1）控制畸变。由于镜头边缘失真的原因，拍产品图很容易出现畸变，也就是产品变形，看上去不好看。弥补的方法是离被摄体远一些（遵循透视的近大远小原理），用长焦端拍摄产品（畸变最严重的地方是广角端）。如果需要拍摄产品的正面图，则完全正对着水平拍摄产品，因为倾斜也会产生非常明显的畸变。

（2）控制景深。单反的景深很小，可以营造出非常漂亮的虚化背景，但在拍摄产品时我们需要注意控制景深，不然产品前半截是实的，后半截是虚的，那就很难看了。我们通常需要增大景深，其方法也非常简单，缩小光圈即可，光圈缩至F8就能获得很大的景深。

有了柔和的布光，再控制好畸变和景深，拍出漂亮的产品图就非常简单了。

第3节 后期处理软件介绍

要想得到完美的照片，离不开后期的编辑。即使经验十分丰富的摄影师也不可能拍出每张都是十全十美的照片，后期处理软件为我们弥补了这一不足。下面简单地介绍几款常用的后期处理软件。

1. Adobe Photoshop图像处理软件

Adobe Photoshop简称“PS”，是由Adobe Systems开发和发行的图像处理软件。Photoshop主要处理由像素所构成的数字图像。使用其众多的编修与绘图工具，可以有效地进行图片编辑工作。Photoshop有很多功能，在图像、图形、文字、视频、出版等各方面都有涉及。Photoshop支持多种图像格式以及多种色彩模式，使用Photoshop可以设计网店Logo、设计网店宣传广告等图片。图5-9所示为2012年版本Photoshop CS6的工作界面。

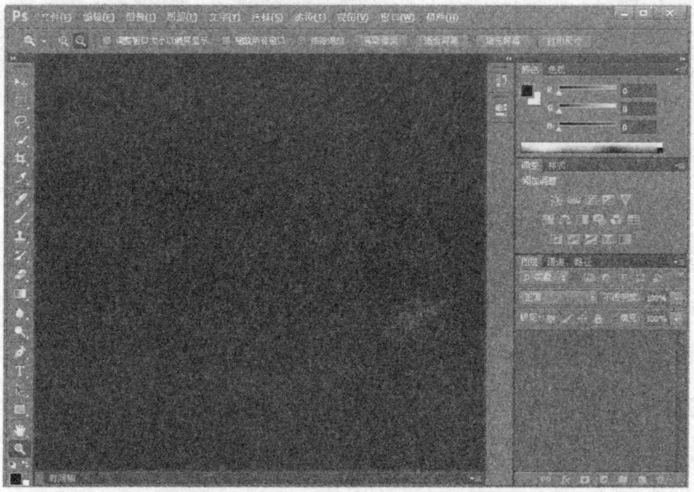

图5-9 Photoshop CS6的工作界面

2. 光影魔术手

光影魔术手（Neo Zmaging）是一个对数码照片画质进行改善及效果处理的软件。它简单、易用，不需要任何专业的图像技术，就可以制作出专业胶片摄影的色彩效果，是摄影作品后期处理、图片快速美容、数码照片冲印整理时必备的图像处理软件。光影魔术手是国内最受欢迎的图像处理软件之一。图5-10所示为光影魔术手的工作界面。

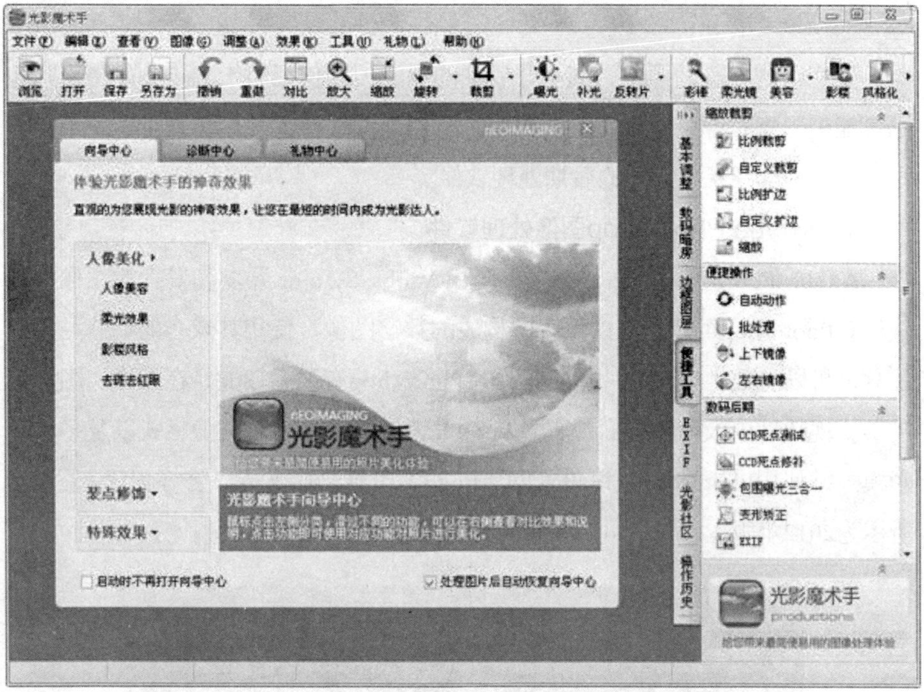

图5-10 光影魔术手的工作界面

3. 佳能专业照片处理软件

佳能单反数码相机配套的专业照片处理软件Digital Photo Professional（DPP），是处理佳能EOS系列单反数码相机所拍摄RAW文件的官方软件，由于各家相机厂商对于其RAW均做加密处理，任何其它处理RAW格式的程序均为逆向运算，所以对于需要获得高精度的专业摄影师来说，Digital Photo Professional是处理RAW图像最好的也是唯一的选择。

对于采用佳能单反的消费者而言，这款软件自然需要经常用到，毕竟它可以最贴合佳能的数码单反。图5-11所示为DPP处理软件的安装界面。

图5-11 DPP处理软件的安装界面

第4节 开店窍门与问答

1．没有摄影棚怎么拍好产品图

如果没有摄影棚可以用自然光来替代一下，虽然效果会差一些，但也是一个弥补的办法。

在用自然光拍照时，最好选择光线不是太硬的早上和傍晚（并非一定）。在室内选择一个比较干净、背景比较简洁的地方，比如地板或窗台，但一定要保证光线的充足。随后的拍摄方法就与棚拍一样，只要注意好控制畸变和景深，同样可以拍出不错的产品图。

2．不同物品的拍摄技巧

（1）拍摄食品。通常用“色、香、味”俱全来形容食品的好与坏，“色、香、味”是食品的特点，那么如何用图片来表现食品这个特点呢？熟透了的食品往往是偏向于黑色，颜色太深导致图片缺乏美感，调动不了买家的食欲。拍摄食品最好的时机是在半熟的时候，颜色偏向于黄色，让人一看就有吃的冲动。因此，拍摄熟的食品一般是在一做完就立马拍摄，保证照片中食品出现最佳的状态，体现食品“色、香、味”。在食品表面涂上一层油，“色”会更加好看。

（2）拍摄衣服。据了解，这是所有物品中最容易拍摄的一类物品，也是最容易表现特点的物品。在拍摄过程中，手绝对不能颤抖，否则会抹杀了服装质感的表现。在用光方面，细腻质料的服装比较适合用柔和点的光；粗糙质料的服装比较适合直接打光，以挽回质料差的缺陷。

（3）拍摄水晶等透明物品。这类物品本身最大的特点就是透明，因此在拍摄过程中要力求体现它透明的物品特质。背景要干净，否则会反射在物品上。

在拍摄过程中最好戴上白色的手套，以免拍出来的物品上留有指纹。透明物品表面就很光亮，容易造成反光，所以光线不要直接照射物品。在肉眼看起来明显比较暗的部位打上反光板或者旁边用白纸映衬下，使画面的光达到均匀的效果，增加透明物品的立体感觉。

（4）拍摄首饰等反射物品。不言而喻，这类物品具有反射的特点，非常容易反映出四周的情形，尤其是在四周颜色与其本身颜色截然相反下，更加容易造成这种情形的出现。在拍摄过程中，最好把物品放置到四周颜色都比较单调又与其本身颜色较近的环境里。另外一种解决的方法是，事先找地方固定好相机的位置，利用相机自拍功能，避免自己的衣服颜色反射到物品上。

3. 宝贝拍摄中光线的运用

光线运用非常重要，有经验的人知道，仅靠后期处理是很难弥补前期光线不足所造成的缺陷的。小商品拍摄可以采用自然光或者人造光拍摄。

（1）自然光拍摄。这是一个比较省钱的好办法，在晴朗的日子非阳光直射的时间拍摄效果还是非常不错的。在使用自然光拍摄时，最好的时间是在11:00—16:00，此时的光照度较为理想，造型效果好。

需要注意的是，如果阳光直射过于强烈，可以选择在树旁，以及采用反光板，从而避免过重的影子。

对于小商品来说，在合适的天气条件下，也可以借助日光进行室内拍摄。还可以形成美好的光影效果，体现出商品的一些层次感。要注意的是，不同天气不同时间的日光是不一样的，要根据商品的特性选择拍摄的时间和天气。

（2）人造光拍摄。为了保证随时随地能够进行拍摄，采用人造光也是很常用的方法。拍摄方法都大同小异。

人造光：主光+辅助光。人工光源主要是指各种灯具发出的光。它的发光强度稳定，光源的位置和灯光的照射角度，可以根据自己的需要进行调节。

一般来讲，布光至少需要两种类型的光源，一种是主光，一种是辅助光。

主光是所有光线中占主导地位的光线，是塑造拍摄主体的主要光线，一般选择主光置于拍摄物顶部有较好效果。

而辅助光一般应安排在照相机附近，灯光的照射角度应适当高一些，目的是降低拍摄对象的投影，不影响背景的效果，可以选择左右45度角向内照射。

需要注意和主光之间的光比，不能太强以免影响主光。另一侧的辅助光也可以是用反光板来代替。

轮廓光一般置于与主光源相对的位置，灯位设置要避免产生眩光，可根据相机取景器适当调节其位置。

4．网店宝贝拍照注意事项

（1）让太阳在你的身后。摄影缺少了光线就不能成为摄影，所以在拍摄时需要有足够的光线能够照射到被摄主体上。最好的、最简单的方法就是使太阳处于你的背后并有一定的偏移，前面的光线可以照亮宝贝，使它的色彩和阴影变亮，轻微的角度则可以产生一些阴影来显示出宝贝的质地。

（2）缩小拍摄距离。有时候，只需要简单地离宝贝近一些，就可以得到比远距离拍摄更好的效果。你并不一定非要把整个宝贝全部照下来，有时候，对宝贝的某个具有特色的地方进行夸大拍摄，反而会创造出具有强烈视觉冲击力的图像出来。

（3）保持相机的稳定。许多刚学会拍摄的朋友们常会遇到拍摄出来的图像很模糊的问题，这是由相机的晃动引起的，所以在拍摄中要避免相机的晃动。你可以双手握住相机，将肘抵住胸膛，或者是靠着一个稳定的物体，并且要放松，人不要太紧张。

（4）拍摄样式的选定。相机不同的举握方式，拍摄出来的图像的效果就会不同。最简单的就是竖举和横举相机。竖着拍摄的照片可以强调宝贝的高度，而横举则可以强调宝贝的宽度。

（5）增加景深。景深对于好的拍摄者来说非常重要。每个卖家都不希望自己拍摄的宝贝看起来就像是个平面，没有一点立体感。所以在拍摄中，就要适当地增加一些用于显示相对性的参照物。最好通过对比，可以显示出宝贝的大小。

（6）变换拍摄风格。你可能拍摄过很多宝贝，但它们很可能都是一种风格，所以看多了就会给人一种一成不变的感觉。所以你应该在拍摄中不断地尝试新的拍摄方法或情调，为你的宝贝增添光彩。比如说你可以分别拍摄一些宝贝的全景、特写镜头或单个、多个，等等。

小屋里的淘宝致富梦想

上午9点，前天晚上工作到深夜的媛媛在闹钟的催促声中懒洋洋地从床上爬起来，顾不上洗脸刷牙，就扑到电脑前，揉着惺忪的睡眼，忙着接待求购的顾客。自从媛媛在网上开了店，这就成了几乎每天都会出现的场景。

在淘宝开店已近两年的媛媛，看上去还只是个二十来岁的年轻姑娘，但是谈起她的淘宝开店经验来却甚为老道。媛媛如今已经是五钻卖家，过不了多久就要升皇冠了。

媛媛是在前几年淘宝广告铺天盖地的时候进入的，接触了淘宝之后便一发不可收拾。这几年，卖的东西也是换了好几样，但是销售额一直是噌噌噌地往上升。最初，媛媛是销售动漫周边产品，比如漫画书、模型等，当很多卖家都在抱怨刚开始亏本时，媛媛乐呵呵地说："刚开始就赚了。"一个多月后，媛媛开始寻找新的商机，于是她发现了创意家居市场。当时的创意家居很受热捧，让媛媛在很短的时间内获得了不错的收益。

女包算是媛媛又一次的产品转型。很快，她意识到创意家居的市场有限，便选择了更大众化的女包产品。她在众多的女包品牌里选择了自己较为喜爱的品牌作为自己的产品，因为她觉得，只有自己喜欢的才有兴趣去做，并且喜欢同样品牌的人的性格、爱好也比较相似，交流起来会更加通畅。网上开店的确让媛媛赚到了钱，但她也常常感叹网上开店的辛苦。从早晨起床就开始忙碌，中午将就着随便吃点，直到傍晚才能做一顿像样的

晚餐犒劳自己，晚上又接着忙碌直到凌晨。这样的生活周而复始，使媛媛也感到有些疲惫。但看着越来越多的网友投入网上开店的大潮中去，颇有经验的她却大方地传授了开好网店的三个重要因素：

诚信最重要。网店那么多，如何让自己的网店招徕更多的顾客，诚信是首要的。网上购物在运输的过程中难免会遇到一些问题——有时不能及时送达，有时会有破损，对于这些情况，该退的要退，哪怕亏了也要给买家一个满意的答复。久而久之，网店的诚信就建立起来了，自然会有更多的回头客光顾。

随着网上卖家的增多，利润空间被压缩，因此谁的成本低，谁的胜算就最大。拥有好的货源是赢利的根本，以最低的价格进货，以合理的价格卖出，价格优势便会比别的卖家大很多，网店自然会顾客盈门了。

还有一点，就是商品要常上新货。试想，当顾客第二次光临网店时，发现商品与第一次看到的一样，他还有没有兴趣再来第三次呢？答案当然是否定的。所以网上卖家经常上新品是非常必要的，也是留住顾客的一大手段。如果顾客经常可以看到店里的新货，就会大大刺激他们的购物欲望，成交率会大大提升。

在媛媛的小屋里，一边是床，一边是货物架。她生活在这十几平米的有限空间，却在浩瀚的网络世界里自由地发挥自己的聪明才智，实现着心中的梦想。

第六章

照片的美化与处理

在顾客浏览店铺的页面时，图片最吸引顾客的眼球。相对于文字来说，顾客也愿意浏览图片。所以卖家应该努力把握好图片的质量，这样就可以促进销售，提高成交率。本章将介绍如何利用图片处理软件来处理图片。

第1节 图片基本处理

通过精心处理过的宝贝照片能给人赏心悦目的感觉，从而激发顾客的购买欲望，下面介绍Photoshop处理图片的基本方法。

1. 调整照片的角度

在拍照时，有时候会把照片排歪，这时候就需要用图片处理软件将其调正，具体操作步骤如下：

（1）打开Photoshop界面，执行“文件”→“打开”命令，打开要处理的图片，如图6-1所示。

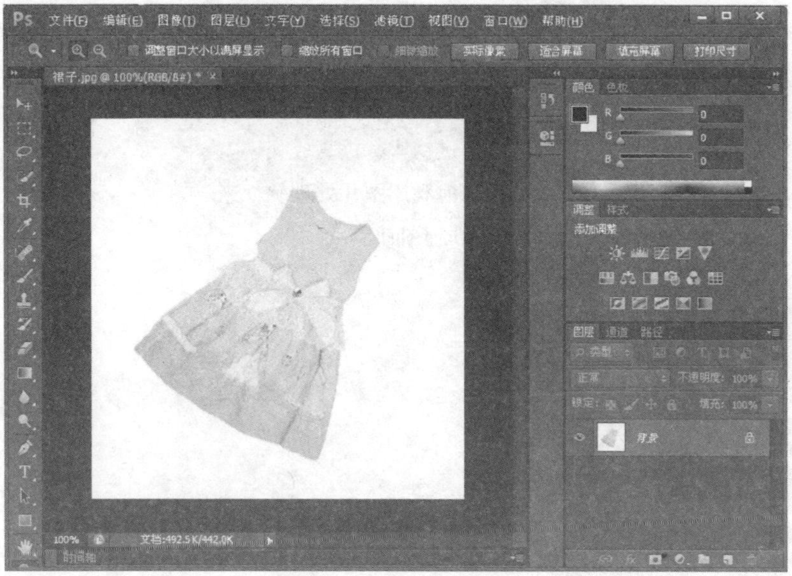

图6-1 打开要处理的图片

（2）执行“图像”→“图像旋转”→“任意角度”命令，如图6-2所示。

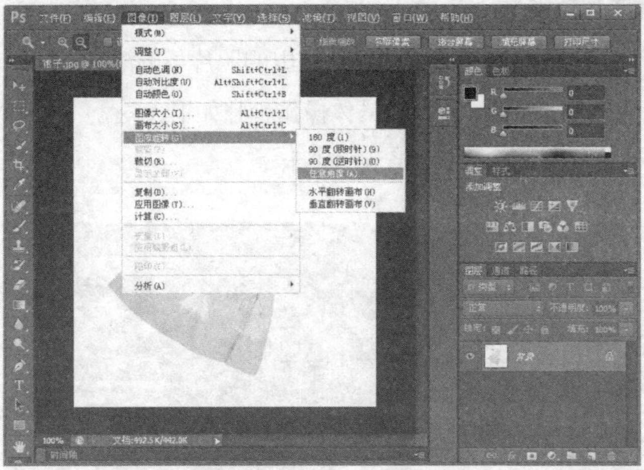

图6-2 执行“任意角度”命令

（3）在弹出的“旋转画布”对话框内，将旋转角度设置为30度，选择逆时针方向，如图6-3所示。

图6-3 设置旋转角度

（4）单击“确定”按钮，即可完成图像调整，如图6-4所示。

图6-4 图像调整完成

2. 提高照片清晰度

有时由于光线不好或其他原因导致拍出的照片不够清晰，这时就需要使用图片处理软件提高照片的清晰度，具体操作步骤如下：

（1）打开不清晰的图片，如图6-5所示。

图6-5 打开图片

（2）执行“图像”→“模式”→“Lab颜色”命令，如图6-6所示。

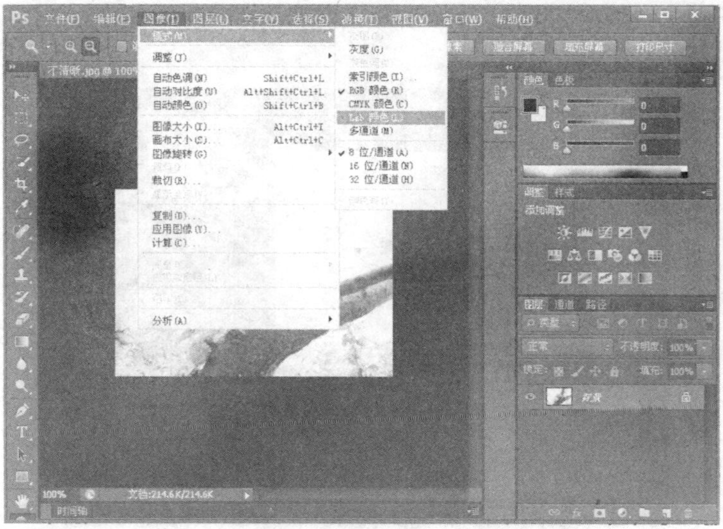

图6-6 执行“Lab颜色”命令

（3）打开图层面板，将“背景”图层拖动到“创建新图层”按钮上，即可复制背景图层。如图6-7所示。

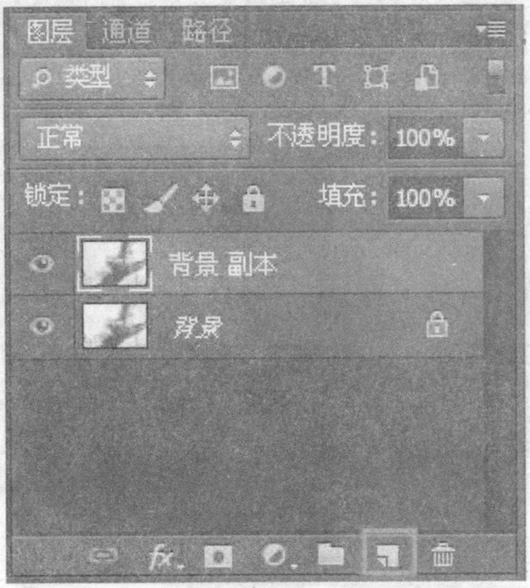

图6-7 复制背景图层

（4）执行“滤镜”→“锐化”→“USB锐化”命令，弹出如图6-8所示的“USB锐化”窗口。

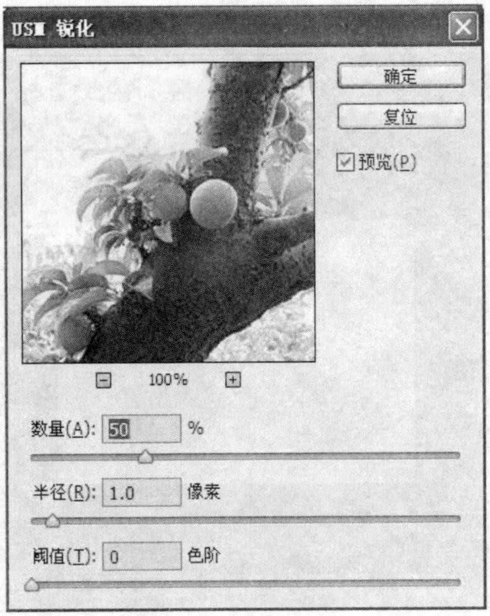

图6-8 “USB锐化”窗口

（5）将图层模式设置为柔光，不透明度设置为90%，如图6-9所示。

图6-9 调整图层模式

3. 裁切照片

有时，我们只想选取照片的一部分，这时就需要利用图片处理软件对照片进行裁切，具体步骤如下：

（1）执行“文件”→“打开”命令，打开需要裁切的照片，如图6-10所示。

图6-10 打开要裁切的图片

（2）在工具栏中选择“裁切”工具，在图像中选择要裁切的区域，如图6-11所示。

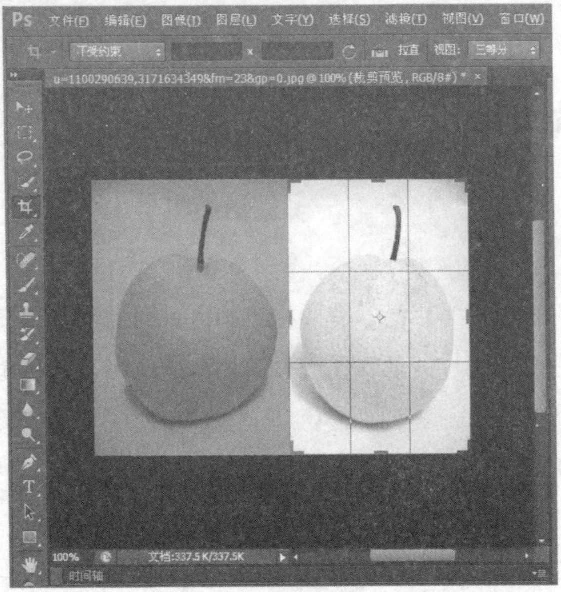

图6-11 选择区域

（3）双击选中的区域，即可裁切图像，如图6-12所示。

图6-12 完成裁切

第2节 照片美化

现在图片的来源较为广泛，有照相机拍摄、网上下载和扫描仪扫描等，这些图片往往需要用图片处理软件进行美化才能使用，下面介绍几种常用的Photoshop美化图片功能。

1. 照片调色

图片色调调整步骤如下：

（1）执行“文件”→“打开”命令，打开一幅需要美化的照片，如图6-13所示。

图6-13 打开图片

（2）执行“图像”→“调整”→“曲线”命令，弹出“曲线”窗口，如图6-14所示。

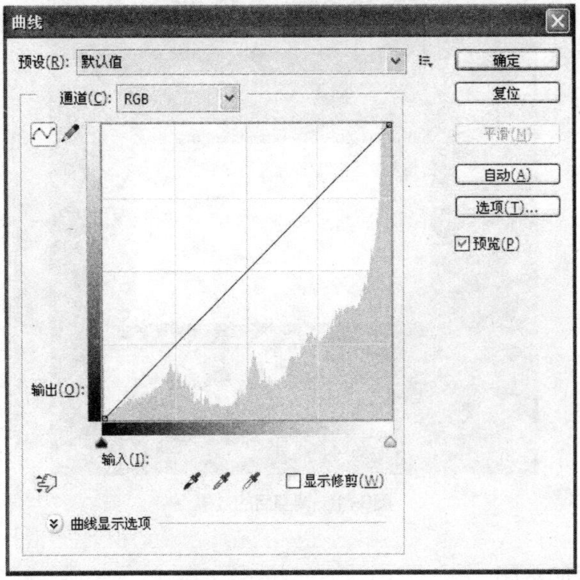

图6-14 “曲线”窗口

（3）在弹出的窗口对曲线进行调整，如图6-15所示。

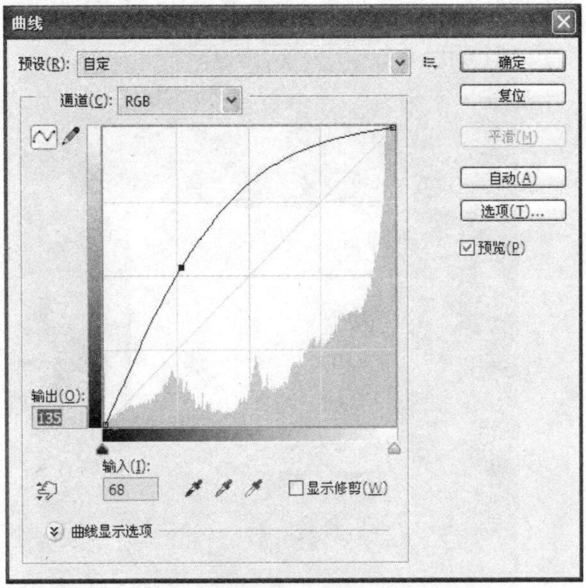

图6-15 调整曲线

（4）单击“确定”按钮，完成对图像色调的调整，如图6-16所示。

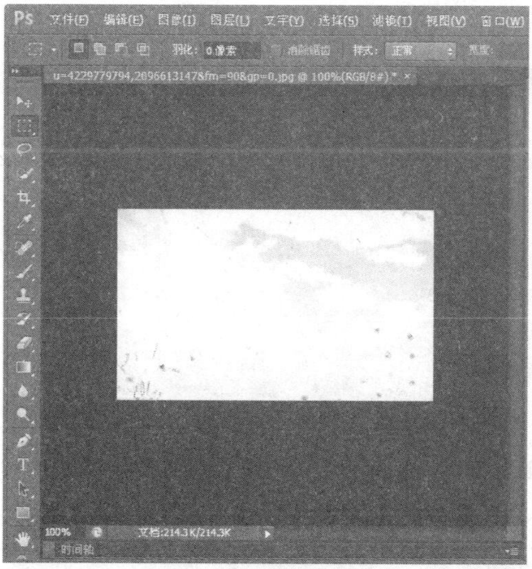

图6-16 调整后的效果

2. 给照片加水印

很多时候，我们辛辛苦苦拍下的照片，会被别人盗用，防止别人盗用最有效的办法就是给照片加水印，具体步骤如下：

（1）执行“文件”→“打开”命令，打开图片，如图6-17所示。

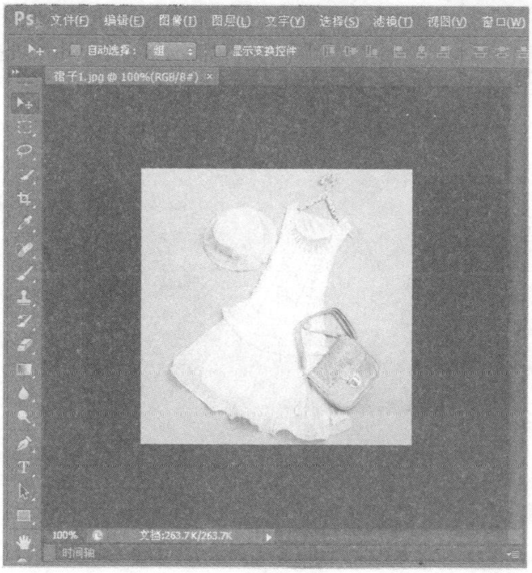

图6-17 打开图片

（2）单击工具栏中的文字工具，在图片中输入文字“尚美服饰”，如图6-18所示。

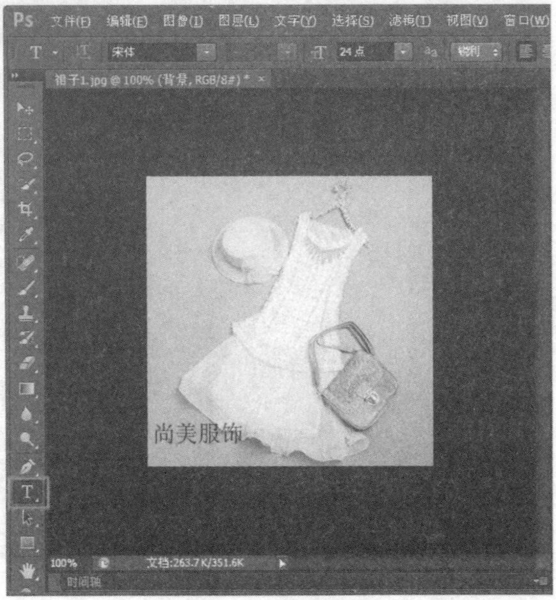

图6-18 输入文字

（3）执行“图层”→“图层样式”→“投影”命令，弹出“图层样式”窗口，如图6-19所示。

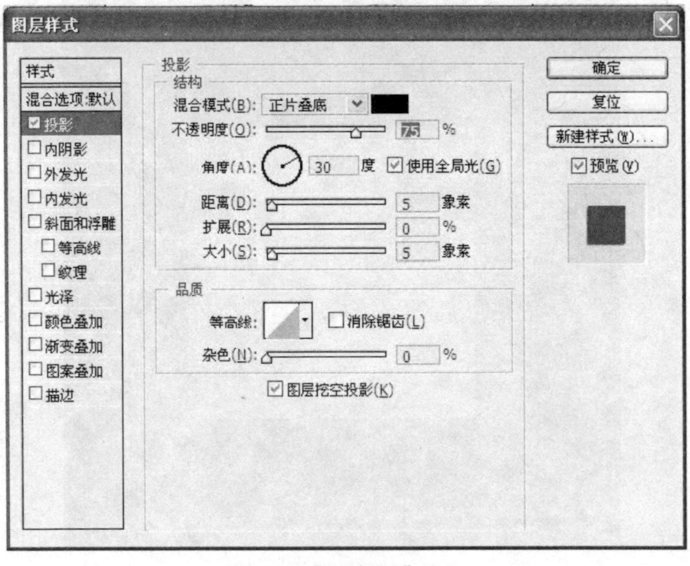

图6-19 “图层样式”窗口

（4）在该窗口设置相应的参数，单击“确定”按钮，如图6-20所示。

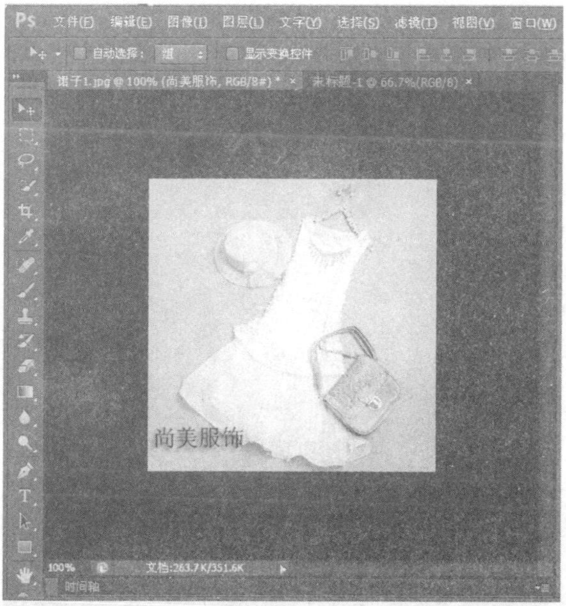

图6-20 设置图层样式

（5）在“图层”面板中，将不透明度设置为50%，如图6-21所示。

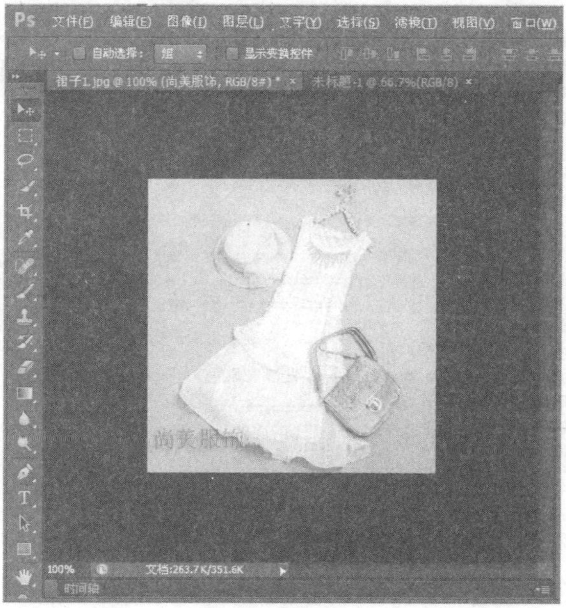

图6-21 设置不透明度

第3节 快速抠取图像

抠取图像是图像处理中最常用到的技术之一。使用Photoshop抠取图像有三种方法，本文介绍最快速抠取图像的方法——利用“魔棒工具”抠取图像。

（1）在Photoshop中打开一幅背景为单色的图像，在工具栏单击“魔棒工具”按钮，如图6-22所示。

图6-22 单击“魔棒工具”

（2）在工具栏中填写合适的容差值，在图像中单击背景处，同时按住“Shift”键，再单击没有被选中的背景，直到将所有背景都选择为止，如图6-23所示。

图6-23 选择背景

（3）执行“选择”→“反向”命令，将图片中的向日葵选中，如图6-24所示。

图6-24 选中图片

（4）执行“编辑”→“拷贝”命令，拷贝图像。打开一幅新的图片作为新背景，执行“编辑”→“粘贴”命令，将拷贝的图像粘贴到新背景中，如图6-25所示。

图6-25 粘贴图像

（5）执行“编辑”→“自由变换”命令，将图层1缩放至理想状态，如图6-26所示。

图6-26 缩放图层1

第4节 开店窍门与问答

1．淘宝店上传图片的尺寸和格式规定

（1）店标图片

尺寸：宽100像素，高100像素，图片可以直接上传无需放到相册。

格式：jpg或gif（动态或是静态）。

（2）公告栏图片

尺寸：宽不要超过350像素，高度随意。

格式：图片一定要支持淘宝的网上空间或相册，jpg或gif。

（3）宝贝分类图片

尺寸：宽不要超过148像素，长可以随意。

格式：图片一定要支持淘宝的网上空间或相册，jpg或gif。图片地址不要超过40个字符。

（4）宝贝图片

尺寸：500像素×500像素，文件大小120k以内。

格式：jpg或gif。

2．转换图片格式的方法

对图片单击右键，选择“编辑”，会用系统自带的画图板打开，执行“文件”→“另存为”命令，在弹出的另存为对话框的下方选择你想要的文件格式，单击“保存”按钮，即可完成图片格式转换。

3．利用模特展示商品的拍摄技巧

（1）拍摄站立的模特。头部和身体忌成一条直线，让身体转成一定的角度，使画面显得生动。双臂和双腿忌平行，可一曲一直或两者构成一定的角

度。尽量让体型曲线分明，表现其富于魅力的曲线，让服装更具诱惑力。

（2）拍摄坐姿模特。坐姿人像比站姿人像局限性大一些，但坐姿能形成优美的曲线。坐姿以与相机成45度斜向坐姿为基准，分成斜侧向坐姿、背向坐姿与侧背向坐姿三种。而以上下身躯干所形成的角度来区分，则可分为直角坐姿、钝角坐姿与锐角坐姿，若以两腿交叉摆放的样式来分，则可分为大腿上交式与小腿下交式。

不要用膝盖正对镜头，和镜头成45度角，伸直小腿，这样拉长腿型的效果好。

服装、女鞋、裤子、长袜等都可以坐姿来表现。

|经|典|案|例|

三皇冠掌柜的成功秘笈

经27岁的吴琦曾经在全球著名的IT公司IBM工作，3个月后毅然辞职，全身心地投入创业中。目前，她把网店经营得很好，年营业额达到1500万元，平均月营业额就有过百万元。与同龄人不同的是，她还努力学习韩语，在韩国拥有了一家自己的公司，在中国和韩国两国跑。

开店初期，货品缺乏新意无人问津

对淘宝网掌柜来说，货源和货物是决定成功与否的重要因素。据悉，2008年淘宝网销售榜排名第一的是衣服，每秒钟能卖出26件衣服，而经营衣服的网店成千上万，却只有少数掌柜能够盈利。吴琦就经历了曲折地挑选货源和货物的过程。

2009年3月，读大二的吴琦在淘宝上注册开店卖衣服。“刚开始生意不好，头三个月才卖出三件衣服。”吴琦总结原因时发现，这是大多数初开店铺掌柜们面临的问题：货源不够好、声誉没打响、宣传力度不够，而最重要的原因是货源。网店经营初期，吴琦也像其他人一样，经常跟朋友去白马服装城、火车站周围的服装城去淘衣服。很长一段时间以来，吴琦的网店什么衣服都卖，既没有固定的款式，也没有具体的服饰定位。

重新定位，与厂商直接合作明确定位

“之前是小打小闹，没想过把它（网店）当作正职”，吴琦从2010年起真正用心经营网店，并到处寻找服装生产工厂合作。她跑遍了广东省和江浙周围的服装生产基地。据了解，如果与生产商合作，她必须要进货很多、营业额要很高才能盈利，这给吴琦带来很大的压力。在合作初期，

她尽量集中销售均码的衣服，具体一款衣服、一种颜色、一个码数都要100件左右，而裙子、裤子等销售情况很好的类型她并未涉足。

“与工厂合作后，我慢慢决定，要专门卖韩服。”吴琦摸索出店铺定位后，也制定了选货的一套标准。首先，她发现真正销售好的衣服，并不是非常好看、款式很特别、流行的衣服，而是那种简单、不缺乏个性的衣服。其次，要照顾到顾客的购买心理，例如，春天大家都买质工也很好价格很高的外套，一般一件都行了，但是里面衬着搭配的小衣服，就是不同款式啊，不同质地的，都会买很多，而这些小衣服就是吴琦的重点销售对象。另外，吴琦选择衣服时重点考虑到国内顾客的爱好和偏向，据悉，广州、深圳、上海、北京等地区经济发达，衣服可供选择的空间很大，而国内流行的款式经常滞后一段时间。而国内顾客的强大购买力也促使吴琦一心想做内陆市场。

修炼信誉，四颗“钻石”确保销量

从普通商家晋升“钻石”，从“钻石”跳到“皇冠”，从一顶“皇冠”到三顶“皇冠”，吴琦用了三年时间练成了“皇冠”掌柜。

吴琦认为，在2009年至2010年期间没有用心经营，而2010年起才奋起直追，其实是用了两年时间修炼成三顶“皇冠”。在此前，淘宝对“皇冠”要求是按照购买件数来衡量，购买的件数越多，掌柜的头衔转换越快。而不同的货物达到皇冠的要求不一样。例如，充值卡的销售可以在2到3个月完成，化妆品类的小东西也很容易，按照件数来统计，很快就可以获得“皇冠”。但是就服装行业来说，一般要花费一年才能晋升“皇冠”。

吴琦认为，“钻石”和“皇冠”显示商家的信誉度，为商家稳定老客户、吸引新买家，但是对于掌柜来说，不一定非要“皇冠”不可。据吴琦了解，一般的商家获得四颗“钻石”后，都已经不在乎分数多少，因为客户群已经基本固定，能保证店铺的销售额了。吴琦还特别指出，要随时注意“皇冠”点数的规则变化。

拓展渠道，从网店开拓到实体店

吴琦表示，到目前为止，淘宝月营业额能普遍维持70万元以上，超过100万元，一年可以赚取1200多万元，每月包括人工、物流等在内的成本将近15万元。虽然淘宝店的生意颇佳，吴琦却表示，会把重点放在实体店批发上。她认为，批发是最好做的，快捷、资金回流较快、零售很多，而网店的资金回流慢，拿到货物，确认付款，淘宝给的限期是14天。

除了给实体店批发以外，吴琦在韩国开设了公司，并积极准备着在中国代理韩国服装。这与她在网店圈子认识的朋友群有极大的关系。

淘宝的掌柜圈也为掌柜们创造了不少发展的机会。吴琦跟一个经营男装网店的师兄很熟，互相交流，很多经验从他身上学到。而她甚至与一名韩国朋友合伙在韩国开了服装公司。该公司从2011年6月开始筹备，7月正式开业，注册资本为100万元。韩国朋友主要负责对韩国服装的选择，而吴琦主要负责国内市场的销售。据悉，由于金融危机的影响和韩币贬值，目前该公司在韩国的每月成本支出比中国同类店铺的支出便宜，每月为4～5万人民币。

忙着韩国中国两国跑的吴琦目前在筹备另一个计划。随着韩国电视剧的热播，韩剧中的男女服饰在中国大受欢迎。而吴琦也了解到，韩国大多服饰企业由于宏观经济环境不好，面临销售订单难题。她想引进此类韩国企业，从2012年起在中国进行推广宣传。“你知道韩国服装多热吗？韩剧中李多海的衣服，到处都在买”。吴琦看好韩装在中国的市场，不过针对国内生产商的低价竞争现状，她认为实现这个想法会比较难。目前她在尝试着与时尚起义、新浪和腾讯等网站合作，提供货物，在网络上做广告。

第七章

店铺设计与装修

正所谓“三分长相七分打扮”，网店的页面就像是附着了店主灵魂的销售员，让买家从视觉上和心理上感觉到店主对店铺的用心，并且能够最大限度地提升店铺的形象，有利于网店品牌的形成，提高浏览量。在诱人的装饰品的衬托下，好的商品会使人更加有购买欲，有利于促进成交。

第1节 设计制作公告栏

公告栏位于普通店铺首页的右上角，店主可以随时发布滚动的文字信息，也可以通过网页代码发布图文配合的公告信息，让公告栏更清晰、美观，并且可以加入动画让效果更醒目。这是宣传推广最新发布的新产品、公告店铺最新促销信息、发布重要通知的好工具。

1. 制作公告栏的注意事项

（1）淘宝普通店铺的公告栏具有默认样式，因此卖家只能在默认的公告栏样式下添加公告内容。

（2）淘宝普通店铺的公告栏设置了默认滚动效果，在设计制作公告栏时无须再为公告栏设置滚动效果。

（3）公告栏的宽度不可超过480像素，否则将无法显示超出的部分，公告栏的高度可随意设置。

2. 制作图片公告

（1）卖家在店铺页面单击“管理我的店铺”，如图7-1所示。

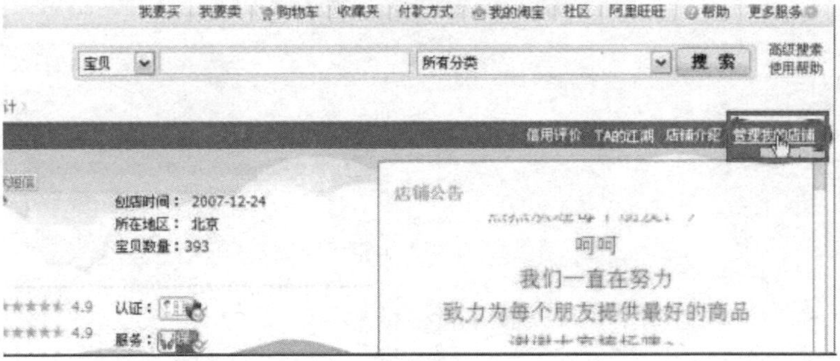

图7-1 单击“管理我的店铺”

（2）在店铺公告页面上单击“编辑”超链接，如图7-2所示。

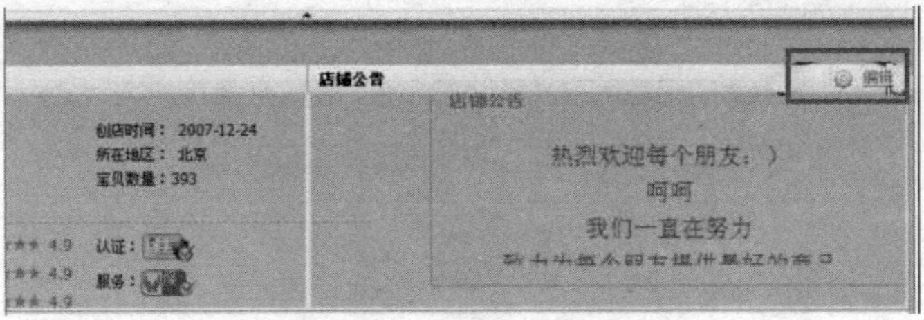

图7-2 单击“编辑”超链接

（3）弹出“店铺公告设置”窗口，这里写入店铺公告文字、最新商品发布信息，如图7-3所示。

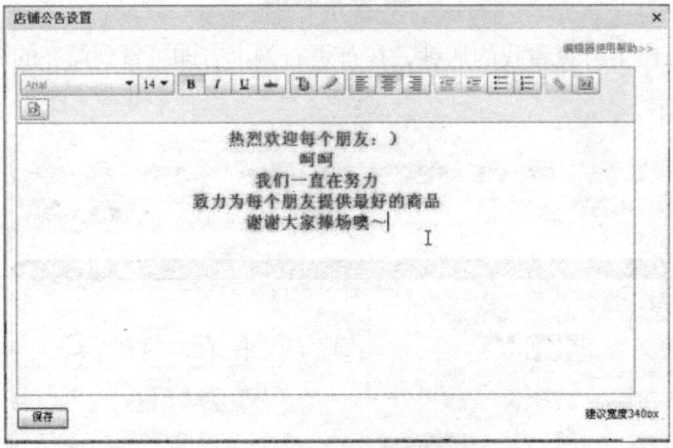

图7-3 “店铺公告设置”窗口

（4）打开你想调用的图片所在的网页，鼠标右键单击图片，选择复制。

图7-4 复制图片

（5）返回“店铺公告设置”窗口中，再次点击右键“粘贴”把挑选的图片拷贝到公告区，如图7-5所示。

图7-5 粘贴图片

（6）点击上方查看我的店铺，在首页右侧上方即可看到漂亮的图片公告，如图7-6所示。

图7-6 制作完成的图片公告

第2节 设计制作风格独特的店标

店标是店铺的标志，一个好的店标可以给顾客留下深刻的印象，让买家更容易记住店铺。

1. 店标的设计原则

设计店标要遵循以下四条基本原则：

（1）构图要有创意，做到构图新颖，富于个性化，才容易与其他店铺标志区别。

（2）含义要深刻，才能体现出店铺的个性特征、独特品质，以及精神风貌等。

（3）保持稳定性，意思就是说，店标一旦确立，就不要随意改动。

（4）设计必须符合法律法规，且注重国际化、统一化。

2. 制作店标的方法

下面使用Photoshop制作一个静态的网店店标，具体步骤如下：

（1）打开Photoshop软件，新建一个100×100的图像文件，如图7-7所示。

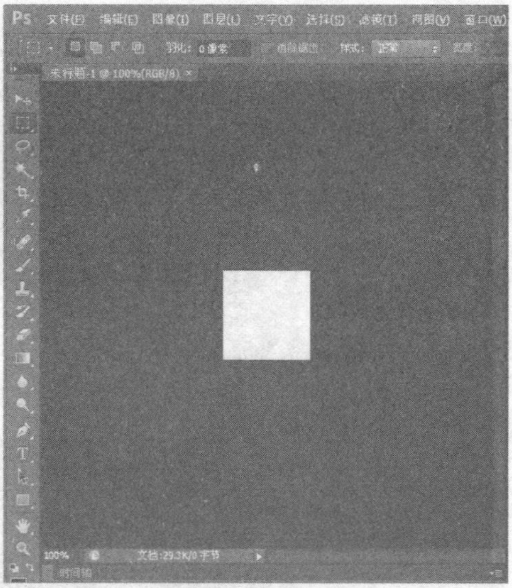

图7-7 新建空白图像文件

（2）打开一幅图像文件，如图7-8所示。

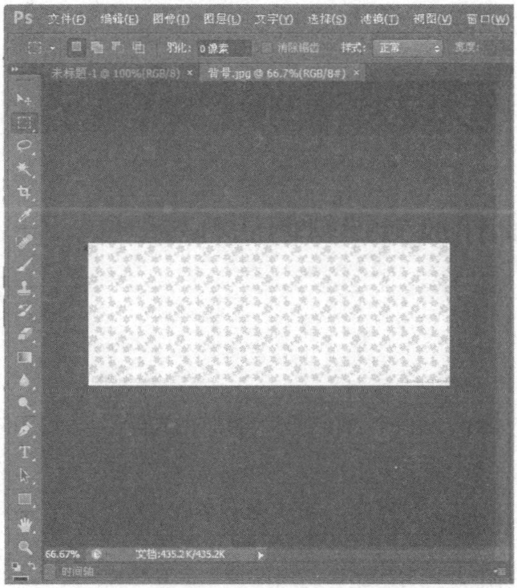

图7-8 打开图像文件

（3）在工具箱中选择“矩形选框工具”在图像上选择大小合适的区域，如图7-9所示。

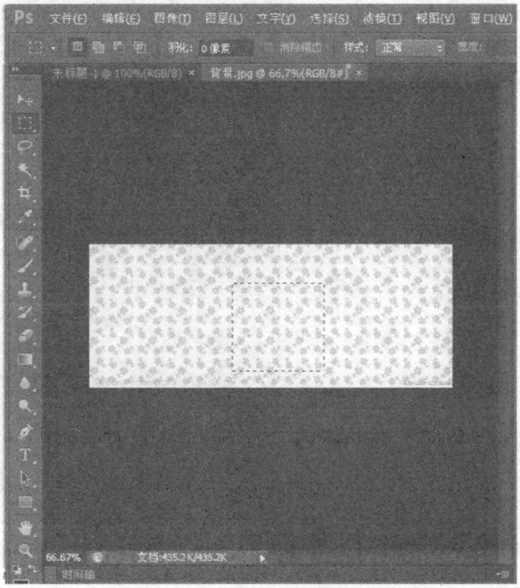

图7-9 选择图像

（4）执行“编辑”→“拷贝”命令，返回新建的空白图像窗口，执行“编辑”→“粘贴”命令，如图7-10所示。

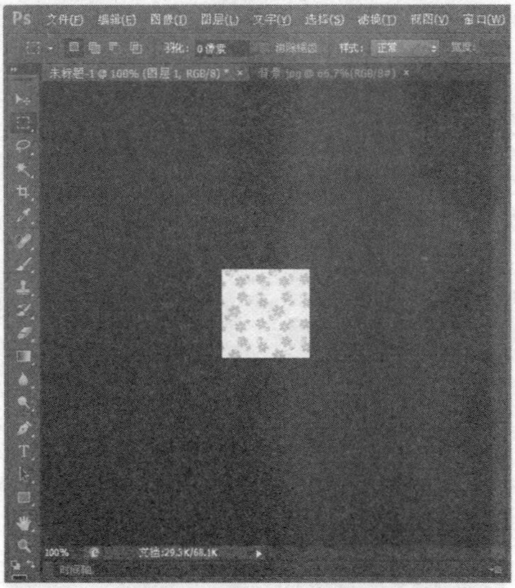

图7-10 粘贴图像

（5）执行“编辑”→“变换”→“缩放”命令，此时图像周围出现调整节点，将图像调整到合适大小，选择工具箱中的移动工具，将图片移动到合适的位置，如图7-11所示。

图7-11 调整图像

（6）单击键盘“Enter”键，应用变换。选中图层面板中的“背景”图层，单击面板底部的“创建新的图层”按钮，在背景图层上方创建一个新的图层，如图7-12所示。

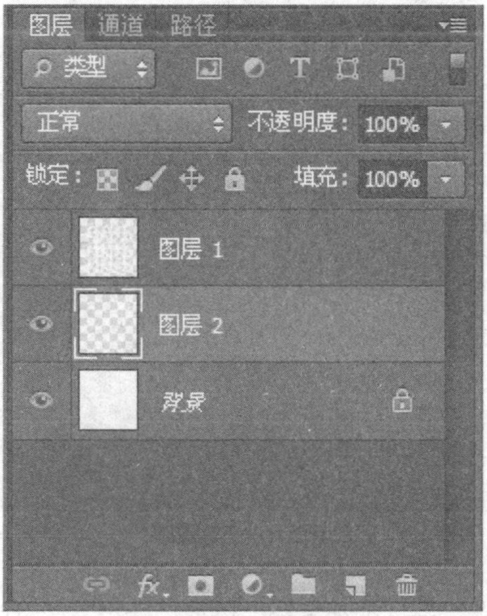

图7-12 创建新图层

（7）单击工具栏中的“设置背景色”按钮，打开“拾色器”对话框，在该对话框中选取颜色，如图7-13所示。

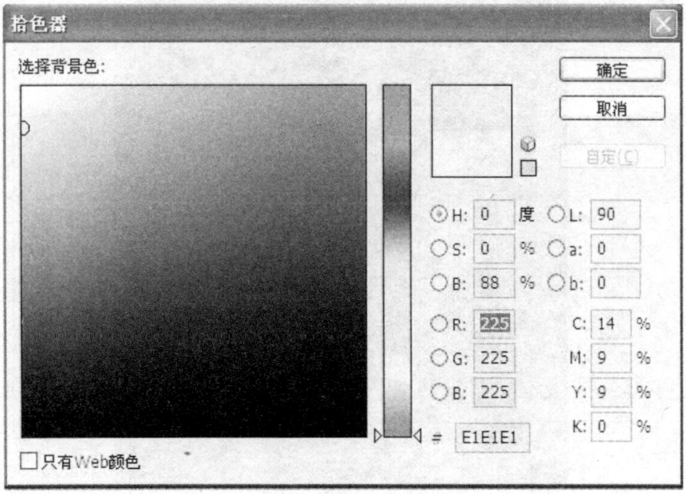

图7-13 选取颜色

（8）用“矩形”工具在图像上绘制矩形，如图7-14所示。

图7-14 绘制矩形

（9）选择图层面板中“矩形1”图层，把不透明度设置为60%，如图7-15所示。

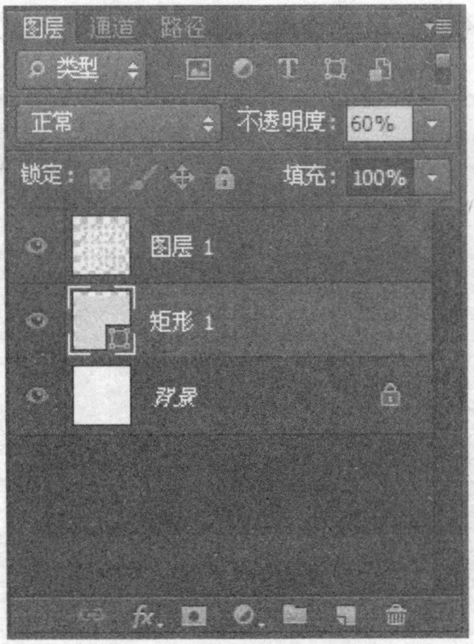

图7-15 设置不透明度

（10）在工具栏选择“画笔工具”，在工具选项栏设置画笔的大小和样式，如图7-16所示。

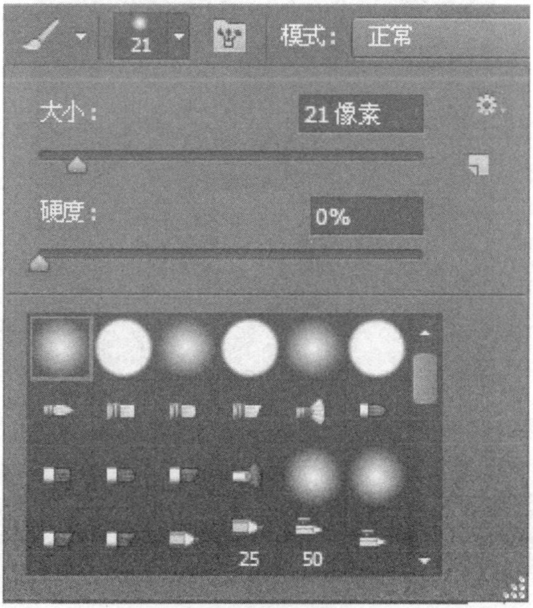

图7-16 设置画笔大小和样式

（11）新建一个图层，在图像的两角绘制深色区域，如图7-17所示。

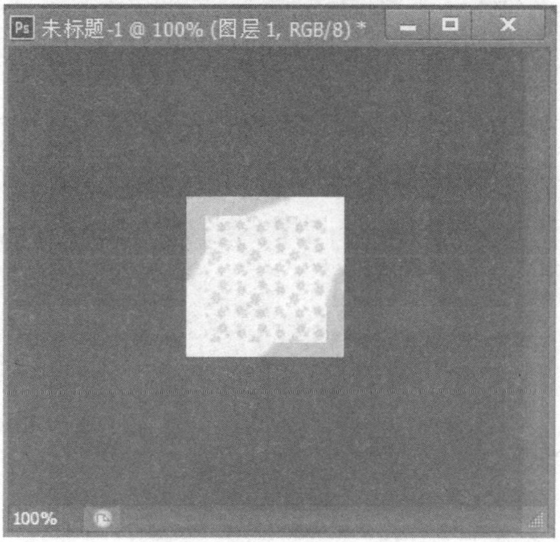

图7-17 绘制深色区域

（12）使用工具箱中的“文字工具”，在图像上输入文字，效果如图7-18所示。

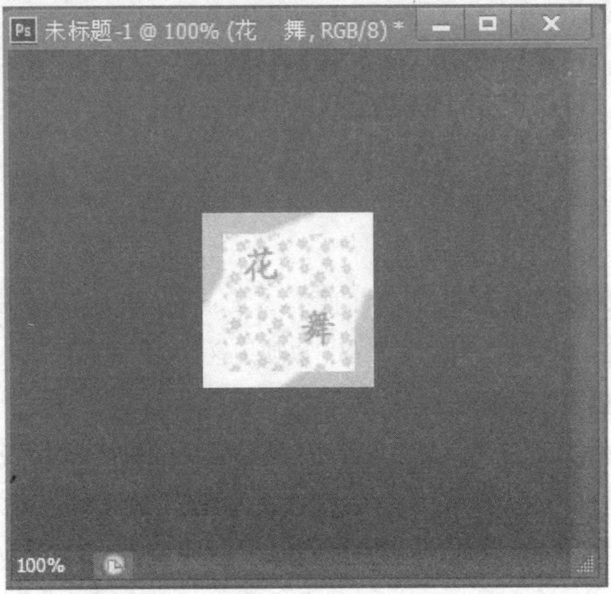

图7-18 输入文字

3. 将店标放进商铺

在图标设计完成后，商家就可以通过淘宝的店铺管理工具将店标图片发布到店铺上了，具体步骤如下：

（1）登录淘宝网，进图“我的淘宝”，单击“我是卖家”下的“店铺基本设置”。

（2）在店铺设置页面，单击“上传店标”按钮。

（3）弹出“打开文件”对话框，选择店标图片文件，单击“打开”按钮。

（4）单击页面下的“保存”按钮，即可完成店标发布。

第3节 制作宝贝描述模板

好的宝贝描述页面能吸引买家的眼球，从而产生购买行为。卖家可以将宝贝描述设计成一个模板，其他宝贝都可以使用这个模板进行展示。

1. 宝贝描述注意事项

品牌店铺成功的经营，要求卖家不仅在产品方面获得认可，还有一个关键因素就是让消费者掌握简单、单纯的页面结构布局，使用能让消费者对产品集中注意力、产生购买欲望的色彩和印象设计。卖家在制作宝贝描述页面时应避免以下几点：

（1）页面颜色和字体使用过多，视觉上较混乱。比如有的卖家为了让一些重要信息比较明显，使用红色的大号字体或颜色鲜艳的色块作为底色，这样做醒目的目的是达到了，但却失去了页面的整体性和视觉美感，降低了店铺的档次和品牌质感。

（2）图片质量过低，影响消费者对商品的把握和信任，降低了商品品质。

（3）内容不全面，影响消费者的判断和信心。比如消费者最希望了解的材质、尺寸、颜色、寓意、使用与保养、基础知识、真伪辨别、赠品、消费承诺、付款方式等信息是否齐全。

（4）结构混乱，主次不分。比如重要的信息如商品属性、商品照片是否放在前面位置，次要的信息如邮费咨询、服务承诺等应该放在后面。

（5）设计过于视觉化，忽略商品的介绍。一味追求华丽或尖端的设计效果，没有突出产品本身的图片和介绍信息，以上种种问题，都会影响消费者对产品本身的关注程度，拉大与消费者距离，从而影响店铺的整体行象和经济效益。

2. 制作宝贝描述模板

卖家可以根据宝贝描述的要求，使用Photoshop制作一个模板的版面，然后将版面切割成网页保存，之后使用Dreamweaver软件进行排版，将排版后的网页保存，将网页的HTML代码复制到宝贝描述中，这里复制HTML代码一定要在“编辑源文件”模式下进行。使用Photoshop制作宝贝描述模板的步骤如下：

（1）打开Photoshop软件，新建一个750像素×1200像素的空白区，使用工具栏中的“矩形选框”工具，在空白文档中绘制一个矩形框，并填充颜色（颜色根据需要自由选择），如图7-19所示。

图7-19 填充颜色

（2）打开另一个图片文档，将图像抠取后，粘贴到新建文档中，如图7-20所示。

图7-20 粘贴图像

（3）选择工具箱中的“移动”工具，对图像位置进行调整，如图7-21所示。

图7-21 调整图像位置

（4）执行“编辑”→“变换”→“缩放”命令，将图像缩放至合适大小，如图7-22所示。

图7-22 缩放图像

（5）选择工具栏中的“文字工具”，在图像中输入文字，如图7-23所示。

图7-23 输入文字

（6）选中文字，执行“图层”→“图层样式”→“描边”命令，在“图层

样式”对话框设置描边的样式，如图7-24所示。

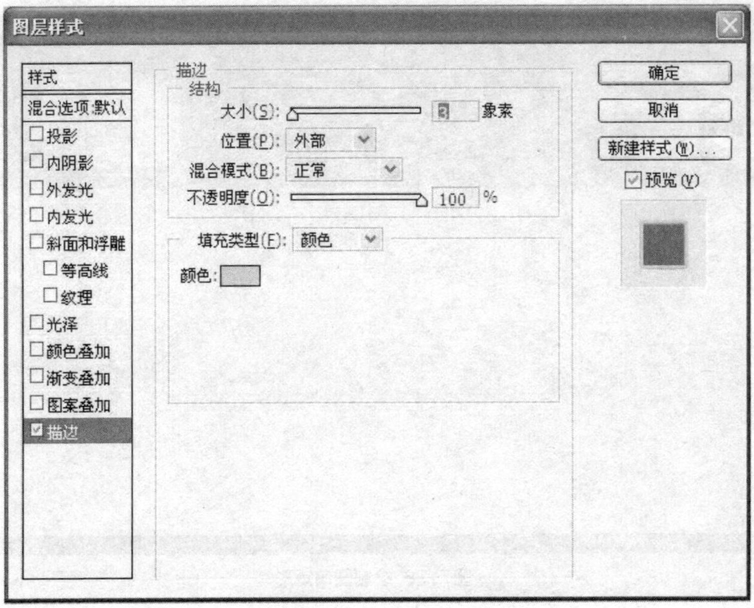

图7-24 图层样式对话框

（7）设置完成后，单击“确定”按钮，如图7-25所示。

图7-25 文字描边效果

（8）选择工具栏中“圆角矩形工具”，绘制一个圆角矩形，如图7-26所示。

图7-26 绘制圆角矩形

（9）执行“图层”→“图层样式”→“描边”命令，在“图层样式”对话框设置描边的样式，如图7-27所示。

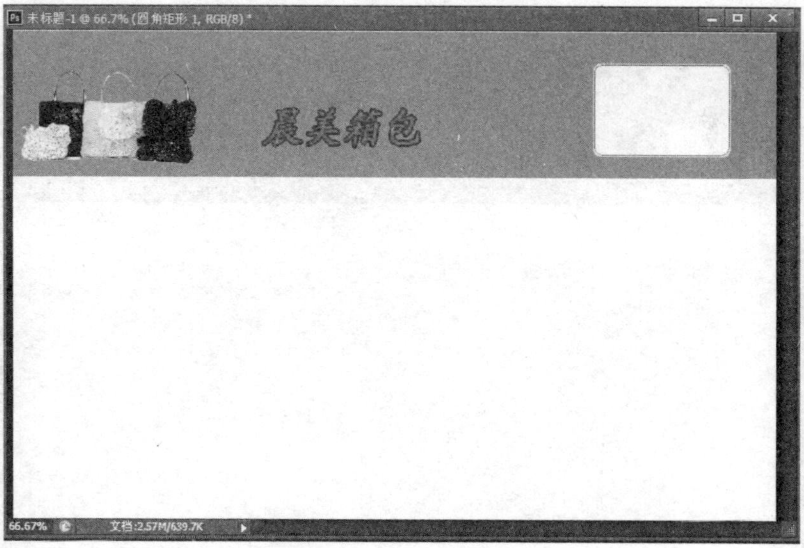

图7-27 描边效果

（10）选择工具栏中的“文本工具”，在圆角矩形内输入文字，如图7-28所示。

图7-28 输入文字

（11）在工具栏中选择“直线”工具，设置线条的规格，如图7-29所示。

图7-29 设置线条规格

（12）在文档中绘制线条，如图7-30所示。

图7-30 绘制线条

（13）使用工具箱中的“椭圆”工具，在图像上绘制圆形，单击键盘上的“Delete”键，删除选中区域的内容，如图7-31所示。

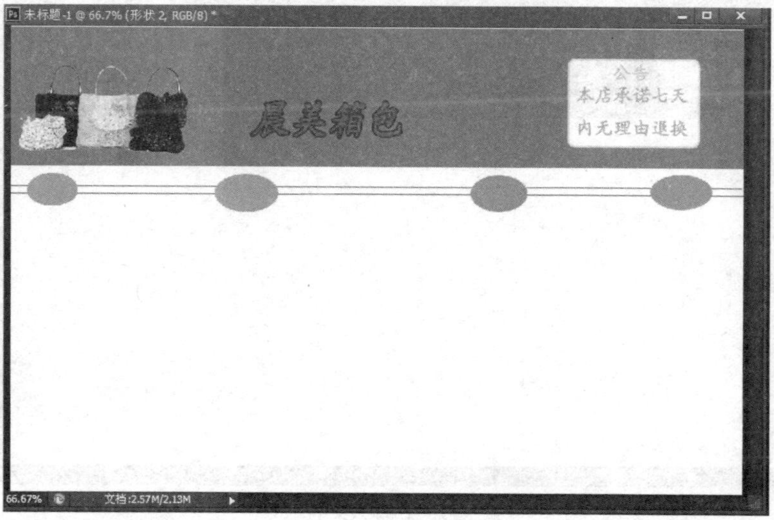

图7-31 绘制圆形

（14）在圆形内输入文字，如图7-32所示。

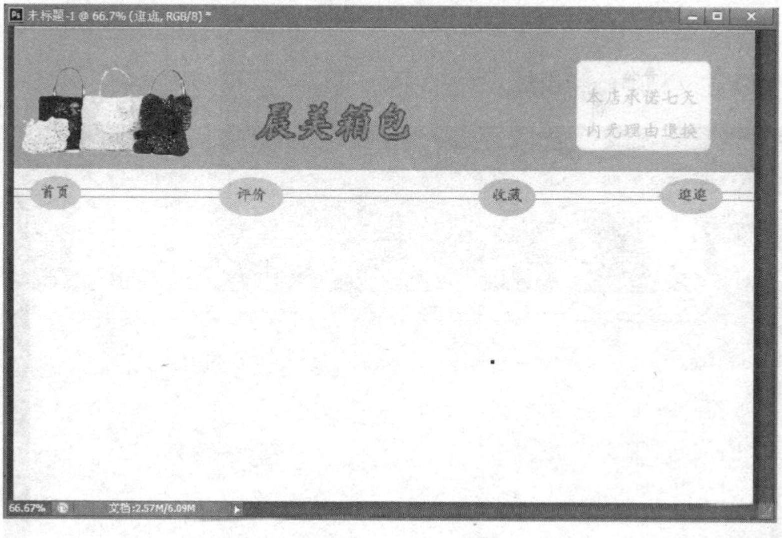

图7-32 输入文字

（15）使用工具箱中的“圆角矩形”工具在图像中绘制一个大的圆角矩形，再绘制几个小的圆角矩形，效果如图7-33所示。

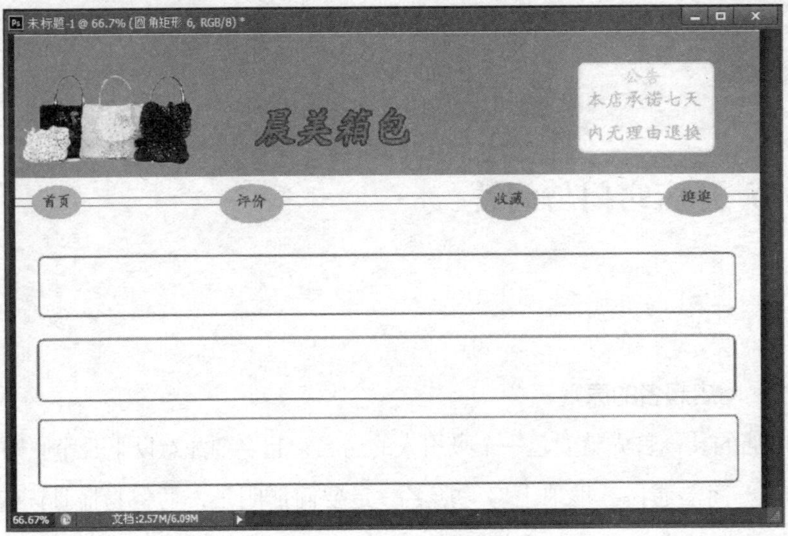

图7-33 绘制圆角矩形

（16）使用工具箱中形状工具，在圆角矩形中绘制图形并添加文字，如图7-34所示。

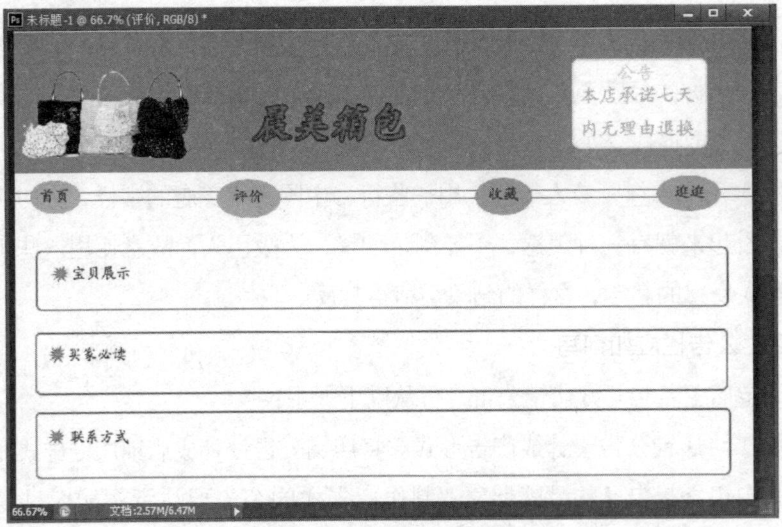

图7-34 绘制图形并添加文字

第4节 开店窍门与问答

1．网店起名的原则

网店的装修首先就要起一个吸引人的店名，起名要注意以下几个原则：

（1）简洁通俗、琅琅上口。店名一定要简洁明了，通俗易懂且读起来要响亮畅达，琅琅上口。如果招牌用字生僻，读起来拗口，就不容易为浏览者熟记。

（2）别具一格，独具特色。网店有千千万万，用与众不同的字眼就会使自己的小店在名字上显出一种特别，体现出一种独立的品位和风格，吸引浏览者的注意。

（3）与自己的经营商品相关。店名的名字要符合自己经营商品，要选择从名字就看出你的经营范围，如果名字与商品无关，很可能导致浏览者的反感，自然也就不要谈成交了。

（4）用字吉祥，给人美感。用一些符合中国人审美观的字样，你的店名应该让人看起来就有一种美感，不要剑走偏锋，为吸引人而故意使用一些阴晦低俗、惹人反感的名字，这样的结果会适得其反。

2．公告栏应如何写

淘宝店主若想写好店铺公告，可从以下入手：

（1）将店铺公告设计成广告形式。将店铺公告设计成店铺广告样式能够在买家心中树立起自己的品牌形象。制作广告式的公告要注意不能太过复杂，应清楚明白地将服务或是商品概念传递给买家，使他们一看就懂。在制作广告式公告前，店主应该先对目标消费者做一个研究，根据他们的“口味”制作出买家容易接受的公告，同时要能给他们留下一个深刻的印象，以区别于

其他卖家。

制作这种公告的目的是让买家心动，从而产生购买欲望。更重要的是该广告应与店铺形象相符，和商品品牌紧密联系，从而达到强化自己店铺在买家心中地位的目的。

另外，由于当前喜欢在网上购物的人大多是年轻人，他们更愿意接受极富趣味、耐人寻味的信息。因此，店主要将广告设计得新奇有趣些。

（2）将店铺公告设计成信息发布栏。发布的信息可以是促销活动、店铺的新变化或者是其他一些信息。促销活动包括店铺开张纪念日优惠、购物优惠和一元起拍卖等。将这些信息放在公告栏，进入店铺的买家就能一眼看到店主精心策划的促销活动。店铺的新变化包括分店开张、商品结构调整和新品到货等信息。

3．店标的设计原则

店标是传达信息的一个重要手段，店标设计不仅仅是一般的图案设计，最重要的是要体现店铺的精神、商品的特征，甚至店主的经营理念等。一个好的店标设计，除了给人传达明确信息外，还在方寸之间表现出深刻的精神内涵和艺术感染力，给人以静谧、柔和、饱满、和谐的感觉。

要做到这一点，在设计店标时需要遵循一定的设计原则和要求。

（1）简练明确、信息表达。店标是一种直接表达的视觉语言，要求产生瞬间效应，因此店标的设计要求简练、明确、醒目。图案切忌复杂，也不宜过于含蓄，要做到近看精致巧妙，远看清晰醒目，从各个角度、各个方向来看都有较好的识别性。

另外，店标不仅起视觉的作用，还表达了一定的含义，传达了明确的信息，给买家留下美好的、独特的印象。

（2）富于个性，新颖独特。店标并非一个图案那么简单，它代表一个品牌，也代表一种艺术。所以店标的制作可以说是一种艺术创作，需要设计者从生活中、店铺规划中捕捉创作的灵感。

店标是商家用来表达店铺的独特性质的，要让买家认清店铺的独特品质、风格和情感，因此店标在设计上除了要讲究艺术性外，还需要讲究个性化，让店标与众不同、别出心裁。

设计个性独特店标的根本性原则就是要设计出可视性高的视觉形象，要善于使用夸张、重复、节奏、抽象和寓意的手法，使设计出来的店标达到易于识别、便于记忆的功效。在设计店标前，店主需要做好材料搜集和材料提炼的准备工作。

（3）符合美学原理。店标设计要符合人们的审美观点，买家在观察一个店标的同时，也是一种审美的过程。在审美过程中，买家把视觉所感受的图形，用社会所公认的相对客观的标准进行评价、分析和比较，引起美感冲动。这种美的冲动会传入大脑而留下记忆。因此，店标设计就要形象，并具有简练清晰的视觉效果和视觉冲击力。

店标的造型要素有点、线、面、体4种，设计者要借助这4种要素，通过掌握不同造型形式的相关规则，使所构成的图案，具有独立于各种具体事物结构的美。

网店装修师年薪50万

眼下，网购的飞速发展让买卖双方对“购物环境”的要求越来越高，网店也需要如实体店铺那样精心装修一番以博取眼缘，于是网店装修师应运而生。

有视觉冲击力的店铺招牌，方便的商品筛选功能，醒目的促销活动入口，消费者直观看到的这些细节背后，凝聚着网店装修师的劳动成果，而这个群体的工作状态也证明——互联网掘金，充满无限可能，同时也存在传统领域所没有的烦恼，比如一个“小号”的骚扰和欺骗，足以让你白忙活一场。

开发模板卖给淘宝店主

晚上9点，徐汇区华泾路上一处创业园区的商用小楼二层，灯火通明。史永雷一边等着吃泡面，一边盯着电脑屏幕，脑袋里思考着装修一款店铺的颜色修改问题。他是一名资深的网店装修师，他那200G的硬盘空间装满了设计素材、样图和成品。

“这背景颜色太浓重，商品反倒不突出了，不行。”他点开一个食品网店的详情页面，对身边的搭档胡明宇和周俊说。视觉设计、用户体验、后台编程，这三个“80后”分工明确，联手开发着网店的各种装修模板，然后卖给淘宝店的店主。

随着网上购物的快速发展，卖家越来越多地注重店铺的视觉效果和用户体验，比如有冲击力的店招，方便的商品筛选功能等，为的是让买家能多停留片刻，激发出购买冲动。这就像实体商店一样，怎么样的装修既让人愉悦又充满个性，店主的需求催生了网店装修师这个群体。

胡明宇的三人团队就是淘宝网“卖家装修市场”里的认证装修师，他

们目前推出的装修模板有二十多款，总用户数将近一万人。目前，他们销量最好的是一款女装类装修模板，因巧妙地添加了宝贝分享功能，可供店主了解顾客的购买偏好，从今年6月30日至今已被七百多家店铺购买。以单价328元来计算，单靠这一套模板两个月就已入账23万元。

“一年的收入差不多有150万元，三个人分。”该团队成员，29岁的陕西人胡明宇一脸平静地对记者说，这是扣除了30%的平台提成后的年收入。按规定，对于入驻“卖家装修市场”的实名认证设计师，每卖出一套模板的收入，淘宝网和他们进行三七分成。

“150万元”这个数字在该平台上名列前茅，在网店装修市场这座金字塔上，胡明宇的团队算是处于塔尖群体，购买他们模板的不乏知名服装品牌的官方旗舰店。据他了解，装修团队中处于中层的每个月估计能有一万元左右的收入，而最底层的一年只能赚上5000元。

平均每天工作超14小时

胡明宇选择的是走高端路线，他们设计的风格功能多，表现力强，定价相应也高，一般每套价格为三五百元；而另一部分装修师希望薄利多销，只针对扶植版或标准版旺铺推出模板，功能简单，定价只有三五十元。“其实还是挺辛苦的。”晚上9点多，在办公室里，胡明宇点上一根烟，略显疲惫地靠在椅背上，独自感慨道。他指了指正在远处埋头编写代码的搭档说，平时他几乎跟妻子说不上一句话，他妻子早晨6点上班，他还没起床，半夜回到家，妻子已经睡着了。

胡明宇说，虽然实际制作一套模板的平均时间在10天左右，但前期需要收集、评估大量创意，后期要做持续的客户服务，“很多事情要做”，平均每天的工作时间超过14个小时，忙起来就容易忘了吃饭。

有时，电商平台看到市场上缺乏某一类商品的装饰模板，会从一批做得好的设计师中挑选，弥补市场空白。为了抢到订单任务，“我们就得熬通宵，争取脱颖而出。”胡明宇说。

吴静对此也深有同感。这位暂居贵阳、曾为门户网站博客设计过模

板的装修师每天坐在电脑前的时间超过10小时，和其他三人一起在工作室里设计、写代码、测试、用户体验。而他们目前正处于起步阶段，只在“装修市场”上线了食品和“中国风”两个高端模板，卖了三千多元，“等到作品形成规模了，付出的精力会更多”。

拼的是创新和客户体验

做店铺装修，同样是动动鼠标、写写代码，同样是通晓Photoshop和“网页三剑客”软件，为何其中一部分人设计的作品广受欢迎，越卖越好，另一部分人却苦于找不到销路？答案是不断翻新花样。

设计师史永雷打开装有大量素材的硬盘给记者看，里面除了密密麻麻的按照行业分类的文件夹外，还包括很多细分的风格设计，比如他想到了借鉴年轻女性所熟悉的时尚杂志，创作了“Vogue风”“昕薇风”“ViVi风”等5款女装类装修风格。“Vogue风”偏重欧美范儿，大气，模板字体的竖笔部分像针一样细；而“ViVi风”的诉求是可爱甜美的日韩系，模板色彩粉嫩。“别人可能没分这么细，只有时尚系这样一个笼统的叫法。”这位有4A广告公司从业经历的资深设计师扭头对胡明宇笑着说：“咱们的风格推出后，市场上马上就有模仿的了。”

除了视觉，他们还在功能上做了创新，比如在装修店铺时特别设计了一个分享模块，店主就能知道自己的某个宝贝或店铺被顾客分享到了哪些平台上，是微博还是QQ空间，一天中哪个时间段的分享量最高，被分享后别人点击进店的回流量是多少，哪些城市的买家分享过等，这就给店主的精准营销提供了数据支持。

一位熟悉网店装修行业的业内人士向记者介绍，尽管这两年店铺装修的整体趋势上升得很快，但大多数还停留在浅层阶段，只注重视觉表达，而真正的好装修应该将视觉和用户数据结合起来。

这个说法得到了胡明宇的认可，他说，网店装修从视觉上是为了取悦顾客，此外还需要对消费者的购买习惯和浏览偏好进行统计，比如某个模块是放在页面左边点击率高还是右边高，页面的访问深度、顾客停留时间

等都要通过用户数据的反馈来完善设计。这就好比装修房子一样，除了美观，也强调功能上以人为本，为人们的生活提供便利。

个性化装修是趋势但很难做

据了解，目前网店装修行业提供的服务可以笼统地分为“卖模板”和“做定制”，前者要设计出人人喜欢的网店风格，然后可供所有店家开放选择；后者则是根据某一个客户的个性化需求提供专门的服务。

与胡明宇和吴静的选择不同，来自山东潍坊的秦志刚看中的是个性化定制服务。

广告出身的秦志刚在潍坊有自己的公司，手底下的设计师有十几名，同时也在淘宝上开店接生意。他的定制服务价格在980元至3180元，从成交记录看，买家大多选择的是980元和1580元这两档。

店主一次花费千余元究竟能从他这里得到什么？比如，店铺招牌、宝贝展位设计、通栏分类导航、通栏海报、促销活动入口、客服中心设计、页尾设计等，几乎囊括了整个网店的装修。此外他还提供产品文案、营销策划等服务。

秦志刚说，找他做定制服务的一般是两类用户，一类是做网店赚到钱了，想改装门面扩大规模；另一类是起步资金较多、想开店却不懂装修的新手。目前，他给上百个行业的客户做过专门的定制，曾有一位客户在他这里前后累计花了12000元做装修。

从销售额来看，专门请他们做装修的网店逐年上涨。秦志刚向记者透露，他现在一个月的销售额将近20万元，做得最好的设计师每个月能挣1万元，“这在我们潍坊这种三线城市很不错了。”他说，当地设计师的月薪一般在3000～4000元。

胡明宇也认为，随着个性化需求的增加，未来专门为某个网店设计个性装修的定制服务将是趋势，这也是了解用户喜好的最直接的方式。曾做过几个定制案例的吴静也说，定制服务包含了更多营销策划的味道，更精准，更有针对性。

营销推广篇

随着互联网的迅速发展，越来越多的人都加入了网上淘金的队伍，而开淘宝网店更是大多数人的选择。可是刚开得淘宝店没信誉没人气，很快便会被淹没在茫茫的店铺群中。如何对网店进行营销与推广？这是每一位卖家都需要学习的。本篇将介绍网店营销的技巧与推广的方法。

第八章

寻找买家

在淘宝网能否把店开好，关键看卖家的营销能力。如何挖掘更多潜在客户，如何让走马观花的买家在自己的店铺驻足，并促使其成交，是每位卖家都必须要学的基本功。

第1节 了解买家

无论是商家、店铺还是广告，只有被卖家看到才有价值，先吸引买家的注意力，激发其内心的购买欲望，进而促使其产生下单的行为。

1. 了解买家的类型

在与顾客的交流过程中，卖家有必要去了解不同顾客的购物心理，这样能够做到更有针对性地解答来自不同类型顾客的各种问题。

（1）纠缠型。这类买家比较关注商品细节，通常从购买商品开始，便一直反复询问各种问题。有些买家即使购买商品后，也会提出许多疑问。

卖家在面对这类买家时，如果买家尚未下单，为了做成生意，那么就有必要认真对买家的所有问题进行说明；如果买家已经下单，对于有必要说明的给予回答，对于纠缠性问题，则可以有选择地进行忽略。一个好的解决方法就是，不必在买家每提出一个问题后马上回答，而是等买家提出一大堆问题后一次性回答。毕竟你要面对更多的买家，而不能让一个买家占用太多时间。

（2）顾虑型。这类顾客通常具有明确的购买意向，对网上购物存在一定的顾虑。顾客的顾虑通常包含两种含义：一是获取安全，二是避免不安全。

应对这类买家时，如果对自己的商品有信心，那么可以给予良好的保证。如果是代销商品或其他，那么应当说明商品的优劣，让买家自行考虑是否决定购买。对于网店来说，避免一个差评远比一次生意的利润重要。

（3）砍价型。网上交易与现实交易一样，当买家准备购买商品前，绝大多数买家都会和卖家讲价，这属于正常情况。

卖家在应对这类买家时，可以根据实际情况决定是否给予一定折扣。一些买家只是习惯性地讲价，无论成功与否都会购买，但有些买家则是只有

讲价成功才会购买。卖家在灵活判断的同时，需要结合商品本身的利润来选择。有时买家的讲价幅度非常大，对于这类买家，应尽量给予合理的解释，也可以适当给予一定的降价空间。但如果买家坚持不合理的讲价，那么只有放弃这类买家了。

（4）拍下不买型。即买家在拍下商品却不付款。通常将这类买家分为两类，一类是具有购买意向，但不熟悉购买流程的，此时你可以联系买家并逐步引导其付款；另一类是举棋不定的，即拍下后又产生反悔心理或者无意拍下，对于这类买家，当你确定其不会购买时，就没必要进一步沟通。

（5）虚张声势型。目前在网上交易中，也有很多比较精明的买家，他们通常不会直接讲价，而是婉转地向卖家透露自己以后可能会多次或批量购买的意向，让卖家觉得抓住了一个较大的买家，从而主动降价以给予较大的优惠。

在网上交易中，大宗购买的顾客并不是没有，但是非常少，卖家就非常有必要对这类顾客进行分析，避免主动掉进顾客的陷阱中。

（6）路过型。这类顾客可能并不是要购买店铺中的商品，而是探听商品的价格信息以相互对比。

（7）观望型。观望型买家在网上交易中也是会经常遇到的，这类买家在店铺中看中某件商品后，通常会就商品问题咨询卖家，但又不会产生明确的购买意向。

通常来说，这类买家本身就犹豫是否需要购买该商品，卖家此时可以对买家“透露”商品所剩不多，优惠将要结束等信息，让买家产生“错过就没有”的心理，从而下决心购买。

上面分析的只是常见的买家类型，而广大卖家在实际经营中可能会碰到形形色色的顾客，这就需要对症下药，灵活地应对各类买家。

2. 了解买家的浏览路径

买家在淘宝购物主要有三种浏览习惯，分别是“点击首页的广告或促销活动”“先逛首页，点击感兴趣的内容或产品”和“上淘宝后直接搜索，在商品搜索结果中逛”。

买家挑选宝贝过程中，习惯使用的筛选条件有：正品保障、如实描述、七天退换等。经常选择“正品保障”的用户占近七成。可见，淘宝买家非常重视

所选宝贝的质量。其次，习惯使用的筛选条件有“限时打折”与“秒杀”。

淘宝买家挑选宝贝过程中，习惯使用的宝贝排序习惯“以销量从高到低”为最高占比超过五成（53.2%），这也是很多商家选择“单品制胜”的理由。“价格、信用、销量组合使用”排第二。其次是“价格从低到高”与“信用从高到低”，占比均在四成以上，这类买家既要性价比，又需要有销售量做支持。综合前四位筛选条件，说明“销量”“价格”和“信用”是买家首要考虑的三个因素。

一般情况下，在由淘宝提供的购物推荐信息中，口碑是人们最看重的决策因素，关注度高达78%；其次热销、优价、高人气以及多优惠的产品，也有60%以上较高的关注度。目前看来，促销活动仍是淘宝网上消费者期待的推荐信息，热卖单品和畅销榜次之。消费者对“掌柜热卖”的期望程度接近40%，处于中等水平，尚有很大的提升空间。

调查发现，大部分用户在淘宝上闲逛时，浏览信息、查找宝贝是他们的主要动作。于是淘宝网上的互动活动、广告活动、推广信息的触达机会和关注度便会相当的高。

数据显示，半数以上的用户在挑选宝贝时都会在意正品保障、如实描述、7天退换，可见卖家加入消保、加强售后服务、保障商品质量是增强用户购买信息的必要手段，也是提高销售转化率和用户忠诚度不可缺少的运营手段。

半数以上用户在宝贝排序时，习惯以销量从高到低，建议卖家打造部分热销商品来吸引用户，从而带动店铺总体的销售量，还有半数以上的用户在关注促销活动、热卖单品、畅销版等推荐信息时，要求产品口碑好、有优惠、人气高。可见，卖家推广商品时，除了常规的硬广投放以外，参加平台活动和店铺进行定期促销也是必不可少的营运手段。

3. 买家为什么收藏和购买

买家的收藏、购买行为直接决定卖家店铺的收藏率、转化率、重复购买率，了解影响卖家收藏店铺、宝贝，以及购买行为的因素，对症下药，可帮助卖家更好地运营店铺。

（1）买家收藏宝贝考虑的因素。买家收藏宝贝或店铺，主要因为宝贝质量好，价格便宜，消费者评价好，一直在买或买过卖家信誉度高，卖家态度与服

务好，会重复购买/供下次购买时直接进入，用户占比均在四成以上。

成交量：成交量不一定要高，但是必须有一定的成交量，因为成交量是宝贝受欢迎程度以及质量的体现。

描述：宝贝描述必需详细真实，有参考价值，让买家对宝贝有全面了解。

评价：好评率以及差评的内容，是买家关注的焦点，差评的内容有参考价值是因为，买家需要考虑其他买家对此宝贝或店铺不满意的地方自己是否能够容忍。

照片：是否实物是被访者共同的关注点，那些一看就是拷贝过来的照片很能引起反感。掌柜自拍的一些实物很引起买家的好感。同时，是否有细节图片也很重要。

价格：价格要优惠。

卖家的信用：卖家的信誉级别不一定要很高，但是这对买家来说是一个保障。

店铺装修：店铺并不一定要很华丽，但是要有一定的装修，分类清楚，宝贝的图片要清晰。相对而言，买家会关注店铺的装修，好的装修会吸引他们的注意力。

上新频率：这是服装、箱包等店铺被收藏后的一个考查因素，如果收藏后，买家发现上新频率很低，已经满足不了需求，就会将其从收藏的店铺中删除。

不同类目：食品饮料倾向与好友推荐；化妆品会因为重复购买而收藏；母婴用品倾向与为以后做准备而收藏，文具用品、项链等饰品因为款式多样而收藏；女装、家居用品、箱包、鞋帽用户更倾向与收藏消费者评价好的宝贝与店铺；家店消费者更倾向于收藏卖家的态度与售后服务好的宝贝或店铺。

（2）买家购买宝贝考虑的因素。宝贝评价好是影响购买决定的首要因素，近八成用户表示影响购买。五成以上用户表示影响购买的因素有：宝贝评价好，宝贝描述详细；有足够细节图，信用度高，服务态度良好，有保障的售后服务，店铺有促销活动。

理性消费型用户多因宝贝评价好而购买；冲动易购型用户多因宝贝描述详细而最终购买；时尚个性型用户在购买时受店铺的月销量、卖家态度与良

好售后服务等影响比较大；奢侈享受型用户更多受店铺装修精美的影响而决定购买。

项链等饰品的常购买户往往因为店铺有促销而购买；母婴用品与箱包的常购买户多因为宝贝描述详细/有足够的细节图而决定购买；化妆品则多因为宝贝评价好而选择购买。家电、电脑等贵重物品的常购买户则更多因为卖家旺旺常在线而影响其购买。

4．设置店铺提醒

在淘宝的基本设置中有一个店铺提醒设置，分为卖家提醒、买家提醒、评价提醒、投诉举报提醒、社区提醒、退款提醒六大类，里面还有若干小类。获得信息的方式有旺旺、邮件、站内信和手机四种方式。

卖家可以在每一时间查收到买家发出的信息，并做出及时的处理，这对店铺的生意至关重要。淘宝网向卖家发出的各类信息，也需要卖家及时处理，所以设置好这个功能大有好处。

一般情况下，做好和宝贝相关的售出、下架、投诉、退款、买家留言等信息的设置，这样才能保证在第一时间对产品的相关事件做出快速反应。

为了避免加大自己的工作量，重复劳动，对于获得信息的四种方式不必全部设置，一般情况下设置旺旺提醒即可，在最快的时间得到提醒，及时处理。对于重要的信息，为了避免漏过，也可以有选择地加用邮件、站内信和手机方式，但不需要全部选择。

设置好店铺提醒之后，卖家就会在第一时间掌握店铺的相关情况，及时做出反应和处理。

第2节 如何留住买家

作为卖家，一定要热情地对待每一位顾客，要用热忱的服务给顾客留下良好的印象。

1. 主动介绍商品

卖家必须熟悉店铺中的每一件宝贝，当买家提出疑问时能很流利地应答。卖家帮助买家挑选喜欢的宝贝，同时能主动介绍自己的产品或者买家提出来的问题，这样买家就感觉你比较专业，从而增加信任感，促进交易的成功。

对于那些有明确购买目标的买家，要根据买家对商品的了解程度有针对性地介绍。卖家要体现出自己的专业素质，向买家详细介绍自己商品的功能、特点和价格等，如果卖家的商品符合买家的需求，就可以成功地完成交易了。

对于仅有购买的意向，没有明确购买目标的买家，卖家需要在了解需求后推荐符合的几件商品，并进行简单、客观地比较，能够对买家的选择提供指导性的建议。另外，如果买家没有网上购物的经验，就需要卖家进行一定的指导，如让买家了解邮寄方式，交易中注意的问题等。

对于有购买意向但尚未完成交易的买家，可能现在无心买东西，只是问价了解商品的信息，遇到这类的买家，也不要敷衍了事，随便打发，应正面回答商品的情况，并以热情诚信的态度来对待，也许他们正在考虑购买这类商品，只是短期内不会购买，最后在其会员名后注明它想买的商品，未购买的障碍是什么，以便下次光临小店的时候心中有数。

2. 沟通有技巧

卖家与买家之间的沟通一般以淘宝旺旺为主，大多数都是使用文字交流。旺旺沟通的优点是显得更从容坦然，表达得更充分。可以掩饰语言交流上的弱

点，给对方好的第一印象。缺点是不直接，有虚拟成分，需要建立信任感的时间较长。

（1）学会尊重，要从内心深处尊重客户。多用“您”，多写短句，多按回车键，别让客户久等。不管客户以哪种姿态和你交流，傲慢也好，怀疑也罢，都要真诚对待。

（2）学会赞美，用真诚赞美赢得客户的心。通过聊天交流，发现客户的优点，用最美好的语言赞美对方。

（3）多使用旺旺表情。旺旺的表情库比较丰富，初步接触多用微笑、握手表情，熟悉了用憨笑、大笑、干杯表情，再后来就可以用飞吻、拥抱表情了。表情是使用旺旺的优势，是沟通的润滑剂。

（4）实事求是，不隐瞒缺点。网购的很多纠纷缘起于卖家的隐瞒。

（5）热情如火，持之以恒。卖家真正的热情不是在成交前，而是成交之后。买家购买之前，卖家对买家热情，购买之后，还应保持原有的热情，把每个买家都当成朋友。

第3节 关注同行店铺

淘宝最常见的就是爆款泛滥，同款价格泛滥。如何才能找到优势？如何才能超越他们？如何跟紧市场价格走势？首先从关注同行开始。

1. 关注对象与关注内容

以服装店为例，确定关注对象的步骤如下：

（1）进入淘宝网，在搜索栏旁选择“店铺”，搜索栏中输入“服装店”，如图8-1所示。

（2）单击“搜索”按钮，显示出搜索结果，如图8-2所示。

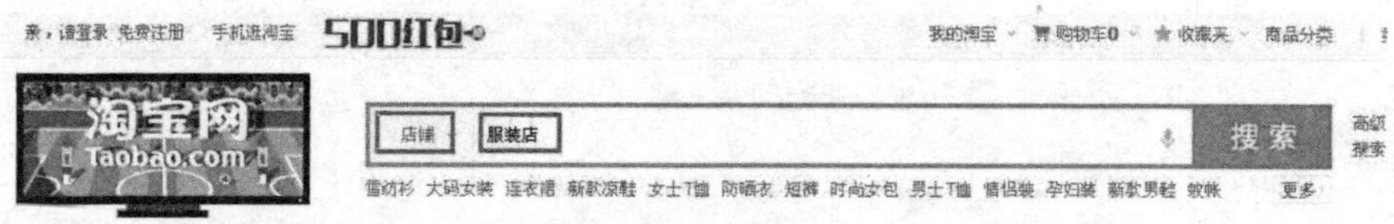

图8-1 搜索“服装店”

图8-2 搜索结果

（3）搜索结果中显示许多服装店旺铺，每家服装店的定位不同，选择一家和自己店铺定位相似的店铺并关注。

（4）查看竞争店铺的推荐宝贝和买家评价等，分析最近热卖商品，如果竞争店铺没有这些热卖商品，就应该抓住时机，及早进货，还可以根据竞争店铺的买家留言了解其需求。

2. 收藏同行店铺

卖家收藏竞争对手店铺的步骤如下：

（1）在淘宝网首页，选择搜索类型，搜索竞争对手店铺，单击该店铺的店标或店名，进入竞争对手的店铺，单击上方“收藏店铺”超链接，如图8-3所示。

（2）显示成功收藏该店铺，如图8-4所示。

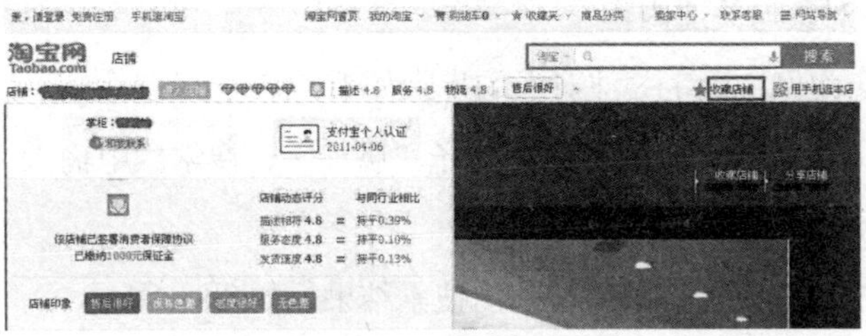

图8-3 收藏店铺

图8-4 收藏成功

（3）单击“分类到”超链接，单击“新建分类”，输入分类名称，如男装，单击“确定”按钮。

如果店铺还没有分类，可以在店铺收藏页面，选择“无标签”，找到未分类的店铺。通过编辑店铺的“标签”，把店铺移到相关分类中，完成店铺收藏操作。

第4节 开店窍门与问答

1．与买家沟通“十忌”

淘宝网店主在与买家进行沟通时，应特别注意以“十忌”。

（1）忌争辩。卖家主要是推销产品的，而不是来参加辩论会的，要知道与买家争辩解决不了任何问题，反而会招致顾客的反感。

卖家首先要理解买家对商品有不同的认识和见解，容许顾客发表意见，发表不同的意见；如果您刻意地去与买家发生激烈的争论，即使您占了上风，赢得了胜利，您将把顾客驳得哑口无言、面红耳赤，虽然逞了一时的口舌之能，但失去了买家、丢掉了生意。

（2）忌质问。卖家与买家沟通时，要理解并尊重买家的所需与观点，要知道人各有所需，他买商品，说明他需要此商品和认可；他不买，说明他有原因，切不可采取质问的方式与买家谈话。

举例以下所言：①您为什么不买这件××啊？②您为什么对这个颜色不喜欢？③您凭什么讲我的信用是炒作的？④您有什么理由说我的××质量不好？诸如此类。用质问或者审讯的口气与买家谈话，这样的表现是不尊重买家的表现，是最伤害买家的感情和自尊心的。

（3）忌命令。卖家在与买家交谈时，微笑再多一点，态度再和蔼一点，语气要柔和一点，要采取征询、协商或者请教的口气与买家交流，切不可采取命令和批示的口吻与人交谈。

（4）忌炫耀。与买家沟通谈到自己的商品及店铺时，要实事求是地介绍自己的商品和店铺，稍加赞美即可，万万不可忘乎所以，得意忘形地自吹自擂，炫耀自己的商品美观、实用、价廉及质好等。

（5）忌直白。卖家要掌握与买家沟通的艺术，买家成千上万、千差万别，有各个阶层、各个方面的群体，他们的知识和见解都不尽相同。我们在与其沟通时，如果发现他在认识上有不妥的地方，也不应直截了当地指出。一般的人最忌讳在他人面前丢脸、难堪。

（6）忌批评。卖家在与买家沟通时，如果发现他身上有些缺点，卖家也不应批评和教育，更不要指责。要知道批评与指责解决不了任何问题，只会招致对方的怨恨与反感。

（7）忌专业术语。在推销自己的商品时，一定不要用专业术语，如买家问你这件××是不是真皮的，你不要告诉他商品是牛皮的第几层几层的，直接了当地告诉他是100%全皮的，还是90%半皮半革料即可。

（8）忌独白。在与买家谈话，就是与买家沟通思想的过程，这种沟通是双向的。不但卖家自己要说，同时也要鼓励对方讲话，通过他的说话，卖家可以了解顾客个人基本需求，如：是想购买男鞋？还是女鞋？或是休闲鞋？双向沟通是了解对方有效的方法，切忌卖家一个人在唱独角戏，像个人独白。

（9）忌冷淡。在与买家谈话，态度一定要热情，语言一定要真诚，言谈举止都要流露出真情实感，要热情奔放、情真意切、话贵情真。感人心者，莫先乎情，这是卖家的真情实感，只有用自己的真情，才能换来对方的感情共鸣。

（10）忌生硬。卖家在与买家语音交流时，声音要洪亮、语言要优美，要抑扬顿挫、节奏鲜明，语音有厚有薄；语速有快有慢；语调有高有低；语气有重有轻。要有声有色，有张有弛，声情并茂，生动活泼。

2．使用阿里旺旺增加店铺流量的技巧

阿里旺旺是一款很好的网络交流工具，淘宝上大多数销售都是通过旺旺完成的。使用好旺旺，对卖家销售业绩的提升会有所帮助。下面介绍利用旺旺提高店铺流量的技巧。

（1）使用好签名。阿里旺旺有一个签名功能，在卖家与客户沟通的时候，这个签名会出现在客户聊天界面的最顶端位置，客户第一时间就可以看到。卖家可以在签名上写明自己的产品介绍和电话号码，也可以写上最新的促销活动。签名的字数最好控制在15个字以内，言简意赅，让客户一看就明白。这个

签名的作用非常重要。

（2）建立“组”。一定要学会在阿里旺旺上建立“组”，这能够很好地对好友（包括客户）进行有效地分类管理。比如，某个卖家建立了“意向客户”“成交客户”“商界好友”“阿里网友1”“阿里网友2”“阿里网友3”“阿里网友4”。其中“阿里网友”都是普通的网友，数量最多。每个“组”最好只保留200人，这是为了保证顺利群发消息。很多网友可能还不知道怎么建立“组”，具体操作步骤是：在旺旺的空白处，单击右键，然后选择点击“添加组”，然后对该“组”进行命名。

（3）群发文章。大凡写好了文章，卖家会把文章群发给阿里旺旺上的网友，让他们一起分享。群发文章的步骤为：首先要用光标按住组名，然后点击右键，选择点击“向组员群发消息”。这里要强调一下，旺旺的系统规定，如果要顺利群发消息，每个“组”只允许有200个人，如果超出200个人，要把其他的人移到其他的“组”里去。在群发的时候，通常是粘贴上你文章的标题和链接地址，还可以贴上一小段广告语。这里要特别注意一点的是：很多网友不喜欢你经常群发文章去打扰他们，所以你要在群里发消息时写上一句“如有打扰，请告知”。对方如有回应，明确表示不希望再收到群发消息，那么你有两个处理方式：一是，建立一个“组”，这个“组”专门用来放置不希望再收到群发消息的网友；二是，直接删除掉对方。

（4）建立“群”。旺旺群营销跟QQ群营销是一样的。卖家要多建立几个群，让潜在客户加入群里来，然后卖家就可以集中向他们推销自己的产品。

3．如何创建旺旺群

对于大多数在淘宝网开店的新手来说，他们可能还不知道旺旺群，下面讲述创建旺旺群的步骤：

（1）登录阿里旺旺，单击主界面“群组”标签，可以看到未开启的群，如图8-5所示。

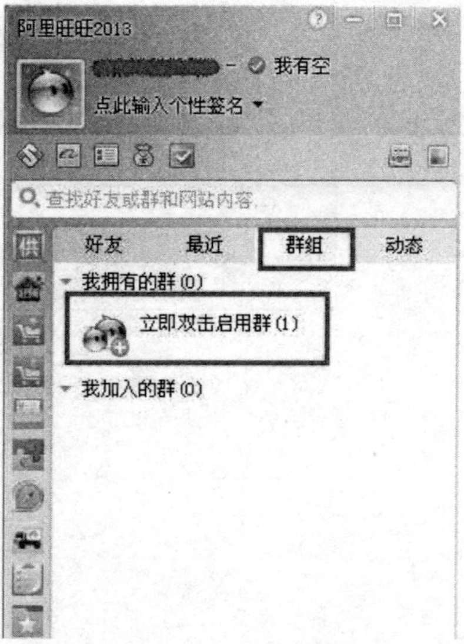

图8-5 旺旺群组界面

（2）双击“立即双击启用群”，会弹出启用群窗口，在窗口内输入群名称、群分类、群介绍，并选择身份验证类型，如图8-6所示。

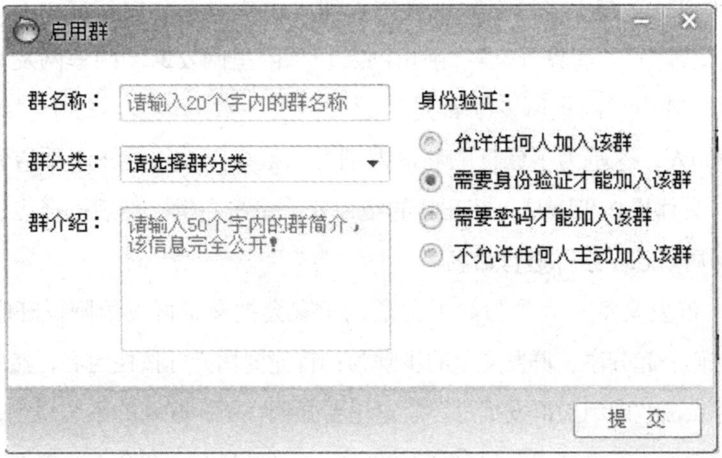

图8-6 填写群资料

（3）单击“提交”按钮，即可完成群创建，如图8-7所示。

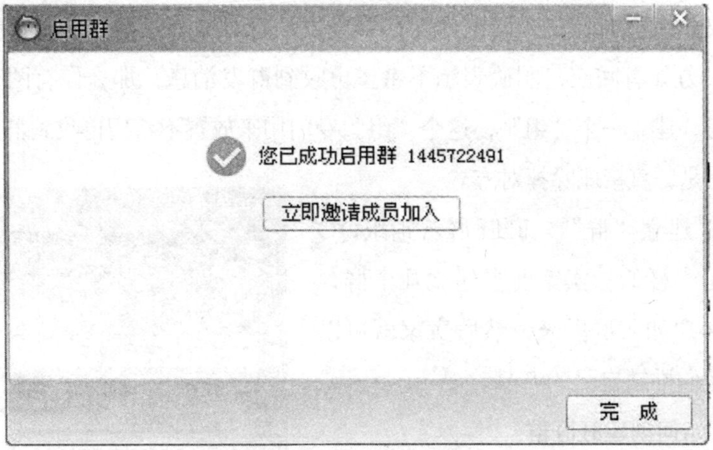

图8-7 完成群创建

从名不见经传到淘宝第一的“美色馆”

他今年26岁，在淘宝网经营着一家规模很大的男士彩妆护肤用品网店，他的店铺雇佣了21个大中专毕业生和农民工，2013年营业额达5000万元。作为大学生创业的成功范例，武汉小伙子胡克准备借着“全民创业”的新浪潮之风，把他的网络终端超市开得更大。

创业构想——网络购物流行是机遇

2010年6月，胡克从四川师范大学旅游管理专业毕业，至2011年4月期间，他一直在外打工，先后在广告公司、旅行社、饭店从事短期兼职。

2011年4月，胡克从北京回到家里，开始构思自己的创业计划，“在和大学同学的交往中，发现很多同学都喜欢通过网络购物，这已经成为他们日常生活的一部分。我觉得这是个创业的机遇”。

胡克有一个叫吴鹏的大学朋友，熟悉电脑软硬件，擅长美术设计。对于创办网上商店的想法，他俩一拍即合。2011年5月30日，他和吴鹏合伙在淘宝网开的化妆品网店——“美色馆”就开业了。

创业艰难——24小时不睡觉守电脑

“刚开始觉得在网上开店，门槛低，资金压力小，只要有满腔热情就可以了。其实，看似简单，要做好，做出效益，做出品牌，那是一件困难重重的事情。”想到当初创业的情景，胡克感慨万千。

在网店成立之初，胡克在成都租了一间二十多平方米的房子，既当办公室，又当库房和宿舍，所有的设备也仅仅是一台能上网的电脑而已。胡克告诉记者，最初的5000元进货资金是找亲戚朋友凑的，进货渠道也仅限

于成都荷花池市场。为了减少资金压力，胡克和吴鹏一个负责看守网店，一个人则坐公交车进货发货。“有时候几天卖不出去一件东西，为了能随时接待上网店选货的顾客，能多接一笔业务，能多卖出去一件产品，我们两人经常是全天24小时都泡在网上，太累了就轮流休息一会儿。”胡克说，“自网店开业开始，我们就没有好好地睡过一次觉，实在是太辛苦了，由此，我们也萌发过放弃的念头。但为了事业，我们选择了坚持。”胡克说，每遇节假日，他都很羡慕那些享受假日的朋友和同学，而这个时候往往都是网上购物的高峰期，他们也不能有一丝放松。

创业回报——从不知名到淘宝第一

经过半年多时间的摸爬滚打以及对市场的深入分析，2012年年初，胡克的网店开始转型，由开业之初经营女士化妆品转型为专业经营男士化妆品。营业额从以前的每天仅几十元钱逐渐增加到每天上千元；产品品种也从20个左右增加到三百多个；网店的工作人员也由当初的2个人增加到5个人。

随着业务量的增加，为了节约支出成本，2013年年初，胡克把网店搬回了位于武汉汉口的家里。之后随着经营规模的扩大，胡克开始雇用更多人手，截至目前，胡克雇用大中专毕业生和农民工21人，他们月平均工资在3000元以上。

付出才有回报，坚持才有结果。2013年底，“美色馆”升级为淘宝网四皇冠信誉店铺，货品种类达到1000余种，与美国、英国、日本、韩国等国家的供货商建立了良好的信誉合作关系，年营业额达到800万元。

谈到今年的发展计划，胡克说了几个目标：目前，“美色馆”月营业额达到100万元左右，并以每月10%的速度增长，预计全年营业额将超过1000万元，同时将荣升为淘宝五皇冠店铺，继续保持淘宝网男士化妆品第一的桂冠；建立中国最大的男士个人护理咨询专业网站；创办自己的男士化妆品品牌；在成都和温江开设男士化妆品实体店。据胡克介绍，到2015年，他的网络终端超市将提供100人以上的就业岗位。

第九章

免费推广店铺

卖家都想在众多竞争对手中脱颖而出，推广营销是每个卖家必须学习和融会贯通的入门课程。淘宝的推广方式分为两种：一种是免费推广，一种是付费推广。本章将介绍免费推广店铺的经验和方法，让你的网店人尽皆知。

第1节 在淘宝论坛中宣传推广

推广店铺，在淘宝论坛进行是必不可少的，此乃卖家必争之地，一个好的精华帖子往往会给店铺带来很多的流量，如果你写的帖子上了首页，那效果会非常好！当然回帖也很重要，尽量多回帖，多支持别人顺带学习前辈的经验，留言说说自己的看法，被人关注的话，自然也会有人顺便进入你的店铺。随着店铺知名度的提高，交易量也会渐渐提高。

1. 在淘宝论坛发帖与回帖

淘宝论坛是淘宝网的官方论坛，在浏览器地址栏输入http：//bbs.taobao.com，就可以打开淘宝论坛首页，如图9-1所示。

图9-1 淘宝论坛首页

淘宝论坛分很多版块，单击页面上的版块链接，就可以打开相应的版块。例如“经验畅谈”“创业先锋”等，这些版块是供淘友交流经验的地方，卖家需要经常去这几个版块逛一逛，会得到很多收获。

（1）发帖。单击论坛中“发帖”按钮，在下拉栏内选择要发表的帖子类型，如图9-2所示。

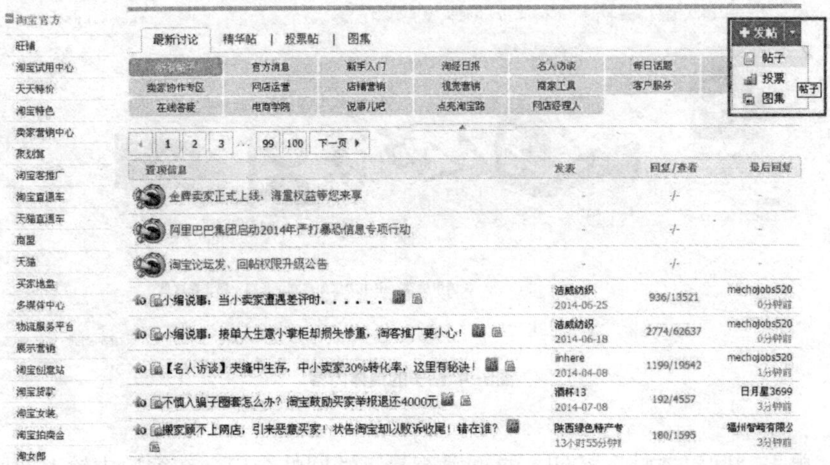

图9-2 单击“发帖”按钮

在弹出的的窗口输入帖子的标题和内容，单击“发表”按钮，就可以完成帖子的发表。如图9-3所示。

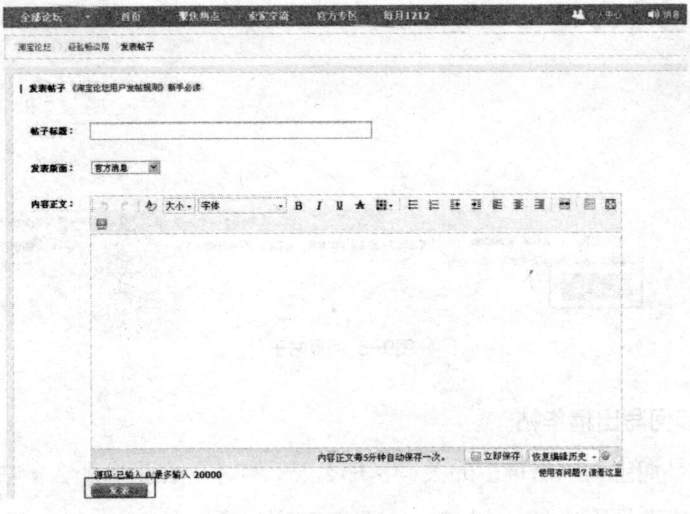

图9-3 发表帖子

（2）回帖。单击论坛中帖子的标题，可进入帖子的详情页面，可以看到帖子的具体内容以及他人的回复，如图9-4所示。

图9-4 帖子的具体内容

单击“回复本帖”按钮，页面跳至最下端回帖窗口，在窗口内输入要回复的内容，单击“发表回复”按钮，就可以对该帖进行回复了，如图9-5所示。

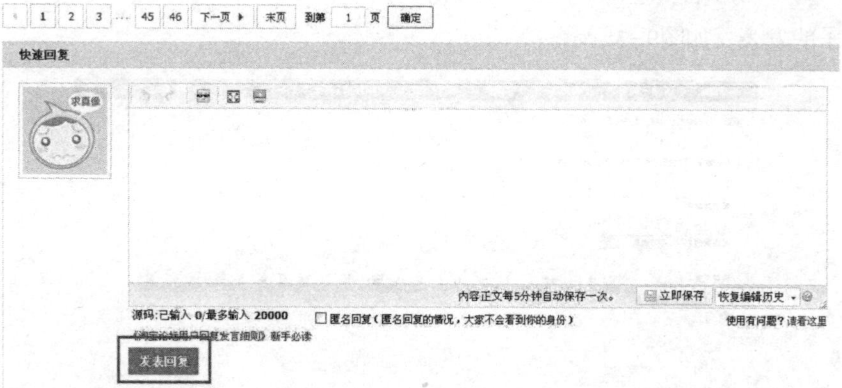

图9-5 回复帖子

2. 如何写出精华帖

论坛是淘宝网网店推广的关键，那么怎么样才能在论坛那么多帖子中脱颖而出呢？或者是成为淘宝论坛精华帖要注意哪些条件？

（1）写好帖子的标题。好的标题主要有以下几种形式：

①悬念式标题。人的天性充满着好奇，这类标题时常使读者带着疑惑、猜测、惊讶去阅读，这种悬念引人入胜。

②炫耀式标题。这类型的帖，主要是财富故事类、经验分享类。如“从钻到冠做了……或月收入……”往往让淘友们兴致勃勃地拜读你的帖，幻想奇迹有一天会发生。此类贴子目前最火爆，但应注意把握好尺度，实事求是，切莫加入浮夸的成功。

③夸张式标题。如“雷死人……”这类标题常用夸张、拟人手法来表达，特别是新闻、娱乐性质的文章里较常见，它对眼球的杀伤力很大。

④数字概括式。这类文章在开店技巧和营销方面比较常见，受到新手朋友们的追捧，比如几大绝招、宝典等，这类贴文带有权威性或总结性，让人一目了然。

（2）写精华帖的秘密。如何写出让人瞩目的精华帖呢？卖家可参考以下几种方式：

①抓住热点，按需写帖。论坛上的帖，跟帖最疯狂的莫过于三类：经验篇、创业财富篇和教程篇。所以写帖要抓住读者需求，注重引起共鸣的内容，做到有针对性、指向性的写帖。

②用查漏补缺法，变旧为新。对于那些陈词滥调、老生常谈的内容，我们不要人云亦云、照本宣科，要从别人忽略的细节出发，寻找差异化或新的突破点。如同龟兔赛跑的故事，难道我们不可以摆脱一个骄傲使人落后的常规套路，去夸赞兔子谦让的高贵品质吗？请相信用创新意识、全新思路，老调也能谱成新曲。

③用独特的视角变冷为热、变废为宝。你一定听说关于美国淘金的故事，为何多数淘金人没有淘到真金，个别卖水人却发了大财？所以请用心去发掘一些与淘宝相关、与财富相关实用的冷门题材，用独特的视觉来变冷为热、变废为宝。

第2节 运用免费网络资源推广店铺

对于中小卖家来说免费推广是选择最多的一种方式。如何做好免费推广呢？下面介绍几种免费宣传店铺的方法。

1. 利用信用评价免费做宣传

在淘宝上，可以免费做广告的地方很多，广告可以说无处不在。多加探索，就可以发现有很多地方都可以为商品做免费宣传。就连给买家的“信用评价”，也可以成为宣传展示店铺及商品的阵地。

网上商店会员在使用支付宝服务成功完成每一个交易订单后，双方均有权对对方交易的情况做出相关评价。卖家可以针对订单中每项卖出的宝贝给买家进行好评、中评、差评。这些评价被统称为信用评价。

在“已卖出的宝贝”页面里，找到需要给买家评价的交易。单击“评价”，然后在评价页面中，会看到“好评”“中评”“差评”三种。在“发表评论”的文本框中可以输入评论，还可以加上一些店铺的宣传广告语，这样就免费宣传了自己的店铺。

除了评价可以做广告外，在“我要解释”里也可以做广告，具体操作步骤如下：

（1）在“我的淘宝”页面中，单击“评价管理”链接。从评价的那天算起，一个月内可以对评价做出解释，过了一个月期限后，就不能对评价进行解释。进入“评价管理”页面，找到相应的评价，单击“我要解释”按钮。

（2）进入“评价解释”页面，在“我的解释”文本框中，不但可以输入解释内容，还可以加上店铺的宣传广告语。不同的是这里最多可以写500个汉字。

（3）完成后单击“提交”按钮，评价解释的操作成功，返回“评价管理”或查看评价主页时就可以看到刚才对评价做出的解释。

2. 互相添加友情链接，提高店铺浏览量

友情链接是指分别在各自的网店上放置对方网店的Logo或网店名称，并设置对方网店的超级链接，使得买家可以从合作网店中发现自己的网店，达到互相推广的目的。

淘宝友情链接是淘宝店铺的一个推广功能。如果能够合理地使用友情链接，将会给店铺带来很大的浏览量。

在与别的店铺交换友情链接时，就会有很大的机会与之共享买家，浏览量自然就上去了，当然成交量也会增加不少。

如果你的店铺里友情链接满了，会让买家觉得你的店铺非常专业。另一方面，友情链接还可以使店铺档次提高，因为让人觉得店铺在整体的完善上非常到位。

此外，如果你能够链接到有PR值的店铺，那么你的商品收录或是搜索排名都会占有优势，这不但省心，更多的是可以带来很多目标客户。

需要注意的是，在交换链接时也要有目标，最好不要和卖同一类商品的店铺交换链接，因为如果他的商品有优势，你的客户就会跑到别的店铺买东西去了。可以和相关的店铺链接，比如你的店铺是销售化妆品的，可以和女装、饰品的店铺友情链接。

3. QQ空间推广

QQ用户之广毋庸讳言。利用好数据这么庞大的QQ人群，将使我们的淘宝推广工作更上一层。如何利用QQ空间进行推广呢？

（1）QQ日志推广法。去各大网站弄一些跟你的淘宝店铺的宝贝有关的资料到你的空间，吸引你的客户关注你。

（2）QQ空间相册推广法。很多人和人聊天或者加QQ时都会进空间看一下空间的相册。所以，相册也是我们一个必不可少的一个推广工具。

（3）QQ空间分享功能推广法。QQ空间有一个分享功能，可以分享视频和网站地址，只要你把目标页面的链接填写在上面，就可以分享给你的所有好朋友，他们只要点击标题，就可以看到你分享的东西。这个分享的功能很强

大，不管是图片，还是视频，又或者是一个网站，都可以很轻松地分享给自己的QQ好友。你分享了东西，QQ好友看到的界面也相当友好，QQ好友可以在自己的空间无须点击就预览到内容简介。因为可以预览，这就要求我们分享的东西要有吸引力，让对方看到预览就想点击，点击了就主动分享下去，建议卖家“抄写”一些比较热门的东西分享到QQ空间。

（4）QQ空间说说推广法。QQ说说可与QQ签名同步，其目的在于随时随地的分享心情。我们每次更新我们的QQ签名的时候，都会自动地更新到QQ说说上面，这句话最好是比较经典的语句，这个也有字数限制，所以一定要用一句话就能激起别人想了解你的冲动。

（5）QQ空间名人推广法。加一些网络名人的QQ号，这些人的空间访问流量很高，每天在他空间访问最高的时段给他送礼物，在他空间发表有争议性的话题和留言，这样的效果比随便到处留言强一百倍。

4. 利用微博推广

目前微博是最热的一个推广平台，很多企业都重视微博的效应，淘宝更是不例外。

微博是手机短信、社交网站、博客等产品优点的集成者。

（1）微博内容传播及时、快速。无论是新浪微博还是腾讯微博，只要网友们随便发一条内容，大家都可以及时看到。因为每个人的账号都会有不少的粉丝，这样一传十、十传百，传播速度十分惊人。只要卖家平时抽点时间在玩微博的同时积累一定数量的粉丝，那么日后这些都会是无形的资产。

（2）微博没时间及地域限制。微博不受任何时间和地域的限制，可以随时随地发广播。

（3）微博更容易形成互动。微博上很多信息是在传统媒体上看不到的，所以在微博上更容易形成互动。

（4）微博打造品牌反响好。微博的账号名称可以直接以淘宝店铺或商品的名字命名，这样简单而且易记，时间长了，品牌自然也就打出去了。要让微博网名成为你的代言，让其他人看到你的微博名的时候，就能很快地记录下来。

5. 利用微信推广

微信是腾讯公司于2011年初推出的一款快速发送文字和照片、支持多人语

音对讲的手机聊天软件。截至2013年11月注册用户量已经突破6亿，是亚洲地区最大用户群体的移动即时通讯软件。而微信推广也形成了一股风潮，众多商家无一不把眼睛瞄准这个快速发展的新应用。势不可挡的微信推广，到底有哪些模式呢？

（1）查看附近的人。微信用户在点击“查看附近的人”后，可以根据自己的地理位置查找到周围的微信用户。在这些附近的微信用户中，除了显示用户姓名等基本信息外，还会显示用户签名档的内容。所以淘宝卖家可以利用这个免费的广告位为自己的产品打广告。

卖家在人流旺盛的地段24小时运行微信，如果“查看附近的人”使用者足够多，这个广告效果也会不错。随着微信用户数量的上升，可能这个简单的签名栏会也许变成移动的“黄金广告位”。

（2）漂流瓶。漂流瓶是移植至QQ邮箱的一款应用，该应用在电脑上广受好评，许多用户喜欢这种和陌生人的简单互动方式。被移植到微信上后，漂流瓶的功能基本保留了原始简单易上手的风格。

漂流瓶有两个简单功能：①扔一个：用户可以选择发布语音或者文字然后投入大海中，如果有其他用户“捞”到则可以展开对话；②捡一个：“捞”大海中无数个用户投放的漂流瓶，“捞”到后也可以和对方展开对话，但每个用户每天只有20次机会。

微信官方可以对漂流瓶的参数进行更改，使得合作商家推广的活动在某一时间段内抛出的“漂流瓶”数量大增，普通用户“捞”到的频率也会增加。加上“漂流瓶”模式本身可以发送不同的文字内容甚至语音小游戏等，如果营销得当，也能产生不错的营销效果。而这种语音的模式也让用户觉得更加真实。但是如果只是纯粹的广告语，是会引起用户反感的。

（3）扫一扫。“扫一扫”这个功能原本是“参考”另一款国外社交工具“LINE”，用来扫描识别另一位用户的二维码身份从而添加朋友。但是二维码发展至今其商业用途越来越多，所以微信也就顺应潮流结合O2O展开商业活动。

在移动应用中加入二维码扫描，然后给用户提供商家折扣和优惠，这种O2O方式早已普及开来。坐拥数亿用户且活跃度足够高的微信，该应用的价值

不言而喻。

（4）微信公众平台。通过一对一的关注和推送，公众平台方可以向“粉丝”推送包括新闻资讯、产品消息、最新活动等消息，甚至能够完成包括咨询、客服等功能。

卖家通过发布公众号的二维码，让微信用户随手订阅公众平台账号，然后通过用户分组和地域控制，卖家可以实现精准的消息推送，直指目标用户。接下来则是借助个人关注页和朋友圈，实现品牌的传播。

（5）开放平台+朋友圈。微信开放平台是微信新推出的功能，应用开发者可通过微信开放接口接入第三方应用。还可以将应用的Logo放入微信附件栏中，让微信用户方便地在会话中调用第三方应用进行内容的选择与分享。

微信除了异步通信的功能，其“朋友圈”分享功能的开放，为分享式的口碑营销提供了最好的渠道。微信用户可以将手机应用、PC客户端、网站中的精彩内容快速地分享到朋友圈中，并支持网页链接方式的打开。

第3节 开店窍门与问答

1. 淘宝论坛发帖的基本规定

用户对其通过任何论坛功能上传于淘宝网站的信息承担全部法律责任，在淘宝网论坛上发帖或者站内短信必须遵守良好的社会公德和国家法律法规的规定，不得制作、复制、发布、传播任何违法信息。以下内容一经发现，淘宝将立即删除，并有权禁止该用户发帖和使用站内短信的功能。造成严重后果的，淘宝将保留配合司法机关追究其法律责任的权力。

（1）危害国家安全，泄露国家秘密，颠覆国家政权，破坏国家统一的。

（2）反对宪法等国家现有法律法规所确定的基本原则的。

（3）损害国家荣誉和利益、形象的。

（4）煽动民族仇恨、民族歧视，破坏民族团结的。

（5）破坏国家宗教政策，宣扬邪教和封建迷信的。

（6）侮辱、诽谤或攻击他人，侵害他人合法权益的。

（7）含有法律、行政法规禁止的其他内容的。

（8）散布谣言，扰乱社会秩序，破坏社会稳定的。

（9）散布淫秽、色情、赌博、暴力、凶杀、恐怖或者教唆犯罪的。

（10）含有病毒木马的信息、链接。

（11）传播禁限售商品信息的。

（12）在论坛发布广告信息（另有规定的分坛除外）。

（13）以任何方式收集会员邮箱地址或联系电话的。

（14）使用仿钻级图片、国家伟人图片、支付宝专用图片及其他违法违规图片作为头像的一经查处，第一次口头警告并删除头像，第二次进行书面警告

并删除头像。

（15）在论坛发布投诉、举报、申诉类内容及公布用户信息、聊天记录等内容的（3.15维权分坛除外）。

（16）发布求购信息、寻找代理、寻找友情链接、寻找好友等信息（另有规定的分坛除外）。

（17）言语过激的吵架帖，重复进行无实质内容顶帖和灌水的帖子，转载内容却标注原创的帖子，重复转载淘宝论坛内已发表的帖子，其他引起众多用户反感和抗议的帖子。

（18）非商盟会员，以商盟的名义在论坛发帖和宣传的。

（19）其他淘宝网认为违反公序良俗需要删除的信息。

如果有一个讨论主题违反上述规则，则该讨论主题下的所有跟帖将被一并删除，但是这些被删除的跟帖不会计算到处罚的范围之内。回复帖违反以上规则也会被删除，引用了违规回复帖的回复帖同样会被删除。

2．淘宝论坛发帖后容易被忽略的问题

（1）贴子没有高识别度。帖子要有个性和标识度，才能自成一家，树立自己的品牌效益。

（2）楼主与自己占用的“沙发”没有互动。很多的楼主都习惯抢占一楼，“沙发”给楼主提供了一个最好的交流平台，同时它又不至于影响到主帖的结构美，所以你一定要传递好信息——沙发和主帖同属一人，充分发挥这一“风水宝地”，更好地与大家互动。

（3）主帖与跟帖没有互动。在这个小小的空间，文字与图片是沟通的桥梁。发帖之后，请尊重答帖人的劳动，逐楼看帖后综合答贴或个别答复，还可隆重推出部分好的回复，这样才能提高看帖人跟帖的兴致。

（4）主帖缺乏互动的话题。缺乏共识的东西往往不易探讨交流，更难深入人心，从而造成主帖与跟帖没有互动的内容。建议采用“抛砖引玉法”，具体做法：①直接给出讨论问题；②对不懂的东西借机提出疑问。这样主帖与跟帖就有互动的主题了，以此来激发跟帖的热情。

3．微信订阅号增加粉丝的技巧

（1）导入老客户。不管企业的规模怎么样，老客户都会有一定的比例，我

们可以通过短信或电话等方式通知他们，这部分客户转化为粉丝比例是目前最高的，差不多有50%。

（2）让潜在客户关注你。想要客户主动关注你必须要有一个理由，例如很多商家都会采取送小礼物，或是关注微信有折扣等方式，来吸引到店客户关注他们的微信。

（3）官方网站宣传微信二维码。网站不管流量的大小，增加一个联系方式，就方便客户找到你。

（4）官方微博宣传微信。可以通过微博背景图植入微信二维码，在微博信息置顶中宣传微信。还可以通过转发活动加大微信的宣传效果。

（5）企业营销QQ群发宣传。这个导入成为微信订阅号粉丝，简单快捷。一次群发信息，所有客户都知道。

（6）在新闻源站点发文章抓粉。可以通过付费的方式，在网易、新浪等网站发软文，在文章中放入微信号或微信二维码，每篇软文必须是你粉丝关注的话题，也有一些免费网站，你可以通过投稿的方式来宣传，重点是考验你的写作能力。

（7）论坛抓粉。每个行业都有一些垂直论坛，这里的网友大部分是你的潜在客户，在论坛签名中，写上一句有诱惑力的广告语，并放上你的微信号。然后平时多发一些有质量的贴子，或经常去抢沙发（回贴），多曝光你自己。

|经|典|案|例|

深圳女孩的淘宝“四皇冠”之路

如今，网购已经是许多人的一种生活方式，足不出户，轻轻按一下鼠标，就能买到特色商品，“便宜”算是其中一个要素。随着网购的人越来越多，开网店以其准入门槛较低吸引了一批又一批的“卖家”。然而，不少怀抱创业热情的卖家在经历多年打拼后，挣扎后选择了放弃，而另一些人成功了。网店创业有什么秘诀吗？怎样才能成为一名“大卖家”？

90后创业的成功故事

1990年出生的小惠，早在大三的时候就利用业余时间开了个网店，产品主要定位在走甜美路线的青春时尚服饰。在毕业时，小惠店里每天都能接到20宗左右的订单，两年时间已经积攒了不少“老客户”。

当年，读计算机专业的她还找到了一份在宝洁公司的体面工作，但她心里始终放不下网店。她毅然辞职，全身心投入网店经营中。这位刚毕业的小姑娘就当上了老板，很快就请了一名员工，专门负责与买家在网上洽谈，提供咨询服务。

小惠的目标很明确，她抓住了与供应商开展促销活动的契机，使网店的业务量迅速提升，从二三个蓝钻突破并占有皇冠地位，如今已经成为“四皇冠”的实力卖家，好评度保持在99%以上。目前，她采用了公司的运营模式，设计、推广、客服、查件、售后、批发以及投诉等岗位都安排专人负责。

核心竞争力是产品本身

日前，小惠的网店又开始扩招员工，她面试了近十名应聘者。记者

了解到，如今该店的经营已步入正轨，如网店页面的设计和更新由专门的技术人员负责；原来由小惠一手经办的进货等环节，已交由采购员专职负责；此次招聘是由于仓库的扩大，需要增加人员管理。小惠本人则主要参与营销、活动策划等。

小惠认为，网店涉及方方面面，但核心竞争力还是产品本身。随着行业的逐渐规范及商业化，若产品本身款式、质量等条件过硬，就不用担心卖不出去。小惠说，为了使自己的产品更有价值，80%的产品都是特色商品，是经专门设计好模板后交由厂家生产的。

把握商机脉搏可适时转型

同在深圳的珠珠也是一名成功的网上卖家。珠珠也是在2011年开网店的，其创办的网上店铺“绝美衣仙子”目前在淘宝网上成交量近9万件、好评度为99.73%。珠珠认为，产品是最重要的，经营网店对人的最大要求则是要“嗅觉敏感”。

“四皇冠”珠珠在大学本科时读的是中文，2003年毕业后到广东惠州当了一名中学语文老师。2007年，转至广州从事杂志发行。丈夫勇谦当时曾在同一座城市投资经营一家儿童影楼。两年后，珠珠转战深圳，从事保险培训工作。“影楼经营不太顺，上班攒下的钱都搭进去了。加上工作遇到了‘瓶颈’，我们一直想寻找别的机会。”珠珠说，“听朋友说开网店是个不错的选择，主要是时间上很自由。”

珠珠的网店经历了几次转型，这对网店的生存和发展十分重要。刚开始时，网店只是珠珠的试验田，在销售方向上并不太明确。她记得，仅需七八件商品就可在网上开店了，于是她买来诸如居家收纳盒等日用品，拍下照片，上传至网页，就开始经营一个小店了。当时珠珠的销售是被动的，更多时候是坐等生意上门。在前半年，每个月才卖出十几件商品，销售状况并不乐观。

那段时间，珠珠一直琢磨今后的发展方向。爱逛街的她发现，深圳有不少品牌折扣店，许多衣服不但款式好看且折扣高，利润空间很大。另一

方面，她从网上了解了更多的资讯，发现当时上海、成都等地也有卖家在做类似的生意，且效果不错。于是她便尝试做某几个品牌的代购。第一次转型给网店的经营带来质的突破，随后她还大胆地尝试“压货”，即一次性大批量地投资换季成衣。到了2011年初，珠珠发现有好多人都在跟风做同类产品的代购生意，竞争越来越大，商家间不停地展开“价格战”。她决定再次转型——通过代购时积累的人脉和信息资源，她了解了不少好货源，还多次跑到上海、广州等地的批发市场了解情况，后来将店铺的产品转为外贸成衣。

开网店也需要策划

4月中旬，一款偏成熟的刺绣连衣裙稳坐排行榜榜首，成为周销量第一。这种刺绣连衣裙为珠珠的网店带来了非常可观的销量。“在货源的选择上，要契合时下的流行热点和趋势，根据自己的观察和思考，热推某种系列的高端品牌，是珠珠的策划之一。还有大大小小的促销活动，都大大增加了网店的点击量。”珠珠说。

成功的卖家都很注重策划。正如珠珠所说，开网店的初期阶段靠的是苦力，只要勤奋，很多事情都能解决，因问题本身比较简单；到了“后皇冠”时期，考虑的问题则是发展方向、营销策划等问题，因此难度大了很多。

第十章

搜索引擎排名与优化

作为网站推广的一种方式，搜索引擎优化较其他形式的网络营销模式而言是投资回报率最好的。搜索引擎优化可以说是目前最好的网站推广方式。对于淘宝卖家来说，如果能够做好搜索引擎优化，也会带来许多真正的客户，这章就分析网店如何做好搜索引擎优化。

第1节 利用搜索引擎推广店铺

搜索引擎推广是通过搜索引擎优化、搜索引擎排名以及研究关键词的流行程度和相关性，在搜索引擎的结果页面取得较高排名的营销手段。

1. 在各大搜索引擎提交网店地址

实施搜索引擎推广，首先就是要使得网站被搜索引擎收录。要被搜索引擎收录，除了等待搜索引擎的爬虫程序找到你的网站后进行索引之外，还可以主动向搜索引擎提交网站地址。目前国内各类搜索引擎提供商大约有百余家，而且基本都提供直接提交网站服务。让网店登录搜索引擎的目的就是更好地推广店铺，尤其是登录几大知名搜索引擎，如百度、谷歌、搜狐、新浪等，会给你带来意想不到的效果，图10-1为百度搜索引擎登录界面。

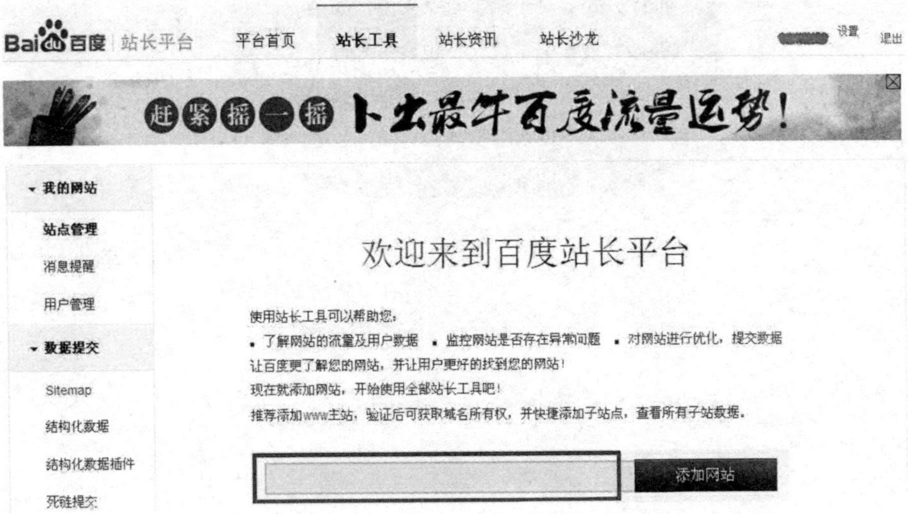

图10-1 百度搜索引擎登录页面

将网店提交给各个搜索引擎，这样其他人通过搜索就能找到你的店铺，提交搜索引擎的方法如下：首先在浏览器地址栏输入各个搜索引擎网站的登录入口地址，将你的网店地址输入进去，然后提交就可以了。

目前，较为知名的搜索引擎具体登录入口地址如下：

百度网站登录入口：http：//www.baidu.com/search/url_submit.html

Google网站登录入口：http：//www.google.com/addurl/

Bing网站登录入口：http：//cn.bing.com/docs/submit.aspx?FORM=WSDD2

Coodir网站目录登录入口：http：//www.coodir.com/accounts/addsite.asp

Sogou网站收录：http：//www.sogou.com/feedback/urlfeedback.php

有道搜索网站登录入口：http：//tellbot.youdao.com/report

360搜索引擎登录入口：http：//info.so.360.cn/site_submit.html

2. 让搜索引擎快速收录自己的网店

新手卖家在开了网店之后，总是希望网站快点有排名，快点有流量，快点能盈利。但是新站收录问题却成为所有梦想的一道屏障。开了网店很久，却不见自己的网店被搜索引擎收录，这样就更别谈排名了。怎样才能让搜索引擎快速收录自己的网店，这成为所有卖家在开网店之后最关心的问题。

正因为如此，做网站经营的人都把搜索引擎优化作为一项重要的工作来做，作为一个普通的网店经营者，通过一些简单有效的手段让搜索引擎把我们的网店和宝贝收录进去，对网店经营还是大有好处的。

怎样让网店被搜索引擎快速收录呢？毋庸置疑，搜索引擎必须知道有你这么一个网店，然后它才会访问你的页面，并把你的页面抓到数据库里，然后才有可能被访问者搜索到。那么怎么让搜索引擎知道你的网店存在呢？以前都采用主动向搜索引擎提交的办法，但现在几乎不用这么做了。现在最有效的做法，是在已经被搜索引擎收录的其他网站上发布你网店的链接，让搜索引擎通过链接来找到你的网店。你发布链接的页面重要性越高，搜索引擎对它的访问越频繁，你的网店就被收录得越快。那么，有哪些地方可以让你发布链接呢？

推荐以下几种地方：

（1）博客。目前，大多数人都有自己的博客。在自己的博客上为网店做个链接，甚至把自己的宝贝发布到博客上是不错的做法。卖家可选一些知名度较高的博客来发布，因为这些博客的域名在搜索引擎的眼里等级非常高，搜索引擎对他们的更新也更频繁。

（2）论坛发帖。选择一些大论坛，如百度贴吧、站长之家、天涯论坛、QQ论坛等，在合适的版块发一些有价值的信息，顺便把自己的网站链接带进去。要注意的是不要发垃圾广告，否则会招致人的反感并被删除。

（3）网摘。很多人都用过网摘，网摘是一个不错的推广办法。这里推荐和讯和365Key，因为他们的RSS被很多网站引用，一次发布可能就会把你的页面传播到很多地方，不过由于网摘的发布者非常多，因此你发布的内容也沉得非常快，需要隔段时间发一次。

（4）可以免费发布网店信息的网站，尤其是和你的网店有相关性的网站。搜索引擎认为首页是一个网站最重要的页面，也是它访问最频繁的页面。尤其是大网站的首页，一个链接顶得上内页的几十个链接，所以这样的发布地点是做链接的首选。其他类似的还有交换友情链接、免费广告信息发布、自助友情链接等。

3. 选择正确的关键词

众所周知，大多数人在网上寻找信息都是从搜索引擎开始。我们都是通过输入关键字段来寻找想要的信息。目前，大多数人搜索时使用平均2～5个关键词。 因此，选择恰当的关键词对于网店推广变得越来越重要。因为搜索引擎主要提供与关键词有关的内容，比起那些没有用适当的关键词来描述其产品或服务的网站，网页上如果有相关的关键词，该网站的排名会更靠前。网页优化时，选择关键词应从以下几点着手：

（1）站在客户的角度考虑。潜在客户在搜索你的产品时将使用什么关键词？这可以从众多资源中获得反馈，包括从你的客户、供应商、品牌经理和销售人员那里获知他们的想法。

（2）将关键词扩展成一系列短语。 选择好一系列短语之后，可用网络营销软件对这些关键词组进行检测，软件的功能是查看你的关键词在其他网页中

的使用频率，以及在过去24小时内各大搜索引擎上有多少人在搜索时使用过这些关键词。

（3）进行多重排列组合。改变短语中的词序以创建不同的词语组合，使用不常用的组合，组合成一个问句，包含同义词、替换词、比喻词和常见错拼词，包含所卖产品的商标名和品名，使用其他限定词来创建更多的两字组合，三字、四字组合。

例如，如果你的关键词是“宽带”，你可能遇到像数字宽带、数字无线宽带、无线数字宽带、宽带加速、宽带新闻、数字无线宽带新闻、数字无线通讯等词组。如果关键词是“软件解决方案”，不妨试一试流量分析软件解决方案、流量分析报告、流量报告工具、B2B软件解决方案、电子商务软件解决方案，等等。需要注意的是，关键词组不一定要有意义，虽然在你进行组合时，它们必须具备相关含义。

（4）使用专业概念词汇以限定来访者。明确你的关键词组的概念，如电子商务软件。要做到够明确专业以使词组不至于太宽泛，如电子商务软件解决方案、电子商务安全解决方案、B2B电子商务软件，等等。

（5）如果是品牌企业，则用你的公司名称。如果你是知名品牌，就在关键词中使用你的公司名称。如果你并非品牌，关键词中包含公司名称就不值一试。

（6）回顾竞争者使用的关键词。查询竞争者的关键词可让你想到一些你可能漏掉的词组，但不要照抄任何人的关键词，因为你并不清楚他们如何要使用这些关键词——你应该自己想关键词。寻找别人的关键词只是对你已经选好的关键词进行补充。

（7）勿用意义太泛的词或短语。要用修饰词将普通词汇和短语意义变得更为精确。如提供保险服务的站点可以使用健康保险报价、自动保险报价、人寿保险报价等关键词组。

为了预先限定来访者，关键词和短语应明确你的利基。如果你是从事娱乐业，则用娱乐新闻、影片追踪、名星故事、娱乐中心，等等。明确利基可吸引你需要的访问者。不管你销售什么，这一点都相当重要。一群小小的受众目标比一大群以为你在卖其他什么东西的来访者更有可能转化成真正的客户。

（9）勿用单一词汇。多词短语比单一词汇更有用。搜索引擎很难就单一词汇搜索相关结果，因为这样的搜索条件会产生太多结果，而搜索者是不会去浏览数百个结果页面的。一个搜索拍卖网站电子商务软件解决方案的用户不会只搜索软件。

（10）使用自己的名字而不是他人的商标名。在你的关键词中避免使用竞争者的商标，否则可能被起诉。一些公司会给予使用许可。许可的授予建立在一种潜在的从属联系上——一个制造商很可能把名称使用权许可给一家搞销售的网站。但是，利用另一家公司的商标或产品名称从中牟利是不允许的。

第2节 优化宝贝标题

很多卖家在抱怨网店没流量的时候往往忽视了一个最根本的问题，那就是最基本的淘宝搜索引擎优化中最基础的宝贝标题优化。这点如果都没做好，何谈流量？所以卖家要做的就是从基础的宝贝标题优化开始。

1. 标题优化的重要性

淘宝标题优化有多么重要呢？举个简单的例子，当你打开淘宝网或者是其他网购平台的时候，你看到那琳琅满目的商品也许会犯愁，因为商品的海洋里不知道你需要的宝贝在哪里，那么这时候你也许会想到的是去直接搜索你需要的宝贝。那么当你搜索的时候，一定会想到的是宝贝的名称或者属性，而这宝贝的名称和属性就是下面要讲的淘宝标题优化。

淘宝标题优化是淘宝搜索排名优化的一部分，淘宝标题优化的好处是提高搜索展现量，让宝贝充分展示在顾客眼前。标题优化具体来说，就是对你淘宝店铺的宝贝的标题进行符合规则化的优化，使之能够在众多同类商品中排名靠前，增加曝光率、点击量以提升转化率的过程。

标题优化主要包括：标题长度的控制、关键字分布、关键字词频及关键字组合技巧等。淘宝搜索中，淘宝标题优化尤其重要，不过在优化时一定要注意淘宝网的一些规则。

从具体的几个方向来讲，淘宝标题优化的重要性有以下几点：

（1）淘宝标题优化做得好，可以从淘宝搜索出带来大量流量。

（2）一旦做好标题优化，排名相对稳定，流量相对稳定。

（3）搜索宝贝标题进入的流量都是优质的精准客户，转化率更高。

（4）从搜索栏搜索宝贝标题或者类目时进入的流量都是免费的。

（5）做好宝贝标题优化，开直通车的时候更会得心应手，因为原理都是一样的。

2. 标题优化规则

前面已经介绍了宝贝标题优化的好处。那么在做宝贝标题时，是不是关键词越多越好，标题越长越好呢？下面来看看宝贝标题优化的规则及搜索规律。

（1）宝贝标题编写原则。

①标题要尽量简单直接，能突出卖点；要让买家即使瞄一眼，也能晓得商品的特点。知道它是一件什么商品。

②宝贝标题限定在30个汉字（60个字符）以内。

最基本的结构应该是：产品名称+卖点（例如商品是包邮的，可在标题中加个“包邮”字样，增加宝贝的吸引力）。

（2）宝贝标题的编写规范。在新淘宝规则中宝贝标题的编写规范有以下几点：

①标题中不要故意堆砌一些无关的词。标题堆砌是指卖家为使发布的商品引人注目，或使买家能更多地搜索到所发布的商品，而在商品名称中滥用与本商品无关的字眼，扰乱淘宝网正常运营秩序的行为。

②避免使用大量的类似/重复标题。重复标题对用户体验不好，而且没有个性，在搜索的结果中，消费者点击也不会高，标题逻辑不通，点击率就会偏低，尽量让自己的产品标题多样化，每样商品都有属于自己的关键词。两个商品标题的关键词有过多的雷同，虽然产品曝光率会提高，但这样有可能会被认为重复铺货，所以宝贝的标题一定要多样化。

③不要使用特殊符号。很多卖家会在宝贝标题中滥用符号，一般说来这些符号会被搜索引擎直接忽略掉或等同于空格，还有种说法认为括号（包括大括号、中括号、小括号）中的关键词会被降权。总之，随意使用符号对于宝贝标题是有害无益的，一般情况下在需要断开的地方加入空格就可以了。

④宝贝标题中不要包含店铺名称。除非知名的大卖家，一般情况下，不必将自己的店铺名称加到标题中，因为根本不会有人通过搜索您的店铺名称而找到需要的宝贝。所以在标题中加入店铺名称，只是对资源的浪费。卖家应该节约空间，多加些宝贝的属性关键词。

⑤忌用敏感词。淘宝搜索有自动过滤功能，如果标题中含有敏感词汇会被系统自动过滤掉，如“高仿”“山寨”等一些词汇。此外，一些当下敏感的政治词汇也会被搜索过滤。所以，卖家在写标题时，不要触碰敏感词汇，否则你的商品很可能会被降序。

3. 关键词选择与组合策略

关键词搜索一直是众多卖家朋友流量最大的来源，也是买家最喜欢最直接的搜索行为。下面将介绍查询查找关键词的方法和关键词组合的策略。

（1）巧选关键词。卖家应按照以下几种方式去查找关键词：

①淘宝首页搜索框下面的提示，这些是十分热门的关键词，如图10-2所示。

图10-2 搜索栏下的关键词

②点击后面的更多之后，可以进入宝贝的热搜词语排行榜，选择自己的类目之后就可在左侧看到相关宝贝的热搜关键词的排行榜，如图10-3所示。

搜索上升			搜索热门		
1	蓬蓬裙连衣裙夏	6792位	1	连衣裙夏	0位
2	连衣裙女装	700位	2	连衣裙	0位
3	鏃跺皻	319位	3	大码女装	0位
4	娓呮柊	239位	4	连衣裙夏2014	1位
5	雪纺连衣长裙	220位	5	雪纺连衣裙夏	2位
6	靓女裙子	217位	6	连衣裙 夏 长裙	0位
7	13c	214位	7	连衣裙夏韩版	1位
8	夏装连衣裙	206位	8	女式连衣裙	4位
9	雪纺碎花连衣裙	191位	9	长裙	0位
10	凶猛熊猫	177位	10	长裙连衣裙	0位

图10-3 相关宝贝的热搜关键词

③在搜索一个关键词的时候，淘宝下拉框中会出现一些推荐词，这些推荐词就是该关键词相关的热门排序了，如图10-4所示。

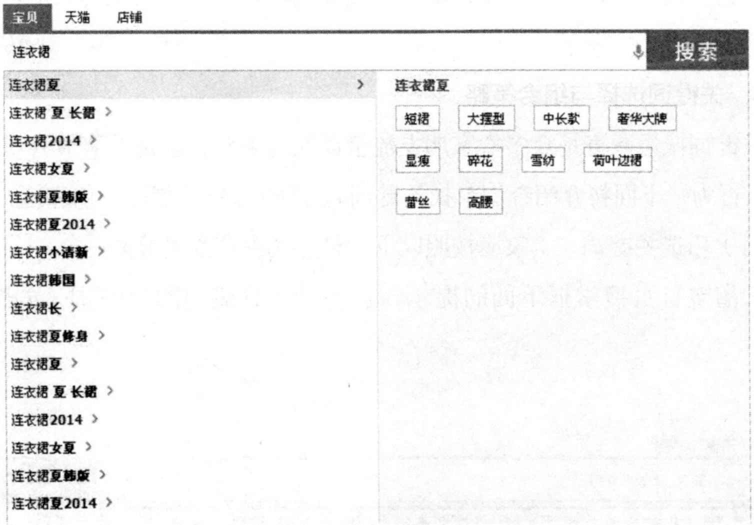

图10-4 搜索栏下拉框中的相关词

④搜索出来后，搜索框下面还会出现“选购热点”一栏，该栏中的关键词与上面的下拉栏有所不同。下拉栏出现的词是以你搜索的词开头的词，而“选购热点”一栏中出现的是与这个产品种类相关的词，如图10-5所示。

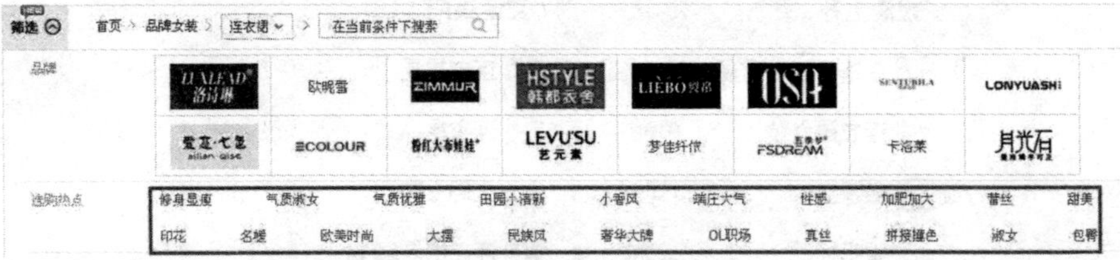

图10-5 “选购热点”栏中的关键词

（2）关键词组合策略。关键词的优化组合构成热销的宝贝标题。那么如何把收集的关键词组合成宝贝标题呢？

①关键词的分类。

一级关键词：一般由2～3个字组成的词语，优点是搜索量巨大，缺点是竞争度也很大。例如：男装、衬衫、手机、女装、羽绒服、女鞋等。

二级关键词：一般由4～5个字组成，优点是搜索量比较大，缺点是竞争

度也比较大。例如：韩版女装、韩版男装、短袖衬衫、雪纺连衣裙、男款运动鞋等。

长尾关键词：一般由5个字或多个词组合，优点是精准度高、竞争较小，缺点是搜索量不大。例如：韩版雪纺女装、无袖格子衬衫、春款针织衫热卖、七匹狼男装短款T恤等。

顶级关键词：搜索量大于宝贝的数量，优点是精准度高、竞争小，且容易排名，缺点是比较难找。

②关键词组合方式。

一般情况下，标题应按照以下方式组合：营销关键词+意向性关键词+属性卖点词+类目关键词+长尾关键词。

营销关键词：例如包邮、特价、卖疯了、皇冠信誉、正品。

意向性关键词：例如雪纺连衣裙、小码女装、NIKE篮球鞋。

属性卖点词：例如休闲、瘦身、修腰。

类目关键词：例如iPhone6（手机类）、羊绒衫（女装类）、公仔（毛绒玩具类），等等。

例如一家男装店在网站打出以下关键词组合：包邮 七匹狼商务 休闲长款男装 男式白色带帽立领棉衣外套

营销关键词——包邮

意向性关键词——七匹狼商务

属性卖点词——休闲长款

类目关键词——男装

长尾关键词——男式白色带帽立领棉衣外套

其顺序不是一成不变，要活学活用，最关键的是组合后的标题读起来顺畅。

注意：如果卖家的宝贝是正品，一定不要忘了加上货号。如果是散货的话，建议不要写货号。

第3节 解读淘宝自然流量

自然流量又称为主动流量。网民自上次进入目标站点之后，初次记下来的网站域名地址，或通过收藏夹标签等直接进入站点的，即自然流量。

如何获得淘宝的自然流量，相信是每个卖家都极其关注的问题。因为它关系到店铺能否正常运行。如果要获得自然搜索流量，最便捷的方法就是获得好的排名，而要获得好的排名就需要了解淘宝的排名规则。

1. 影响淘宝搜索排名的因素

影响淘宝搜索排名的因素如下：

（1）宝贝主图的质量。宝贝主图应该是真实反映宝贝的，也是最直观的一个部分，如果宝贝主图牛皮癣化，一是不美观，带给买家最直观的感觉很不舒服，二是过多的文字、图片掩盖了宝贝真实的面貌，不能很好地辨认出宝贝细节，有悖于淘宝公平诚信的交易原则。原则上，主图可以有商品Logo存在，也可以添加最一个促销水印标签或者图片形式的广告，但是这些文字和图片大小不得超过主图大小的10%，且不得覆盖主图商品。淘宝会根据情况，对于部分牛皮癣化严重的商品给予一定程度的降权或者是屏蔽处理。

（2）宝贝是否遭遇降权或者处罚。一般情况下，宝贝遭处罚或者降权有以下几种原因：

①价格不符。系统识别后立即降权，降权时间根据作弊的不同严重程度而不同，价格严重不符的商品调整正确后最早可在5天内结束降权。

②标题滥用关键词。系统识别后立即降权，降权时间根据作弊的不同严重程度而不同，标题滥用的商品修改正确后最早可在5天内结束降权。

③虚假交易。系统识别后对涉嫌虚假销量、信用的宝贝给予30天的单个宝

贝搜索降权，同时根据卖家店铺涉嫌虚假交易情节严重程度给予卖家7至90天的全店宝贝搜索降权。

④标题、图片、价格、描述等不一致。系统识别后立即降权，降权时间根据作弊的不同严重程度而不同，标题、图片、价格、描述等不一致的商品修改正确后最早可在5天内结束降权。

（3）卖家服务质量。卖家服务质量主要体现在以下几点：

①店铺近30天退款率。店铺近30天退款率也是影响排序的一个因素，其中还包括：超时退款比率，超时退款反映了卖家处理退款的时间长短问题，也体现了卖家服务质量；因商品质量问题，以及发货未收到货等类型退款，这也是卖家服务质量的很好反映。退款率明显高于同行业水平的将会被淘宝根据情况给与一定降权处理。另外，卖家不要无货空挂，因为在淘宝商城，无货空挂要赔偿商品金额30%的违约金。

②纠纷退款笔数以及纠纷退款率。纠纷退款笔数多、纠纷率大，反映了卖家在处理售后问题上的服务水平。卖家需要注意的是，一个自然月内纠纷笔数达到6笔，纠纷退款率达到0.6%，下个自然月将会加倍收取消费者保障金。

③店铺DSR三项综合评分。店铺DSR三项综合评分体现了卖家店铺宝贝描述相符度、宝贝发货速度、卖家服务态度等因素，所以，作为卖家，我们是否以一个良好的心态去面对顾客就体现在这三项基本评分上。

（4）店铺信誉度。目前淘宝最新规则出台，对于店铺各种经营类目下的信誉度是分开记算的。如买家想搜索一件毛衣，如果你家店铺虚拟交易信誉度为288，而实体女装行业信誉度为10，那么在这个搜索下你的信誉度就为10。所以卖家应该合理调整结构，让自己店铺经营的类目集中起来。

（5）橱窗推荐和宝贝下架时间。

①橱窗推荐。橱窗推荐位是通过搜索的方法让卖家的宝贝能有更多的浏览量及点击率，当买家选择搜索或者点击“我要买”根据类目来搜索时，橱窗推荐宝贝会优先排在前面。橱窗推荐位又为卖家热推，在“卖家中心”→“宝贝管理”→“橱窗推荐”中设置。

②下架时间。因为在淘宝搜索规则中，快下架的宝贝淘宝搜索会靠前，店铺的每天流量会有高峰期和低谷期，一般在早上9：00—11：00，下午14：00—

17:00，晚上19:00—22:00的人流量最多。因此，卖家在宝贝上架时，应该尽量在这些时间段多上架一些宝贝，还有就是要分批量上架，把宝贝上架时间选为7天， 每天上架一些，这样7天后，每天都会有宝贝在流量高峰期要下架，当一个宝贝快下架时搜索会靠前，这个宝贝的访问量大了，可能会有人去访问其他宝贝，这样整个店铺的流量将会提高。

（6）宝贝转化率和收藏量。其他因素一致的情况下，转化率高的商品优先展示给买家。

（7）宝贝属性的完善与否。属性不完善的商品，会在类目搜索下直接屏蔽。默认不展示，类目搜索也是一个搜索的重要来源，属性越完善的商品在类目搜索下越有利。

（8）宝贝近30天的销量。近30天销售量好的宝贝，在销量排序这一单一维度下优先展示。在这里纠正一个误区，在人气排序下，并不是销量越好越排在前面的，这个说法是错误的。

（9）是否加入消费者保障服务，并提交保证金。消费者保障服务是对买家网购安全最基本的保障，所有在搜索排序下 ，优先展示加入消保并且提交保证金的卖家。

2. 打造人气宝贝，提升宝贝搜索排名

淘宝网搜索结果的排序方式主要有两种：一个是综合排序，另一种就是人气排序。虽然一般情况下搜索结果列出的都是默认的综合排序，但是有很多的用户还是会选择人气排序，因为人气排序更能够显示出商品的优越性。所以淘宝卖家很应该去考虑，如何让宝贝在人气排行当中占据更有利的位置。图10-6所示为淘宝搜索的人气排序。

图10-6 宝贝搜索人气排序

（1）影响人气排名的因素。

①交易量。淘宝会同时参考该商品的交易总量和交易订单次数，时间是一般以30天的数据作为参考，所以要想自己的宝贝能够在人气排行当中有较不错的位置，首先要考虑到就是如何将这个商品的销量进行提升。可以给你准备大力推广的产品做一些优惠促销的活动，提升商品的销量，同时也让该商品在人气排行当中有更好的表现。

②回头客。如果一个商品在一个月期间会有很多会员重复购买，这就意味着这个商品在被用户使用之后效果很不赖，用户体验非常好，淘宝也会看重这点给出加分。

③转化率。转化率表明这个商品以及这个商品页面的吸引力，如果转化率越高，说明你的这个商品在同行当中有不错的竞争力，淘宝给出的搜索排名就会更靠前。要提高转化率需要做的是把页面设计得更加人性化和美观，商品的参数要介绍得更详细，同时不要忘记来一些精彩的评论，这些对提高转化率都是有不错的帮助的。

④其他较主要因素。比如说支付宝使用率，是否加入消保、各种评分、宝贝浏览量、卖家评分等也都会对人气的排名产生影响。

（2）培养人气宝贝。对于小卖家来说，前期可以通过免费推广获取更大的流量，促成交易，从单品着手，一个一个来培养宝贝人气，慢慢提高店铺的人气。对于有实力的卖家，可以通过免费推广和付费推广相结合的方式，分批量地培养店铺宝贝的人气。

（3）维护人气宝贝。卖家要及时地关注买家的评语，当宝贝销量增大以后，出现中差评的概率也相应增大，如果遇到中差评，一定要想办法和买家沟通，找出问题所在，尽最大的努力让买家改回好评。这样才不会给自己辛辛苦苦培养出来的人气宝贝抹上污点。评语最重要，好评语可以把你的宝贝捧上去，负面评语会把你的宝贝摔下来。

第4节 开店窍门与问答

1. 淘宝搜索排序的相关规则

淘宝搜索排序的目的是帮助消费者找到最满意的商品。店铺经营情况、商品价格与信息等可能会对搜索的结果产生影响。

淘宝反对通过各种不正当手段对搜索结果进行影响的行为，并将给予严厉的打击。淘宝有权对卖家的违规行为和作假情况进行统计，并根据卖家的相关记录调整其商品在搜索结果中的排名。

淘宝有权根据多变的业务情况，采取灵活的解决方案，对商品排序与搜索结果进行持续的调整与改善。

排名下调的情形（包括但不仅限于）：

（1）标题、图片、描述等不一致。

（2）重复铺货。

（3）虚构交易，包括炒作信用和炒作商品销量。

（4）标题乱用关键词。

（5）错放类目和属性。

（6）发布广告商品。

（7）商品邮费、价格严重不符。

2. 淘宝搜索优化排名的误区

在淘宝搜索优化排名上，很多卖家都有一些认识上的误区，一般来说，做淘宝搜索排名优化的卖家常见错误观点有以下几个：

（1）新上架的宝贝在人气排序中永远没机会。事实上，淘宝对于新上架的宝贝，会给一个默认的人气分，这个默认的人气分能够保证新上架的宝贝

也有可能获得一个比较好的排名。随着时间的推移，如果各个影响排名的参数没有任何提高，那么这个人气分还会下降。如何让买家能够方便地找到那些刚上市的新品也是目前淘宝正在竭力解决的一个问题，相信未来会有更好的措施出台。

（2）淘宝搜索排名的结果更倾向于大卖家。在淘宝排名规则中，大卖家店铺信誉的权重现在越来越低，而对于卖家店铺的动态评分的权重则越来越高。而买家是不会因为对方是大卖家就给更高的评分的。而淘宝也不会在搜索排名的结果上优先那些大卖家的，就算是刚开张的店铺，也有可能排在搜索结果的前面。

（3）淘宝人气排名会优先淘宝直通车宝贝。很多人觉得用了淘宝直通车之后人气排名会被淘宝优先排序，这是错误的认识。人气排序与是否用淘宝直通车做推广没有直接的关系，但如果你用直通车做了推广，销量、收藏、转化率等各个影响人气排名的因素都提升上去了，那么你的人气排名自然也会有所提升。只是这个提升结果和你做其他推广的结果是一样的。

（4）多做活动可以快速提高人气排名。从淘宝的新规可以了解到，“搜索结果页面”和“类目宝贝列表页面”中的“最近成交笔数”，将去掉“聚划算”“淘金币”“天天特价”“试用中心”及淘宝官方活动期间的销量，并不计入搜索排序。折扣活动所产生的销量在搜索中的影响会比较低。销量排序中减去这些做了活动后的销量，包括做聚划算等活动所积累的销量。所以现在做这类的活动就不能再以提升搜索排名为目的了。

（5）搜索结果中看不到的宝贝就是被屏蔽了。事实上，淘宝目前的搜索结果中每页只展示40个宝贝，总共可以查看100个页面，而如果你的宝贝排名在4000名以外，很明显不会显示在搜索结果中。但这不表示你的宝贝被屏蔽了。

（6）只要顺利把产品卖出去就可以了，其他的都不重要。淘宝最近已经出台的各项政策表明，在接下来的工作中，它加强监管卖家的服务质量，在搜索、营销、培训等方面向重品质、重服务的卖家倾斜。淘宝将会根据店铺的好评率、宝贝与描述相符、卖家的服务态度、发货速度、退款率、纠纷退款率六个指标，结合各类目服务平均水平制定标准，让品质好、服务好、评价好的卖家获得更多展现店铺和宝贝的机会。

3．2014年淘宝搜索排名新规则

（1）商城优先，消保其次，无消保最后。

（2）店铺高级别优先，低级别其次。

（3）作弊程度：无作弊优先，有作弊按作弊的百分比例靠后。

（4）违规扣分程度；按违规程度排序。

（5）退款率：按退款率百分比排序。

（6）转化率：每进店百人购买比例计算排序。

（7）投诉率。

（8）平均旺旺每天在线时间（不含手机在线）。

（9）买家评估分数——好评率。

（10）旺旺平均第一响应时间。

（11）发货速度。

（12）产品属性正确率。

（13）下架时间：在商品下架6～24小时前排序优先。

（14）百件商品被投诉率。

（15）举报无货相关次数。

（16）支付宝使用率。

（17）橱窗推荐优先，非橱窗推荐靠后。

（18）热销商品靠前。

（19）正常收藏量靠前，无收藏靠后，非正常收藏最后。

（20）近30天总交易笔数。

（21）回头客总比例。

（22）单个宝贝浏览量。

（23）近30天宝贝的好评率。

（24）上直通车排序优先（通过合理开车，能提高质量分，转化率）。

（25）公益宝贝优先。

宅男如何从负债累累到营业额上千万

又是一年开学季，而浙江工业大学学生刘靖宇，已经是一家年营业额超2000万的天猫户外用品店店主了。

暑期打工一个月，让游戏宅男瞄准创业

读研前，刘靖宇从没想过自己的人生会和创业沾上边。这个胖乎乎的25岁大男孩讲起两年创业经历，语气里有笃定也充满奇妙感。

“窝在宿舍打了3年游戏，用四个月考上了研究生。”回想大学生活，刘靖宇用“茫然”来形容。就连考研，也是因为父亲施加了压力。

等待读研的那年暑假，刘靖宇的茫然达到了顶点。“我身边富二代的朋友，赚钱挺容易，而我辛苦读完，也不过找了份月薪六七千的工作。什么时候能在杭州买得起房？”

正好家在义乌的高中同学胡伟家中布行缺人手，刘靖宇就过去帮工打杂。

这是刘靖宇第一次接触各色生意人。“原以为做生意挺容易，真正上手了才知其不易。”刘靖宇说，尽管难度比自己想象得大，但他却“明白自己想要什么了”。

2011年年初，读完研一的第一学期后，刘靖宇办了休学，带着向父母借的近20万元，和女友前往义乌创业。

争取免费广告位，天天守着“店小二”

在胡伟的牵线搭桥下，刘靖宇找到了内衣的便宜货源，一间10平方米的农民房成了他创业梦开始的地方。

“一张床，两台电脑，其余都是货柜。进货、发货、客服、推广都是

我。”刘靖宇说，隔一段时间他会向楼下小卖部的老板借三轮车去义乌国际商贸城进货。

头一个月，刘靖宇的淘宝店生意可以用惨淡来形容。“差不多一周才有一笔生意。后来好一点，但一天也只有两三单。”

彼时，淘宝首页免费广告位的“生杀大权”还在淘宝“店小二”手里，争取到了就意味着既能省下一笔不菲的广告费，又能有大量客流点击店铺。

如何吸引到“店小二”，刘靖宇的小店根本不具备竞争力。刘靖宇说，头几周他天天来回杭州义乌之间，或者干脆住在学校宿舍。“我几乎天天守在‘店小二’的办公室外，让他们上班下班都能看见我，不过不能挑战别人忍耐的底线。”

刘靖宇还在家反复演练。“我推测他会用什么理由拒绝我，然后想好最佳回复和对策。”刘靖宇说，终于“店小二”禁不住刘靖宇的软磨硬泡，一周后，他拿到了第一个免费广告位。此后，刘靖宇又用相同的办法在淘宝多个部门拿到了免费广告位，而他也从“店小二”们头疼的客户变成了朋友。

2011年5月，为了能更好地和淘宝沟通，刘靖宇把淘宝店搬到了杭州，免费广告位加各种活动的策略，让他的内衣店逐渐火了起来。

但好景不长，当年10月，刘靖宇的店因为贩卖三无产品被淘宝查封。“我注册了自己的品牌，可太懒，就从别人那里进货然后贴牌出售。”

刘靖宇用“太急功近利”总结了自己首次创业失败的原因。“我在对行业不清楚的情况下，误以为只要有货源就能冲进去。在生意好时，也不知道怎样管理利润，把钱都花在了收藏模型、球鞋，玩越野车等爱好上面。”

创业失败的代价惨重，刘靖宇不仅把父母给的近20万元都亏光了，还背上了10余万的外债。

无意写成的经验帖为他争取到创业新契机

内衣淘宝店的失败，并没有让刘靖宇泄气。从2011年年底到2012年年底，他先帮朋友的羽绒服公司开拓电子商务市场，在光棍节（2011年

11月11日）当天卖出三四百万元的货物，后又在东阳一家卖打底裤的公司里做出过单月上百万元的业绩。

但因为理念冲突、个人原因等，他的两次合作都不长久，以失败告终。

接连三次的不成功创业，让刘靖宇除了10余万元堆积货物、近20万元债务和一辆宝马325车外，一无所获。

百感交集下，已经在2012年初回到学校继续读研的刘靖宇将自己怎样将打底裤店一个月卖到上百万元的经历写成帖子，发在了国内某著名电子商务网上。

令他意外的是，正是这个无意写成的帖子为他的淘宝创业带来了柳暗花明的新契机。

“帖子发出没几天，我就接到了好几个猎头电话，要给我介绍各种需要找人手开拓电子商务市场的公司。”刘靖宇没告诉猎头的是，此时他的经济状况已经到了非常窘迫的地步。

去年11月，山东一家户外用品公司负责人来杭州找刘靖宇谈合作。“当时我的几张信用卡余额都是0，透支了最后200元，给汽车加了点油。在机场接到人后，带他去下沙的饮料店谈事情。”刘靖宇说，因为自己没有筹码，他唯有用签军令状的方式说服了该负责人。

“他们原先在杭州就有电子商务店。我跟他签订协议，我第一年销售量肯定超过之前网店的一倍，即40万元。否则我分文不取。”直到签下协议，因为囊中羞涩，刘靖宇都没能去山东实地看货物。

刘靖宇说，这是一场他自认胜券在握的“赌博”。“虽然这个牌子在户外用品里没啥名气，但属于蓝海行业。而且分析淘宝的市场会发现，淘宝目前不论品牌，只要你有运营推广技巧，就能卖出产品。”

10个月营业额近2000万元

迄今，刘靖宇的户外用具淘宝店已经运营了10个月，每个月的营销额都能达到200万元左右，已经远远超出了当初协议约定的数额。

“前三次的失败经验起到了重要作用，特别是在东阳的网店工作结束

后，我突然觉得自己已经参透了淘宝经营的成功之道，有种打通任督二脉的感觉。”刘靖宇说，除了积累下的淘宝人脉外，管理、运营管理和推广优化是最主要的成功因素。“通过经验反复测试和对图片美感的掌控，我能让1块钱广告产出10块钱营业额。”

如今，刘靖宇依然忙碌。每天上午9点到晚上12点，他几乎都泡在公司里工作。“心理压力很大。每天一睁开眼就要面对一万元的员工工资和广告开销，如果营业额没达到5万元，这一天就算白干了。”

但同时，他还有另一个身份——杭电即将上研三的学生，需要参加课题项目，每周还要开周会。如何平衡如此差异巨大的两件事，也是令人好奇的地方。

“学习确实有些顾不上。”刘靖宇显得有些不好意思，但他说自己每周还是会去参加周会，毕业应该不成问题。甚至，他还希望试试考博。

刘靖宇也一直记得研究生导师吴开华的话。“有一次我没准备充分就去参加周会，他批评了我，告诉我一个人做事要知道做了什么，为什么要做，这么做能否达到预期效应。”刘靖宇说，这也成为他面临创业困难时，最先思考的三个问题。

“我觉得在学校学到的辩证思维和科学分析方法对我的创业产生了巨大作用。这应该就是一个人的底蕴，也是学校学习和工作的一种融合。”所以，他想借此提醒大学生，“不要以为淘宝门槛低，就可以不读大学去创业”。

第十一章

店内推广与促销

简单地说，促销就是促进销售。通过这种方式，在短期内激励买家进行购买，以达到扩大销售的目的。淘宝促销就是指卖家通过促销，使买家加深对产品的认识，培养更多老顾客，以促使消费者愿意多花钱来购买店里的其他产品。促销的最大作用是使交易能够更快速地成交。

第1节 如何策划店内促销活动

淘宝网有一些促销活动，这些活动页面享有淘宝网更好的推广资源，也会在淘宝网外进行推广。大家打开淘宝网首页应该都可以看到很多促销信息。如果卖家的宝贝能出现在这样的页面中，当然能被更多的买家看到。

1. 淘宝促销活动的作用

淘宝卖家策划促销活动有以下几方面作用：

（1）缩短产品入市的进程。新品促销是一种常见的手段，它可以使新品很快地打开市场。当新品有了购买的记录后，人气就容易积累起来，从而能更快地增加销量，被更多的买家所接受。人们都有从众心理，看到交易记录为0，即使自己喜欢，但没有看到别人购买就容易怀疑自己的眼光或怀疑商品而犹豫不决。一旦有很多人购买了就很容易打消顾虑。

（2）激励买家初次购买，达到使用目的。一般而言，促销都是让利给买家，这样的让利并非时时都有，往往会给人“机不可失，时不再来”的感觉，利用了买家怕错失良机的心理，促使他们尽快决定尝试新品。不少卖零食的网店都有低价试吃样品的活动，就是同样的道理。

（3）激励使用者再次购买，建立消费习惯。在商品质量没有问题的基础上，已经购买过的顾客对你店铺的疑虑是比较少的，但是他的消费需求是有周期性的，策划一场成功的促销活动可以让他坚定再次购买的信心，也可以让顾客的消费周期缩短。

（4）提高销量。网店的业绩越好，信誉越高，购买记录就越多，而购买记录越多，越容易卖出商品。现在很多买家十分重视店铺信誉，信誉高的店铺比信誉低的店铺更容易卖出产品。他们选择商品的时候，往往也看交易记录。

2. 淘宝促销的最佳时机

促销虽好用，但不能随时都用。如果全部商品都在搞促销，促销也就没有意义了。一般来说，促销的最佳时机有以下几种：

（1）新品上架。新品促销可以作为店铺长期的促销活动。因为一个用心经营的店主总是会源源不断地上新品的。新品促销既能加快商品卖出的速度，也利于培养老顾客的关注度，进而提高他们的忠诚度。

（2）节日促销。逢节日促销是现在商家惯用的手法，尤其国庆、五一、元旦等大节日更是给商家带来促销的理由。当然，节日促销也要结合自身的商品实情及顾客的特征来进行，比如你是卖男装的，在三八妇女节搞促销显然不合适。

需要注意的是，大节日对网店来说不是好事。和实体店相反，节假日期间网店即使做促销也不见得销量比平时好。这是由于节日期间大家都有空逛商场了，而线下实体店的促销也热闹非凡，很多顾客都到实体店买东西去了，因而到网上买东西的人则变少了。解决这种问题的方法是把促销的时间提前一周。

（3）淘宝店庆。店铺在“升钻升冠”时，都可以庆祝一下，搞促销优惠活动。店铺开张周年庆，更是大好时节，不仅可以做比较大的促销，还可以向顾客展示店铺的历史，给人信任感。

（4）换季清货。一些季节性强的商品，换季促销活动力度一般都比较大，而顾客显然也很乐于接受换季清仓类的活动。对一些断色断码或即将断货的商品，进行清仓处理，往往能吸引不少人气。

3. 淘宝促销策略的要点

如今，淘宝卖家的促销活动几乎每天都有，满减、打折等字眼随处可见。但是如果一种促销方式普遍使用之后，其效果将明显下降，新的促销策略的发展将会带动新的销售业绩。促销策略的策划必须需要精心地设计，不能随意。

下面总结了6个商家打折促销策略要点：

（1）促销的时机确定。即决定在什么时间打折最为合适。现在很多卖家都是选择五一、十一、元旦、春节这些销售高峰期进行，但是所有企业都在这么做，对你来说效果就会打折扣，比如制造特殊事件和新闻，或者在淡季进行清仓大酬宾都是值得深度挖掘的。

（2）促销的程度确定。即确定打折的程度、让利的幅度，既能吸引顾客，又不丧失利润。靠单纯的价格取胜，可能就给消费者留下不好的印象，被认为是廉价的低端产品，对品牌形象和长期获利带来负面影响。

（3）促销的范围确定。即确定哪些商品打折，在此要明确为什么要对这些商品打折，考察是否符合打折的目的。这一点很关键，比如现在新品是否要打折。很多企业缺少策略，该不该，首先考虑新产品的区域性。要因地制宜，因时制宜，考虑这些因素，再确定在哪里打折，会不会有效果。

（4）促销的频率确定。即一年内打折发生的次数。一般而言，消费者一年来商店次数10～15次，所以搜集顾客的通信方式，适时地问候，增加顾客到访的次数，即便不买也欢迎来欣赏一下，并有技巧地要求消费者，向自己的亲朋好友推荐，当然前提是顾客感到满意。研究表明，由亲友及其他熟悉的人向潜在顾客推销产品，影响力高达80%，向由现有顾客推荐的新顾客推销比向没有人推荐的新顾客推销，成交率要高3～5倍。

（5）促销的期间确定。即打折应持续的时间阶段，并不是越长越好。这一点，也尤为关键，打折周期太长，反而降低了消费者立即购买的决心，控制在5～10天，是比较合适的，这考虑到消费者知道折扣优惠的信息，到采购周期，而且还可以进行时间限制，如前五天享受特别优惠等。

（6）促销的方式确定。即应采取什么方式打折。这一点很多卖家往往忽视了，因为对耐用消费品而言，单纯的价格折扣，并不能增加消费者购买动机和频次。因此调整打折的方式，刺激消费成为关键，做促销要做出价值感来，挖掘的空间有很多。

据统计以及初步预计，淘宝打折促销信息将是近来一些卖家最实用的策略，类似超市、商场的促销模式也是一些中小卖家需要学习的好思路。

第2节 开通钻石展位

钻石展位是淘宝网图片类广告位竞价投放平台，是为淘宝卖家提供的一种营销工具。钻石展位依靠图片创意吸引买家点击，获取巨大流量。

钻石展位是按照流量竞价售卖的广告位。计费单位为CPM（每千次浏览单价），按照出价从高到低进行展现。卖家可以根据群体（地域和人群）、访客、兴趣点三个维度设置定向展现。图11-1为淘宝网首页中的图片广告，即钻石展位。

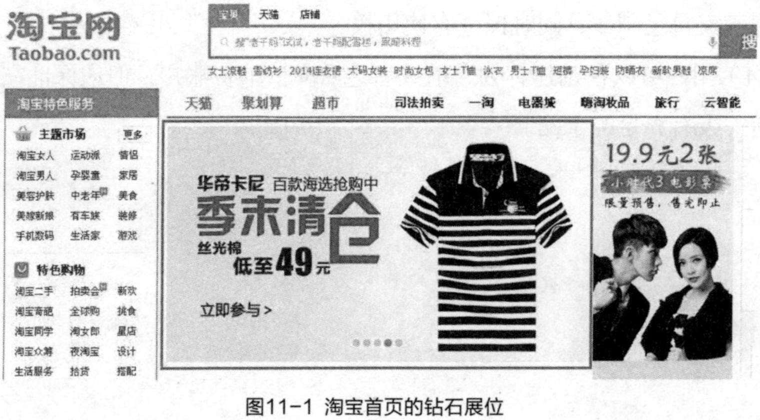

图11-1 淘宝首页的钻石展位

1. 钻石展位的特点

品牌展位版基于淘宝每天六千多万访客和精准的网络购物数据，帮助卖家更清晰地选择优质展位，更高效地吸引网购流量，达到高曝光、高点击的传播效果。

钻石展位的特点如下：

（1）范围广。覆盖全国80%的网上购物人群，每天超过15亿次展现机会。

（2）定向准。目标定向性强，可定向21类主流购物人群，直接生成订单。

（3）实时竞价。投放计划随时调整，并实时生效参与竞价。

2. 钻石展位的服务流程

钻石展位的服务流程如图11-2所示。

图11-2 钻石展位的服务流程图

钻石展位的相关说明如下：

（1）产品为在线自助服务，在购买之前必须登入“我的淘宝”。

（2）在竞价创建之前用户必须选择某一个展示位。

（3）在创建计划之前用户必须保证有一个符合尺寸的图片或Flash，图片或Flash由卖家自己制作，同时保证有使用权。

（4）用户可以在创建计划之前或者之后充值消费账户，但应保证在投放开始的前一天有充足的金额。

第3节 参加淘宝“天天特价”

“天天特价”定位为淘宝网小卖家扶持平台，专门扶持有特色货品、独立货源、一定经营潜力的小卖家，为小卖家提供流量增长、营销成长等方面的支持。

1. 什么是“天天特价”

淘宝“天天特价”是淘宝隆重推出的一款让利消费者，促进商家店铺宝贝销量的优秀平台。通过此平台，各家店铺相互竞争，以大幅度降价乃至保本价格，以包邮的形式进行网销。这种方式，很大程度上抑制了价格垄断，促进了市场有序而良性的发展。消费者得实惠，店家积攒信誉，互惠互利，达到双赢的效果。图11-3所示为淘宝“天天特价”首页。

图11-3 淘宝“天天特价”首页

淘宝“天天特价”是以特价加包邮的形式，以一天时间为时效，天天变换新的店铺与宝贝为特点的一款网购平台，是全新的网购概念。

淘宝“天天特价”有以下特点：

（1）特价：商家大幅度地调低宝贝价格，使宝贝价格接近成本价或是成本价。

（2）包邮：免去了网购消费者的邮资费用，物流费用由卖家承担。

（3）时效：一天时间有效。即当天在淘宝“天天特价”平台上促销的宝贝的特价价格和包邮方式只限当天有效，过后恢复此宝贝的正常销售价格。

（4）天天更新：淘宝天天特价平台每天进行中，每天会呈现出不同的全新的宝贝，天天更新，天天变换商品，每天都是新感觉。即可让更多的商家参与，满足更多消费群体的需求。

2. 参加“天天特价”的注意事项

对于中小卖家来说想要经营一个好的淘宝店铺，就应该不断地尝试各种不同的网店推广，以及产品的营销。“天天特价”就是我们淘宝卖家一个不错的选择。那么我们要如何操作“天天特价”呢？

“天天特价”的报名流程可以分四个环节：商家报名、系统审核排序、锁定库存准备上线、活动开始。

如何将这四个环节做到最好并且达到我们预期的效果。这要我们做到以下的几点：

（1）熟悉活动规则。卖家在参加天天特价活动前，必须要对这个活动的规则有详细的了解过程。这也是很多卖家有失误的地方，因为不熟悉活动规则而吃了很大亏，甚至导致失去活动机会。

（2）选款备货。“天天特价”活动的初审是机审，系统会根据商品、店铺等综合评分检测进行排序。挑选些最优质的宝贝上“天天特价”。从这里可以看到“天天特价”活动的严格性，所以卖家在参加活动前要对自己的宝贝报名成功率进行一次评估，评测要包括：店铺的DSR、宝贝近段时间的转化率，以及中差评等相关因素。

（3）初审期间维护。在这段初审期间，卖家的店铺需要保持该商品转化率的稳定，维护好该宝贝的销量以及评分。要注意在这段期间宝贝销量不能

少于10件。

（4）准备工作、关联营销。关联销售是卖家参加天天特价活动的主要目的。想要做好关联销售，建议从以下两点来分析：

①搭配套餐宝贝价格设置要给客户带来价值优惠。

②搭配套餐商品最好要与活动商品有所关联。

要想让买家在购买活动中马上能联想到其他商品，这就需要卖家制定一个清晰的关联模式，例如以下几种关联模式：

①搭配建议型关联销售（如打底衫+外套）。

②差异化关联销售（衬衫+不同的裤子）。

③相似款推荐组合（雪纺长袖+雪纺短袖）。

④买送型关联销售，类似买三送一、买二送一这种“买就送”的活动需要清晰地说明送的规则。

（5）关联营销的效果监测以及优化。不管做任何营销活动都应该要同时准备两个方案，以补不时之需。活动开始后，卖家需要时刻观察关联营销的效果。这也就是为什么要准备两套方案了。

（6）商品卖完如何应付。我们可以做已购客户回访，通过客服用旺旺一对一地联系客户，发送关联信息。

（7）商品流量销量少如何应对。通过各种联系方式回馈老客户，通知老客户来预览。还可以提前做好钻展的推广圈，当天可应急投放。全店的其他宝贝也可以关联到参加天天特价的活动商品，甚至可以用直通车推广去推荐这款商品，这样也能让流量得到补救。

（8）最后是售后处理，售后尽量给客户带去更好的体验。活动完后需要总结经验，如果有问题又是出现在哪个环节，这都需要卖家认真总结。

第4节 加入淘宝直通车

淘宝直通车是淘宝的推广方式，具体方式是：通过竞价付费得到在淘宝搜索页上获得推荐位展示的机会。

1. 什么是淘宝直通车

淘宝直通车是为淘宝卖家量身定制的，按点击付费的效果营销工具，实现宝贝的精准推广。淘宝直通车推广，在给宝贝带来曝光量的同时，其精准的搜索匹配也给宝贝带来了精准的潜在买家。淘宝直通车推广，用一个点击让买家进入卖家的店铺，产生一次甚至多次的店铺内跳转流量。这种以点带面的关联效应，可以降低整体推广的成本和提高整店的关联营销效果。同时，淘宝直通车还给用户提供了淘宝首页热卖单品活动和各个频道的热卖单品活动，以及不定期的淘宝各类资源整合的直通车用户专享活动。图11-4右侧的掌柜热卖就是直通车推广的宝贝。

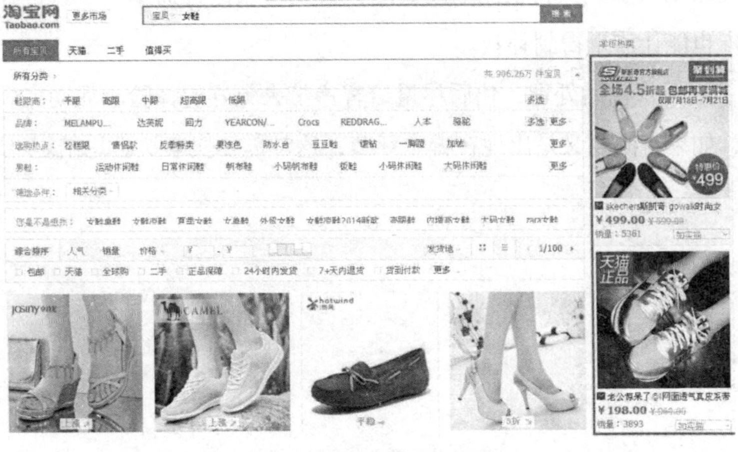

图11-4 直通车推广的宝贝

加入淘宝直通车有以下几点好处：

（1）被淘宝直通车推广的宝贝，只要想来淘宝买这种宝贝的人就能看到，大大提高了宝贝的曝光率，给卖家带来更多的潜在客户。

（2）只有想买这种宝贝的人才能看到卖家的广告，给卖家带来的点击都是有购买意向的点击，带来的客户都是有购买意向的买家。

（3）淘宝直通车能给卖家的整个店铺带来人气，虽然卖家推广的是单个的宝贝，但很多买家都会进入店铺里去看。一个点击带来的可能是几个成交，这种整体连锁反映是直通车推广的最大优势，久而久之，卖家的店铺人气自然会高起来。

（4）可以参加更多的淘宝促销活动。加入淘宝直通车后，会有不定期的直通车用户专享的淘宝单品促销活动，卖家可以报名参加。

2. 如何加入淘宝直通车

加入淘宝直通车的步骤如下：

（1）登录“我的淘宝”，单击“营销中心”下的“我要推广”超链接，进入淘宝营销中心页面，单击“淘宝直通车”按钮。

（2）进入淘宝直通车首页，页面上显示“账户未激活”，单击“立即充值”按钮。

（3）在淘宝直通车的充值页面充值，淘宝直通车第一次开户需要预存500元以上的费用，这500元将用于你接下来的推广所产生的费用，选择好充值金额后，单击底部“立即充值”按钮。经过支付宝充值操作后，返回到直通车主页，账户就开通并可以使用了。

第5节 使用“满就送”与“套餐搭配”

淘宝“满就送”包括“满就减”“满就送礼”“满就送积分”“满就免邮费”等活动。使用“满就送”的商品如图11-5所示。

图11-5 满就送的商品

1. 什么是“满就送”和“套餐搭配”

这两种促销方式是目前最喜闻乐见的促销方式。当它们应用到淘宝网店中，卖家只需轻点几下鼠标，就可以制作出最吸引人的促销广告。其中“满就送”演化出了“满××元送礼物”“满××元减现金”和“满××元包邮”三种方式（商城卖家还可以设置满××元送积分），卖家根据自身的特点可选择一种，也可以多选，例如“满168元包邮并赠送小礼物”。而“搭配套餐”可

以将几件相关商品搭配着卖，提高客单价。

2. 使用“满就送”和“搭配套餐”的好处

（1）使用了“满就送”和“搭配套餐”促销工具，促销广告会在每一个宝贝的页面都显示出来，当消费者浏览到你的店铺的促销广告时，可提高买家的客单价，达成促销的目的。

（2）在淘宝网的宝贝搜索结果页面中，可以选择只参加了“满就送”和“搭配套餐”促销的商品。如果买家只搜索参加了促销的商品，将提高宝贝的曝光率。

3.“满就送”和“搭配套餐”的误区和使用技巧

卖家不要认为使用“满就送”和“搭配套餐”以后，生意的订单会像雪花一样源源不断飘过来。不要忘记了，商品和服务本身才是订单的基础。假如原先没有订单也没有人流量，那么使用“满就送”和“搭配套餐”营销工具后还是一样没有生意的。“满就送”和“搭配套餐”的工具更适合原本就有人流量、有订单的掌柜，这个工具可以促使消费者更多消费店铺的产品，以保证所购买的商品的性价比。

“满就送”“搭配套餐”和直通车是两种不同的营销工具，直通车可以增进卖家店铺的人流量，“满就送”和“搭配套餐”这种效果是比较弱的。

“满就送”和“搭配套餐”的效果仅在于顾客进入了你的店铺，看到了广告并对你的促销感兴趣，才会产生效果。“满就送”“搭配套餐”就是促销方式，它们的真正意义不是提高人流量而是促进消费者的购买欲望，人流量不过是它的副产品。

第6节 利用淘宝试用中心

淘宝试用中心是全国最大的免费试用中心，最专业的试客分享平台。淘宝试用中心聚集了上百万份的试用机会，以及亿万消费者对各类商品最全面真实客观的试用体验报告。

1. 什么是淘宝试用中心

淘宝网的大量用户或新手用户，对于一些陌生品牌或产品持怀疑态度。淘宝试用应运而生。试用中心作为集用户营销、活动营销、口碑营销、商品营销为一体的营销导购平台，为数百万商家提升了品牌价值与影响力。

在淘宝试用中心，买家有机会获得免费试用体验机会。

免费试用指的是商品费用和邮费都由商家承担，买家在申请免费试用成功后，无需承担任何费用即可试用商品，只要保证在一个月内及时地提交优质的试用报告即可。图11-6为淘宝网的免费试用商品。

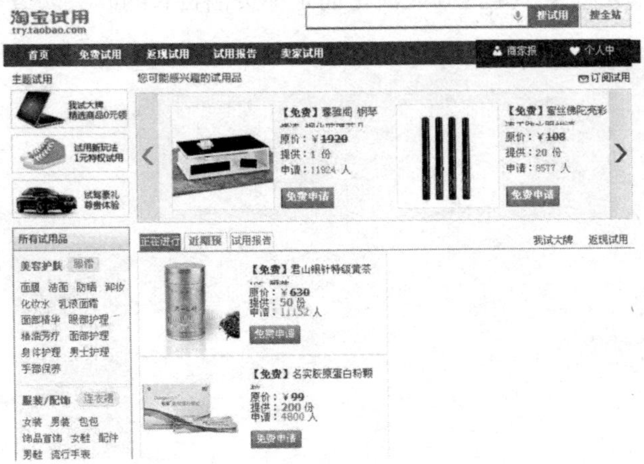

图11-6 免费试用

2. 淘宝试用中心的作用

对卖家来说，试用中心的作用主要有以下几点：

（1）打造爆款。试用中心的免费试用模式——无需支付任何费用就可以免费领取商品，如此大的诱惑力可以将一款新品成功地打造成爆款。

（2）连带销售。参与试用中心活动，最关键的就是设置相关的连带销售，带动其他产品的销量，从而完成从单品销量暴涨到店铺销量暴涨的飞跃。

（3）客户资源。巨大的客户资源是没有办法用金钱买得到的。从“申请理由”页面中可以看到，对该产品感兴趣的客户的ID都有显示，从这里可以得到宝贵的客户资源，从而可以规划活动结束后的二次营销。

（4）口碑营销。参与免费试用活动后，试用过的买家都会提交试用报告，让卖家不用再担心该产品的口碑。使用后的试用报告比任何的推广都更具有说服力。

（5）二次营销。淘宝网试用中心活动完成后，针对申请试用的落选者，可以策划二次营销方案，从而抓住这部分手头上的优质客户，并最终把他们培养成店铺的忠实用户。

第7节 开店窍门与问答

1. 钻石展位的投放规则

淘宝钻石展位投放规则如下：

（1）系统每天15点后自动提交计划进行竞价投放。

（2）不保证将来某一天的钻石展位资源正常投放，但系统会提供最近7天可以被竞价的预测数据给您查看。

（3）如果消费账户没有足够的余额，自动停止第二天的计划投放，所以用户在计划投放前一天的15点之前，保证消费账户有一天日预算金额，否则将会因为余额不足而停止投放。

（4）由于余额不足而停止投放的计划，允许您继续充值恢复投放。当然前提是该计划还在投放期内。

（5）在同一天同一个时段内CPM出价高的计划优先投放。

（6）如果计划分为多个小时段投放，系统将会根据实际的流量情况以小时为单位平滑消耗。

（7）如果计划的投放达到日预算限制系统自动停止投放计划，系统保证每天消耗不超出日预算限制。

（8）如果计划有多个推广图片将会被随机轮播显示。

2. 淘宝直通车是如何收费的

直通车的收费机制：第一次预存500元推广费用，不是押金也没有开户费。如果后面要续费则每次200元以上。

直通车的广告是按点击付费，即当别人搜索到商家的广告，点击进去后才收取费用，一次最低0.1元。（只有点击了商家的广告才收费，其他途径点击商

家的宝贝是不收费的），另外，直通车没有任何服务费，第一次开户预存500元，全部是商家的广告费，当商家开始做广告后，点击费用就从这里面扣除（跟手机费相似）。

淘宝直通车的收费标准：

（1）按点击收费，不点击不收费。

（2）用户可以设置每个关键词的点击出价。

（3）默认最低点击单价0.1元，最高100元。

（4）每次加价幅度最小0.01元。

3．如何取消“满就送”活动

登陆“我的淘宝”→“我是卖家”→“营销中心”→“促销管理”的“满就送”促销中去取消即可。

4．搭配套餐单件退款规则说明

搭配套餐单件退款基本规则（不包含邮费）：

买家享受搭配套餐优惠价后退其商品，根据买家实付金额（优惠价）的商品原价比例的金额退款。计算公式为：a原价/（a+b+c）×总优惠价。

例1：a原价200元，b原价50元，套餐优惠价100元。如只退a能退款200/（200+50）×100=80元；

例2：a原价200元，b原价50元，c原价50元，套餐优惠价200元。如只退a能退款200/（200+50+50）×200=133元。

|经|典|案|例|

浙江青年网上卖鞋实现创业梦

胡冰1984年生人，张旭1985年生人，是很多人眼中典型的80后年轻一代。这两个来自不同城市的年轻人在无锡相遇了，然后携手在淘宝上开了一家网店：维亿服饰专营店，专门售卖男鞋。短短一年的时间，这家新店就达到了皇冠级别，一年之内卖出了3万双鞋子。他们说，准备在无锡这个城市搭建起自己的“理想国”。是什么让两个来自他乡的年轻人想要在无锡奋斗？是什么让他们坚持要把这条路走到底？胡冰向网友分享了他和张旭一起创业的故事。

第一张单子等了一个星期

我是浙江丽水人，2005年到无锡的时候，就在崇安寺的名典鞋业工作。我也是在那个时候认识张旭的，他是盐城人。因为我是一个“月光族”，有一段时间觉得经济有点窘迫，所以就谋划着换了工作。其间，我去过常州，开过小店，做过网络美工，但都不太成功。2008年底，我到了温州，为那里的一家鞋业公司做市场调查，开始熟悉起鞋子，一段时间后甚至开始自己动手设计。我觉得对这一行熟悉了，就萌生了自己开店的念头。但是无锡崇安寺的店面租金实在太贵了，我想还是从网店开始吧。我就给张旭打了电话，因为以前他自己开过网店，卖过童装。他很爽快地答应了，那就开吧。

实际上，开网店并不如我们想的那样简单，现在想想，比开实体店还要辛苦。比如拍产品照，我三天三夜都没有离开过屋子，基本没有睡觉。就这样我和张旭大概拼了一个多星期，终于把店开出来了。上线那天，我

们两个一直呆在电脑旁边，一步都不敢走开，就怕漏了单子。结果就这么呆了一个星期，终于听见了第一声“叮”，当时我们都跳起来了，那种开心是没有办法形容的，感觉之前所受的苦都不重要了。

没日没夜地干，就怕漏单

那时，我因为在温州还有一份工作，所以大部分时间在无锡守着的一直是张旭。不过，对我们两个来说，通宵工作已经是常态了。我只要在温州的工作一做完，哪怕晚上六七点也会开车回无锡，到这里基本都要凌晨二三点了。在无锡吃早饭，到温州吃晚饭，这是常态。过去一年，我光在温州和无锡之间就来回开了5万公里。张旭也非常辛苦，每天凌晨一二点睡觉就算早的了，很多时候都要忙到三四点钟。并不是半夜还有生意，而是我们一般都要把一天接到的单子全部做好，尽可能地保证时间和质量，因此一做就常常要到这个点。当然，你慢慢做也行，但是我们担心漏掉，或是后面的单子来不及跟上，哪怕是漏掉一张单子，也会让我们心疼半天的。我总记得第一次接到超过一百张单子的那天。因为刚开始那几个月，一天也就十张单左右，我们已经觉得很满足了。到2010年11月11日那天，我们突然就接到了120多张单子，那叫一个兴奋啊。那天，我们干了一个通宵，没有一个人觉得累。

经验总是在教训中得出的

去年年底，我们的生意好了起来，每天的单子最少都要维持在100张左右。那时，不管是库存还是人手都开始显得局促起来。所以我们从一个一室一厅的房子搬到了一个两室一厅的房子，现在已经搬到了一个别墅里。整个别墅的一楼都是仓库，我们的常规库存鞋子一般为3000～5000双，还请了6个员工。这一年所赚的钱都投在扩大经营上了，至今一分钱都没有赚到。本来没觉得自己的经营上有问题，但最近生意一清淡下来，就发现了自身太多的不足。

首先是盲目扩张，对发展情况估计不足，结果现在变成了一大堆的库存。其次是对宣传投入的利用不充分。比如，我们在中山路上花大价钱

租了一块广告牌，结果只在上面写了“欢迎光临”四个字，你说是不是浪费，我们光在宣传这一块上就花了十几万元的冤枉钱。但这也让我们认识到一点，生意并没有想象中那么好做，很多经验都是在教训中得出的，最关键就是要学会吃一堑长一智，那这些学费也不算白交。

我要在无锡买房安家

困难？当然有。但这绝对比不上现在生意一落千丈对我们的打击。一开始我们不明白，为什么突然生意就不好了，现在一天的销售量还不到以前的二三成。除了在淘宝网上了解整体销售情况外，我就开了三千多公里的车，在附近几个省市兜了一圈，做了一个市场调研。发现目前整个男鞋的市场都处在淡季。怎么办？只能坚持。我和张旭做这个真的是因为兴趣，自己喜欢。我们之前一直被家里人认为是不懂事的孩子，做事情没有常性。家里人介绍的好工作也不去做，就是为了跟着自己的爱好和兴趣走。我总觉得，理想和信念是一个人一生中绝不可缺少的东西。就像我在温州有一份不错的工作，很多人都问我为什么还要在温州无锡两地跑，这么累。其实我有自己的人生规划，就像开网店，我想一直做下去，当作一份事业。我喜欢这个城市，所以我要攒钱买房子，要在无锡有一份事业，还要在无锡定居。张旭也跟我一样有自己的坚持，当初他女朋友是从事业单位辞职了跟他来无锡开店的。所以他说不管遇到什么困难一定要坚持下去，成功对他来说，就是绝对不能辜负自己的女朋友。

做事业也是一个成长过程

我中学毕业后就在外面闯了，做过很多事情，见过很多人，吃过不少亏，但时间久了我也学会了不少道理。就好像我跟张旭一起做生意，学会了在不断的摩擦中变得更加默契，学会宽容对待别人。我一直都相信一个道理，我们不能改变别人就只能改变自己。开网店并不如外人想象得那么容易，有一个伙伴可能走得更长久，但最重要的还是坚持。这些都是这次开店带给我的感悟。我有时候在想，可能做事业有时候也是一个自我成长的过程。

管理售后篇

现在的消费者除了对商品的质量有要求之外，对服务的质量要求也是越来越高。所以淘宝网上的网店客服是相当重要的。

本篇将介绍物流渠道选择、客户交流、售后服务及淘宝工具的使用。

第十二章

选择便捷实惠的物流渠道

开网店离不开商业的本质，就是赚钱，怎么赚钱呢？四个字可以概括——开源节流。开源，就是做好销售，而说到节流，就不得不提到物流运费了。选择好的物流渠道对于卖家来说可以节约一大笔成本。

第1节 淘宝店铺主要发货方式

要想顺利地完成一笔交易，可靠而快捷的物流环节是必不可少的。卖家如何选择适合自己的物流呢?

目前，淘宝比较常用的物流方式包括快递、EMS、e邮宝和平邮等。

1. 快递公司

这是淘宝开店95%的商家的选择，特点就是快速、高效，价格也不贵。目前国内主要的几家快递公司为顺丰快递、申通快递、圆通快递、中通快递、韵达快递、天天快递、宅急送快递等。其中顺丰快递是目前所有快递里面速度最快的一个，而且丢件的概率也是最低的，但也是价格最高的一个。如果你是追求高效率，商品利润高的，推荐选择，毕竟服务也是最好的，如果你的产品利润不是很高，可以选择其他几家快递公司。

2. EMS

EMS是中国邮政的一个服务产品。

优点：EMS是目前中国范围内分最广的快递，到全国各大中城市为1～6天，到县乡为2～8天；EMS网络强大，全国二千多个自营网点，任何地区都能到达；EMS限时速递，相当快；EMS的货物丢失损坏率一直维持在1%以下，安全性较高；EMS为了保证客户服务质量，法定节假日均保持营业，天天配送（农村地区节假日除外）。

缺点：定价灵活性不足，在民营快递价格战面前竞争力不强；EMS资费比普通民营快递稍高；航空件可能比普通件还慢。

3. e邮宝

目前，我国的送货团队很多，中国速递服务公司就是其中之一，而e邮宝

则是该公司和支付宝最新打造的一款国内经济型快递业务。

e邮宝推出以后，给消费者带来了很多实惠，主要可以概括为三个方面：首先，该快递服务的配送范围更广，很多禁止空运的货物该快递服务都支持。其次，该快递的成本低，需要支付的快递费用相当于EMS的一半。最后，货物的配送期间，消费者可以通过网络实时查询配送的进度。

但e邮宝也有它的缺点，长距离的配送速度没有EMS快，配送的城市也没有EMS多。

4．平邮

平邮是最慢的运送方式，但是价格比较实惠，而且网点多，适合偏远地区使用。平邮一般运送时间为7～30天，平邮不像快递送货上门，邮递员事先会将通知单发送至您“平邮普通信封的家庭信箱或门卫”，用户需要凭通知单和收件人身份证去就近邮局领取包裹。

第2节 商品的包装

在买家下了订单之后，卖家就该发货了。如何保证商品到顾客手上还是原模原样呢？这就需要卖家掌握好商品包装的技巧。专业的包装会使卖家的宝贝避免损失。完好的包装会提高顾客的满意度，从而提高店铺信誉度。

1. 常见商品的包装技巧

发货前卖家先要将宝贝包装好，以免在快递过程中造成破损。不同的商品包装方法也不同，具体方法如下：

（1）首饰类产品。首饰产品一般都需要附送首饰袋或首饰盒，通过以下方法可以让你的服务显得更贴心。

①一定要用纸箱包装。对于首饰来说，3层的12号纸箱就够用了。为了节约成本，卖家可以到网上去购买纸箱，一个12号的5层纸箱，在邮局可能要卖到3元钱，而在网上0.3元甚至更便宜都可以买到。

②一定要以报纸或泡沫等其他填充物填充，以便让首饰盒或首饰袋在纸盒内不晃动。

③纸箱四个角一定要用胶带包好。因为邮寄的时候有很多不确定因素，比如在递送过程中另有一件有液体的货品和你的货品在同一个包装袋里，一旦这个液体货品的包装不严密，出现泄漏，你的货品就会被浸泡。所以，纸箱的四角一定要用宽胶带包好，这样也可以更好地防止撞击。

④附送一张产品说明卡，这样显得比较专业。

（2）易变形、易碎的产品。这一类产品包括瓷器、CD、茶具、字画、玻璃饰品、工艺品等。

对于这类产品，包装时要多用些报纸、泡沫塑料或者泡绵、泡沫网，这些

东西重量轻，而且可以缓和撞击。另外，一般易碎怕压的东西四周都应用填充物充分地填充，这些填充物也比较容易收集，比如包水果的小塑料袋，平时购物带回来的方便袋，苹果、梨子外面的泡沫软包装，还有一些买电器带回来的泡沫等。

尽量多用聚乙烯的材料而少用纸壳、纸团，因为纸要重一些，而那些塑料的东西膨胀效果好，自身又轻。

（3）衣服、皮包、鞋子类产品。邮寄衣服时，要先用塑料袋装好，再装入防水防染色的包裹袋中；用布袋邮寄服装时，宜用白色棉布或其他干净整洁的布。这类产品在包装时可以用不同种类的纸张（牛皮纸、白纸等）单独包好，以防止脏污。如果要用报纸的话，里面还应加一层塑料袋。遇到形状不规则的商品，如皮包等，可预先用胶带封好口，再用纸包住手提带并贴胶带固定，以减少磨损。

（4）贵重的精密电子产品。贵重的精密电子产品包括手机、电脑荧屏等。

在对这类怕震动的产品进行包装时，可以用泡绵、气泡布、防静电袋等包装材料把物品包装好，并用瓦楞纸在商品边角或者容易磨损的地方加强包装保护，并且要用填充物（如报纸、海绵或者防震气泡布这类有弹力的材料）将纸箱的空隙填满，这些填充物可以阻隔及支撑商品，吸收撞击力，避免物品在纸箱中摇晃受损。

（5）书刊类。书刊类商品的具体包装方法如下：

①书拿回来用塑料袋套好，以免理货或者包装的时候弄脏，也能起到防潮的作用。

②用报纸中夹带的铜版纸做第二层包装，以避免书籍在运输过程中被损坏。

③外层用牛皮纸、胶带进行包装。

④如打算用印刷品方式邮寄，用胶带封好边与角后，要在包装上留出贴邮票、盖章的空间；包裹邮寄方式则要用胶带全部封好，不留一丝缝隙。

按邮局的规定，一千克以上要打“井”字绳，否则不给邮寄。不论要不要打井字绳，四周都要用胶带贴好，防止邮寄途中被人打开（有了胶带就不容易打开了）。

（6）液体类产品。邮局对液体类产品有专门的邮寄办法，先用棉花裹好，

再用胶带缠好。在包裹时一定要封好割口处，可以用透明胶带使劲绕上几圈，然后再用棉花整个包住，可以包厚一点，最后再包一层塑料袋，这样即使液体漏出来也会被棉花吸收，并有塑料袋做最后的保护，不会流到纸盒外面污染到别人的包裹。

至于香水，卖家可以到五金行或是专门的塑料用品商店，买一些透明的气泡纸，在香水盒上多裹几圈，然后用透明胶带纸紧紧封住。但是为了更确保安全，最后，你应该把裹好的香水放进小纸箱里，同时塞些泡沫塑料或者报纸。

2. 包装时的注意事项

在包装商品的时候，卖家还需要注意以下事项：

（1）无论用什么包装寄东西，卖家都应把盒子弄得干干净净。破破烂烂的包装会让人怀疑里面的东西是不是已经压坏了，甚至怀疑产品的质量问题。所以包裹一定要干净整洁，在不超重的前提下尽量用硬壳包装。

（2）可在包裹中加上商品说明。对于比较复杂的商品，在包裹中有针对性地写一些提醒资料，比如不同质地的衣服分别要怎么洗、要注意什么、不穿时应该怎么收纳等，会让顾客感到卖家的人性化、贴心，从而成为你的老顾客，甚至给你带来很多新顾客。

（3）不要自作主张，把商品的价格标签放入包装箱内。因为有些顾客购买商品是用来送礼的，这些顾客希望网店直接发货给他的朋友，而他们一般是不愿意让朋友知道这件礼物的价格是多少，是在哪里买的。

（4）如果你自己弄张小卡片或者小饰品放在商品里送给买家，会让买家有一种物超所值的感觉。因为一般买家都是本着能收到货就好的心态，现在不但收到了意想中的商品，还有礼物跟着来，不给一个大大的好评也太过意不去了。

小礼品只要实用就好，但切记千万不要把自己用过的东西当礼品，否则对买家就太不尊重了，不但收不到好的效果，还可能适得其反。

第3节 开店窍门与问答

1．常用快递公司的联系方式

常用快递公司的联系方式如下：

申通E物流 95543/400-8895-543

圆通速递 021-69777888/999

中通速递 400-8270-270

汇通快递 400-956-5656

韵达快递 400-821-6789

天天快递 4001-888-888

宅急送 400-6789-000

顺丰速运 400-8111-111

全峰快递 400-1000-001

国通快递 400-1111-123

优速快递 400-1111-119

快捷速递 400-8304-888

2．卖家如何修改发货信息

卖家若需要修改发货信息，可按照以下步骤进行：

（1）进入“卖家中心”→“交易管理”→“发货”→“等待发货的订单”，在具体的订单后单击“发货”按钮，如图12-1所示。

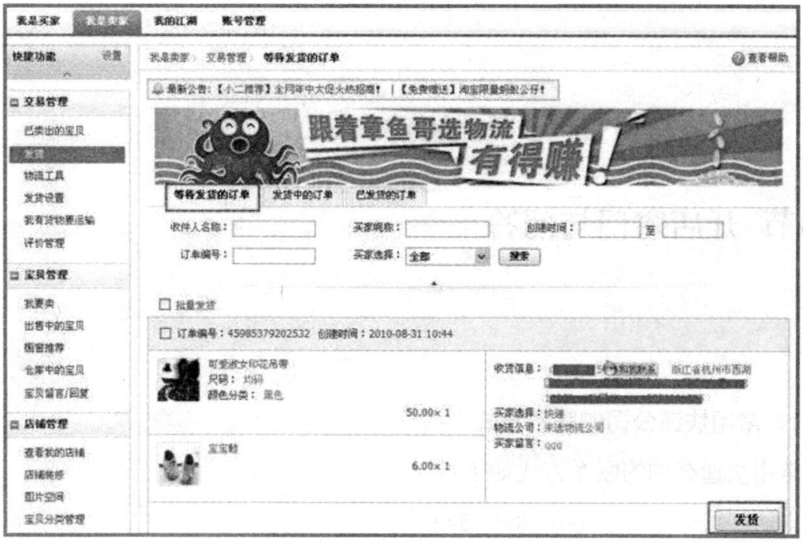

图12-1 修改发货信息步骤1

（2）单击“修改我的发货信息”，选择需要更改的发货信息即可，如图12-2所示。

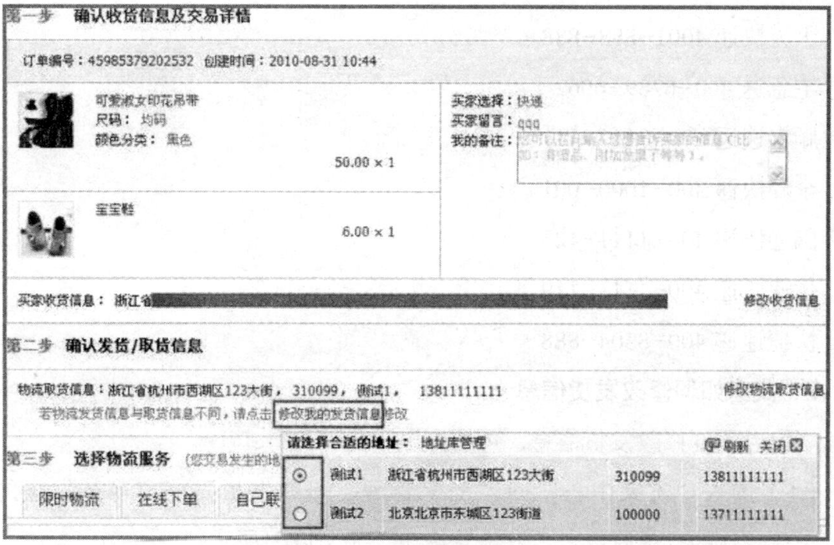

图12-2 修改发货信息步骤2

3．关于发货时运单号被提示不能使用的问题

为了防止恶意卖家使用重复的运单号进行虚假发货，避免交易因为物流运

单号问题产生不必要的纠纷，比如填错运单号导致买家投诉的情况，所以淘宝优化了发货运单号校验功能。卖家在发货时，淘宝系统会自动校验卖家录入的运单号是否有效。如果发货运单号无效，系统会给予如下提示：

（1）您此笔交易订单付款时间晚于快递公司揽收时间，此物流运单号不能使用。

（2）您此笔交易订单收货人地址信息与快递公司签收地址信息不匹配，此物流运单号不能使用。

（3）您填写的运单号已被使用，不允许用此物流运单号发货。

（4）您填写的运单号已经过期无效，不允许用此物流运单号发货。

（5）请您按照提示自检发货单号是否有误。

如卖家对系统提示有疑义，须联系淘宝客服提供交易订单号、物流公司、物流运单号，以及相对应运单照片进行申诉，淘宝会根据卖家反馈的情况，安排专门的工作人员跟进，处理人核实的时间是24小时，卖家应保持旺旺在线。

|经|典|案|例|

求职受挫后网上开店，女大学生在淘宝月入两万

柳如雪是刚刚毕业的一位师范专业的大学生，由于户口不在本地，因此无法参加当地的教育系统考试，做人民教师的梦想只能暂时搁置了。2008年初，喜欢大海的柳如雪来青岛开发区找工作，她先是在一个投资公司实习做文员，后来由于某些原因，还没毕业的柳如雪就经历了第一次失业。

喜欢在网上闲逛的柳如雪有一天突发奇想，与其这样，不如在网上开个店，自己当老板！然而这个想法立即遭到了父母的反对，种了半辈子地的父母自然无法接受在网上卖东西的赚钱模式，但柳如雪没有放弃。青岛前湾港是青岛出口货物的重要港口，一个偶然的机会，柳如雪看到了一大批出口家具，设计新颖，做工精细，看上去十分适合白领阶层。柳如雪就去厂家拿了一批货回来，租了个车库。

渡过难关，做成第一笔生意

2008年5月21日，“可可小淘”的“木木家居”网店正式开业。因为没有经验，刚开始的那些日子里基本一天到晚都没有几个咨询的顾客。柳如雪说：“为了及时摆脱这个局面，我一方面没日没夜地上网学习其他卖家的经验，一方面去借很多营销类的书籍阅读。由于网店基本没有成本，我把利润控制到最低，终于开始有买家咨询了。”

一天，安徽的一个客户经过一番了解后，准备购买四千多元钱的家具。由于客户没有开通在淘宝网的支付功能，因此直接把钱汇了过来。为了促成这第一笔生意，柳如雪不但把利润让到最低，而且还替客户承担了部分运费，就这样，第一笔生意终于做成了。虽然利润不足300元，但这

是柳如雪的第一笔生意，她异常激动。

生意火爆令她始料不及

随后的日子里，生意慢慢好了起来。辽宁的一个客户在观察了柳如雪的淘宝家具店一个多月后，终于下了订单。收到货后，看到漂亮的家具眼前一亮的这位顾客在评价中写下了这样的评语：“我觉得这次网购值得高兴一辈子，因为这些家具是要伴随我一生的。很高兴能在网上买到这样超值的家具。我这个人在淘宝里买东西时喜欢多家对比，喜欢看实物照片，我比较来比较去，终于定了这家的家具。跟老板聊了好几次了，每次都觉得好舒服，心里踏实。”

看到这种热情洋溢的褒奖，柳如雪心里感到莫大的欣慰，她把这种类似的评价剪切下来，摆放在自己商品的显眼位置，引起了意想不到的反响。如今，她每天从早上忙到半夜，父母也跟着忙活，她的餐桌迅速上升到淘宝同类产品销量的第一名，有时一天就能卖出十多套桌子，再加上同城当面交易，生意越来越火爆。

生意好的秘诀：货好价低，一诺千金

谈起做生意的秘诀，柳如雪很轻松地说：“其实没有什么秘诀，关键是这些家具都是出口货多余的订单，质量等方面都是有保障的。而我在网上卖价又低，货好，买家自然高兴，再就是真诚地做好售后服务，要一诺千金。”

青岛某电力维修公司的刘斌6月份来现场看了家具后十分满意，拍了大量图片回家给老人看，全家都很满意。随后他定了五千多元的家具，就去了印度出差，既没付定金，也没缴货款。

自从确认他要这批货后，柳如雪就单独给放了起来，许多顾客看到后要买，柳如雪都没有同意。

前些日子，回国后的刘斌立即带着老人来取货，一家人对柳如雪这种诚信经营的做法甚是称赞。

有一次，有家食品有限公司相关负责人在网上看到柳如雪的网店后，

经过实地考察，给企业中层管理人员采购了十余套家具，老板看到如此物美价廉的商品后对采购人员大加赞赏，后来又派人多次来这里采购家具。

如今，柳如雪自己一个人实在忙不过来，她就找来一个帮手做客户服务。现在网上业务基本交给了客服，自己主要负责总体的运营。2008年9月份的网上交易和现场交易算到一起，利润已经达到两万多元，这位22岁的女大学生创业仅仅4个月就取得如此骄人的成绩，可她并不满足。

主动要求注册是为了做大、做强

柳如雪说："要想做大、做强，必须注册正规公司，注册公司以后的生意会更加火爆。"她说，现在遇到的问题是许多外地的顾客要从她这里加盟或进货，动辄数万元的订单，外地客商感觉单凭一个网店总有些不放心。而注册正规公司后，再谈起加盟、进货等交易就能方便很多。至于税收，柳如雪说，网上交易还是跟以前一样不用纳税，法律没有规定网上交易还要纳税。对于许多现实中以批发为主的交易，则按照国家规定纳税，利润虽少，但积少成多，总有一天会做大、做强的。

面对金融危机心里有底

谈起当前发展中遇到的问题，柳如雪说："资金的紧张和人手的短缺是当前面临的最大难题。"这几十万元的货款都是从亲戚朋友那里借来的，需要支付相应的利息。由于生意不断做大，她又找了个200平米的仓库兼看货场所，所以月赚2万元也只是个毛利润。谈起今后的发展前景，柳如雪说："这半年来，我学习了很多家具经营方面的知识，当前的金融危机虽然对木料暂时没有什么冲击，但毕竟木料这些年价格也被推得比较高了。随着家具出口的难度越来越大，国内市场的竞争也势必更加激烈。当然，由于我国的樟子松主要以从俄罗斯进口为主，俄罗斯为了实现木材的可持续采伐，上调了木材的出口关税，以后还要进一步的上调，原料价格一路上扬，所以家具的价格也会只涨不跌。我对未来充满信心。"

第十三章

培养专业资深的客服人员

对于网店而言，客户看到的商品都是一张张的图片，既看不到产品的本身，也看不到商家本人来了解产品的各种实际情况，因此往往会产生怀疑和距离感。这个时候，网店客服就显得尤为重要了，因为客服不仅担当着塑造店铺形象的重任，还决定着店铺的销售业绩。

第1节 客服人员应具备的能力与素质

随着网络购物的兴起和普及，个人网店的规模也逐渐增大，许多店主单打独斗已经无暇应付，不得不四处寻找帮手，这促使一个新的职业在网上产生——网店客服。

1. 网店客服人员的工作内容

当前，在很多规模大的网店，其客服的分工已经达到相当细致的程度，有通过旺旺、电话解答买家问题的客服；有专门的导购客服，帮助买家更好地挑选商品；有专门的投诉客服；还有专门帮店主打包的客服；等等。

一般来说，网店客服的工作应包括以下内容：

（1）熟悉产品，了解产品相关信息。对于客服来说，熟悉自己店铺产品是最基本的工作。客服是联系店铺和客户之间的桥梁，一旦这个桥没搭好，也许卖家就永远失去了这个客户。对于产品的特征、功能、注意事项等，客服要做到了如指掌，这样才能流利地解答客户提出的各种关于产品信息的问题。

（2）接待客户。一个优秀的客服懂得如何接待好客户，同时还能引导消费者进行附带消费。对于那些讨价还价的客户，首先需要阐明一个店铺的立场：宝贝的价格都是很低的，不能再还价了。如果客户非得纠缠在价格这个因素上，看情况决定是否接下这单生意，就算最终给客户优惠了，也要顺水推舟让客户觉得这个优惠来之不易，是店铺对他个人的特殊优惠。

（3）查看宝贝数量。店铺页面上的库存跟实际库存是有出入的，所以客服需要到网店管家中查看宝贝的实际库存量，这样才不会出现缺货发不了订单的情况。

（4）客户下单付款，跟客户核对收件信息。很多客服容易忽视这一点，虽

然大部分客户在购买的时候，地址是正确的，但也有一部分客户因收件信息发生变动而忘记修改，所以在客户付款之后，客服人员应跟客户核对一下收件信息，这样不仅可以降低损失，也可以让客户觉得你是在很用心地做事情。在核对客户信息的同时，还要提供店铺可以发的快递公司，询问客户喜欢发什么快递，毕竟每个快递公司在每个城市、每个区域的服务水平都是不一样的，根据客户的需求，一切以客户为中心。

（5）修改备注。有时候客户订单信息，或者是收件信息有变，那么对客服来说，就有义务将变动反馈出来，这样，制单的同事就知道这个订单信息有变动。

（6）发货通知。货物发出去之后，用短信给客户发条信息，告诉包裹已经发出，也可以增加客户对你店铺的好感度。对于拍下商品未付款的客户，如果旺旺在线的客户，可以在下午的时候，给客户发个信息说“快到截单时间了”，如果现在付款的话，今天就可以发货。有些客户可能下单后忘记付款了，你稍微提醒一下，让他想起这回事，这样的话，等于你又多拉了一个客户。对于那些没打算购买，只是一时冲动拍下的客户，可以手动关闭订单。

（7）货到付款的订单处理。淘宝网开通货到付款功能，对于卖家来说，是一个好事情，但是很多买家并不清楚货到付款的含义，直接选用货到付款，等收到货物的时候，一看价格比网站上贵一些，于是会认为你店铺是在欺骗他，拒收订单，如果只是拒收订单，你只是需要多支出一些快递费用，但是如果客户心里认为你是在欺骗他的话，你失去的可能就是一群客户了，所以客服一看到货到付款的订单，需要立即联系买家，告知货到付款的价格稍微要贵一点。如果买家同意发货到付款，那就可以通知制单的同事打单发货了，否则就需要重新下单。

（8）对客户评价。交易完成之后，记得给客户写个评价，这是免费给店铺做广告的机会。

（9）中差评处理。中差评会影响到店铺的信誉度。其实中差评不可怕，可怕的是不去处理。当发现有中差评的时候，要立即跟客户沟通下，看看是什么情况导致的，客户不会无缘无故地给中差评的。先了解情况，然后再来解决问题。晓之于理，动之于情，一般客户都会修改评价的，对于一些恶意

评价来获得不当利益的买家，客服就要注意收集信息了，以便为后面的投诉收集证据。

（10）相关软件的学习。比如前面说到的淘宝助理或者千牛工作台这类的店铺管理工具，借助辅助工具，提高工作效率。

2. 网店客服人员须具备的素质

对于网店客服，专业知识和心态是基本功。客服人员要对产品了解透彻，有的放矢地去针对不同买家群体做专业的指导性。要做到真正地用户至上，用心服务。做为客服，首先就应该掌握相关的专业知识，用良好态度为买家服务。

（1）专业的知识。网店客服应具备以下几方面专业知识：

①商品的专业知识。客服应当对商品的种类、材质、尺寸、用途、注意事项等都有一定的了解，最好还应当了解行业的有关知识，同时对商品的使用方法、洗涤方法、修理方法等也要有一个基础的了解。

②商品的周边知识。不同的商品可能会适合部分人群，比如化妆品，不同的肤质在选择化妆品上会有很大的差别；再比如内衣，不同的年龄、不同的生活习惯都会有不同的需要；还比如玩具，有些玩具不适合太小的婴儿等，这些情况都需要我们有基本的了解。

此外，对同类的其他商品也要有一个基本的了解，这样我们在回复买家关于不同类商品的差异的时候，就可以更好地回复和解答。

③网站一般交易规则。网店客服要从商家的角度来了解网店的交易规则，更好地把握自已的交易尺度。有的时候，买家可能第一次在网上交易，不知道该如何进行，所以客服除了要指点买家去查看网店的交易规则，在一些细节上还需要一步步地指导买家如何操作。

此外，我们还要学会查看交易详情，了解如何付款、修改价格、关闭交易、申请退款等。

④支付宝等支付网关的流程和规则。了解支付宝及其他支付网关交易的原则和时间规则，可以指导买家通过支付网关完成交易，查看交易的状况，更改现在的交易状况等。

⑤付款知识。现在在网上交易一般通过支付宝和银行付款的方式交易。

银行付款一般建议银行转账，可以网上银行付款、柜台汇款，工行同城可以通过ATM机完成汇款。告知买家汇款方式的时候，应详细说明是哪家的银行卡，银行卡的卡号，以及户主的姓名及联系电话。

客服应该建议买家尽量采用支付宝等网关付款方式来完成交易，如果买家因为各种原因拒绝使用支付宝交易，我们需要判断买家确实是不方便还是有其他的考虑，如果买家有其他的考虑，应该尽可能打消买家的顾虑，促成支付宝完成交易；如果买家确实不方便，我们应该向买家了解他所熟悉的银行，然后提供给相应准确的银行账户，并提醒买家付款后应及时通知客服。

⑥物流知识：

第一，了解不同的物流及其运作方式，一般分为以下几种：

邮寄：邮寄分为平邮（国内普通包裹）、快邮（国内快递包裹）和EMS。

快递：快递分为航空快递包裹和汽运快递包裹。

货运：货运分汽运和铁路运输等。

最好还应了解国际邮包（包括空运、空运水陆路、水路）。

第二，了解不同物流的其他重要信息。

了解不同物流方式的价格、速度、联系方式，以及如何查询各个物流方式的网点情况、如何办理查询；

了解不同物流方式的包裹撤回、地址更改、状态查询、保价、问题件退回、代收货款、索赔的处理等。

常用网址和信息的掌握：快递公司联系方式、邮政编码、邮费查询、汇款方式、批发方式等。

⑦网店客服沟通技巧。网购因为看不到实物，所以给人感觉就比较虚幻，为了促成交易，客服必将扮演重要角色，因此客服沟通技巧的运用对促成订单至关重要。

（2）端正的态度。

①保持积极的态度。保持积极的态度对网店客服人员来说尤为重要。尤其是售后问题，不论是因为谁的原因产生问题，都应及时解决，不能回避、推脱。积极主动与买家进行沟通，尽量让买家觉得他是受尊重、受重视的，并尽快提出解决办法，让买家感觉到购物的满足和乐趣。

②要有足够的耐心与热情。我们常会遇到一些喜欢打破砂锅问到底的买家，需要我们有足够的耐心和热情，就算对方不买也要说声“欢迎下次光临”，你的服务够好，即使这次不成，也许还有下次。

砍价的买家也是常常会遇到的，砍价是买家的天性，可以理解。在彼此能够接受的范围内可以适当的让一点，如果确实不行也应该婉转地回绝。比如说“真的很抱歉，没能让您满意，我会争取努力改进”，或者引导买家换个角度来看这件商品让买家感觉货有所值，就不会太在意价格了。也可以建议买家先货比三家。总之要让买家感觉你是热情真诚的。千万不可以说“我这里不还价”，“没有”等伤害买家自尊的话语。

③态度要坦诚。不夸大，同时给出良好的建议。让买家有一种高度的信赖感。因此哪怕你推荐的是竞争对手的产品，也会让买家对你产生好感。

④态度要谦和。一种谦和的态度可以让买家感到自己被尊重，从而让买家觉得自己的钱花的值。

⑤反应要迅速。当旺旺上有人找你的时候，作为客服，必须在第一时间反应过来，跟顾客对话。现在的社会讲求的是效率，网络购买也是一种方便和足不出户的选择。如果买家觉得你反应太慢，就等于浪费了他的时间，自然不会再过来。

⑥对话要亲和。跟买家做朋友是最好的选择。有些买家生性比较开朗随和。成为朋友之后，你们两个就不会处于对立面，而是统一战线，东西自然也就好卖了。

⑦要耐心倾听。很多买家，他们会对着屏幕滔滔不绝，也许是他们对某些产品不满意，也许是想表达个人见解，也许是对相关问题的疑惑。但不论哪一个，他们都需要别人倾听，需要发泄自己心中的想法。并且，如果能够仔细，耐心听完买家的表达之后，再发表自己的看法，可以做出轻轻的、却恰到好处的回答，买家自然心里舒畅了，问题也容易解决。

第2节 客服人员与卖家沟通的技巧

网购因为看不到实物，所以给人感觉就比较虚幻，为了促成交易，客服必将扮演重要角色，因此客服沟通交谈技巧的运用对促成订单至关重要。

1. 态度、语气的沟通技巧

俗话说“良言一句三冬暖、恶语伤人六月寒”，一句“欢迎光临”，一句“谢谢惠顾”，短短的几个字却能够让顾客听起来感到非常舒服，产生意想不到的效果。

礼貌对客，让顾客真正感受到“上帝”的尊重，顾客来了，先来一句“欢迎光临，请多多关照”。或者“欢迎光临，请问有什么可以为您效劳的吗”。诚心致意地“说”出来，会让人有一种十分亲切的感觉，并且可以先培养一下感情，这样顾客的心理抵抗力就会减弱或者消失。

沟通过程中其实最关键的不是你说的话，而是你如何说话。让我们看下面小细节的例子，来感受一下不同说法的效果，“您”和“MM您”比较，前者正规客气，后者比较亲切。“不行”和“真的不好意思哦”；“嗯”和“好的，没问题”都是前者生硬，后者比较有人情味。“不接受见面交易”和“不好意思。我平时很忙，可能没有时间和你见面交易，请你理解哦”，相信大家都会觉得后一种语气更能让人接受。多采用礼貌的态度，谦和的语气，就能顺利地与客户建立起良好的沟通。

2. 语言文字沟通技巧

（1）少用“我”字，多使用“您”或者“咱们”这样的字眼，让顾客感觉我们在全心全意地为他（她）考虑问题。

（2）常用规范用语。

“请”是一个非常重要的礼貌用语。

“欢迎光临”“认识您很高兴”“希望在这里能找到您满意的DD”。

“您好”“请问”“麻烦”“请稍等”“不好意思”“非常抱歉”“多谢支持”……

平时要注意提高修炼自己的内功，同样一件事用不同的表达方式就会表达出不同的意思。很多交易中的误会和纠纷就是因为语言表述不当而引起的。

（3）在客户服务的语言表达中，应尽量避免使用负面语言。

这一点非常关键。客户服务语言中不应有负面语言。什么是负面语言？比如，我不能、我不会、我不愿意、我不可以等，这些都叫负面语言。

在客户服务的语言中，没有“我不能”：当你说“我不能”的时候，客户的注意力就不会集中在你所能给予的事情上，反而是“为什么不能”，“凭什么不能”上。

正确方法：“看看我们能够帮你做什么”，这样就避开了跟客户说“不行或不可以”。

在客户服务的语言中，没有“我不会做”：你说“我不会做”，客户会产生负面感觉，认为你在抵抗；而我们希望客户的注意力集中在你讲的话上，而不是注意力的转移。

正确方法：“我们能为你做的是……”

在客户服务的语言中，没有“这不是我应该做的”：客户会认为他不配提出某种要求，从而不再听你解释。

正确方法：“我很愿意为你做。”

在客户服务的语言中，没有“我想我做不了”：当你说“不”时，与客户的沟通会马上处于一种消极气氛中，为什么要客户把注意力集中在你或你的公司不能做什么，或者不想做什么呢？

正确方法：告诉客户你能做什么，并且非常愿意帮助他们。

在客户服务的语言中，没有“但是”：你受过这样的赞美吗？——“你穿的这件衣服真好看！但是……”，不论你前面讲得多好，如果后面出现了“但是”，就等于将前面对客户所说的话进行否定。

正确方法：只要不说“但是”，说什么都行！

3. 利用旺旺沟通的技巧

（1）旺旺沟通的语气和旺旺表情的活用。在旺旺上和顾客对话，应该尽量使用活泼生动的语气，不要让顾客感觉到你在怠慢他。虽然很多顾客会想“哦，她很忙，所以不理我”，但是顾客心理还是觉得被疏忽了。这个时候如果实在很忙，不妨客气地告诉顾客“对不起，我现在比较忙，我可能会回复的慢一点，请理解”，这样一说，顾客才能理解你并且体谅你。尽量使用完整客气的语句来表达，比如，告诉顾客不讲价，应该尽量避免直接了当地说：“不讲价”，而是礼貌客气地表达这个意思“对不起，我们店商品不讲价”可以的话，还可以稍微解释一下原因。

如果我们遇到没有合适语言来回复顾客留言的时候，或者与其用“呵呵”“哈哈”等语气词，不妨使用一下旺旺的表情。一个生动的表情能让顾客直接体会到你的心情。

（2）旺旺使用技巧。我们可以通过设置快速回复来提前把常用的句子保存起来，这样在忙乱的时候可以快速的回复顾客。比如欢迎词、不讲价的解释、“请稍等”等，可以给我们节约大量的时间。在日常回复中，发现哪些问题是顾客问得比较多的，也可以把回答的内容保存起来，达到事半功倍的效果。

通过旺旺的状态设置，可以给店铺做宣传，比如在状态设置中写一些优惠措施、节假日提醒、推荐商品等。

如果暂时不在座位上，可以设置“自动回复”，不至于让顾客觉得自己好像没人搭理。也可以在自动回复中加上一些自己的话语，都能起到不错的效果。

4. 对不同的买家采用不同的沟通技巧

任何一种沟通技巧都不是对所有客户一概而论的，针对不同的客户应该采用不同的沟通技巧。

（1）顾客对商品的了解程度不同，沟通方式也有所不同。

①对商品缺乏认识，不了解。这类顾客对商品知识缺乏，对客服依赖性强。对于这样的顾客，需要我们像对待朋友一样去细心地解答，多从他（她）的角度考虑去给他（她）推荐，并且告诉他（她）你推荐这些商品的原因。对于这样的顾客，你的解释越细致他（她）就会越信赖你。

②对商品有些了解，但是一知半解。这类顾客对商品了解一些，比较主

观，不太容易信赖。面对这样的顾客，就要控制情绪，耐心地回答，向顾客表现你的丰富专业知识，让她认识到自己的不足，从而增加对你的信赖。

③对商品非常了解。这类顾客知识面广，自信心强，问题往往都能问到点子上。面对这样的顾客，要表示出你对她专业知识的欣赏，表达出“好不容易遇到行家了”，用尊重的口气和她探讨专业的知识，给他（她）来自内行的推荐，告诉她“这个才是最好的，你一看就知道了”，让她感觉到自己真的被当成了内行的朋友，而且你尊重他（她）的知识，你给他（她）的推荐肯定是最好的。

（2）对价格要求不同的顾客，沟通方式也有所不同。

①有的顾客很大方，说一不二，看见你说不砍价就不跟你讨价还价。对待这样的顾客要表达你的感谢，并且主动告诉她我们的优惠措施，我们会赠送什么样的小礼物，这样，让顾客感觉物超所值。

②有的顾客会试探性的问问能不能还价。对待这样的顾客既要坚定地告诉她不能还价，同时也要态度和缓地告诉她我们的价格是物有所值的，并且谢谢他的理解和合作。

③有的顾客就是要讨价还价，不讲价就不高兴。对于这样的顾客，除了要坚定重申我们的原则外，要有理有节地拒绝顾客的要求，不要被顾客各种威胁和祈求所动摇。适当的时候，建议她再看看其他便宜的商品。

（3）对商品要求不同的顾客，沟通方式也有所不同。

①有的顾客因为买过类似的商品，所以对购买的商品质量有清楚的认识。对于这样的顾客是很好打交道的。

②有的顾客将信将疑，会问图片和商品是一样的吗？对于这样的顾客要耐心给他们解释，在肯定我们是实物拍摄的同时，要提醒她实物与图片难免会有色差等，让她有一定的思想准备，不要把商品想象得太过完美。

③还有的顾客非常挑剔，在沟通的时候就可以感觉到，她会反复问：有没有瑕疵？有没有色差？有问题怎么办？怎么找你们？等等。这个时候就要意识到这是一个有完美主义情节的顾客，除了要实事求是地介绍商品，还要实事求是把一些可能存在的问题都介绍给她，告诉她没有东西是十全十美的。如果顾客还坚持要完美的商品，就应该委婉地建议她选择实体店购买需要的商品。

第3节 有效激励员工的方法

员工是网店持久竞争力的创造者，是网店发展的原动力，所以员工的需要应该得到保障。要想激发员工的工作热情，就要了解员工的真正需求，当这些需求一旦获得充分的满足，便可极大地调动他们的热情和干劲，提高工作效率。

由于不同员工的需求不同，相同的激励措施起到的激励效果也不尽相同。即便是同一位员工，在不同的时间或环境下，也会有不同的需求。由于激励取决于内因，所以激励要因人而异。

如果想让激励得到最好的效果，那么网店店主要特别注意，在实施激励之前，要主动、认真地听取员工的意见，了解其内心深处的真实想法，这样可以有针对性地实行激励措施。这样一来，不仅肯定了其工作成果，而且也使员工感到对其人格的尊重，更有利于鼓舞员工的士气。

网店店主应根据员工的个性差异，综合运用多种激励方式，以取得更好的激励效果。一般说来，激励员工主要有以下几种方式：

（1）经济激励法。尽管很多人认为仅靠物质刺激行不通，但金钱的激励作用还是不可忽视的。要想使金钱发挥最大作用，首先只对成绩突出者予以奖赏，如果见者有份，既助长了落后者的懒惰，又伤害了先进者的努力动机，从而失去了激励意义。

其次，要重奖重罚。对于克服重重困难方才取得成功的人要"赏如山"；对于玩忽职守要"罚如溪"。另外，激励要向特殊岗位倾斜，尤其是重点激励一些脏、累、苦、难等艰苦岗位的人员。

（2）尊重激励法。尊重激励法就是通过尊重下级的意见、需要及尊重有功之臣的做法，来使员工感到自己对于组织的重要性，并促使他们不断进步的一

种激励方法。松下幸之助认为，许多员工每天注意如何在工作中进步，其成效胜过总公司所有的生产工程师和策划人员，所以他主动征询员工的意见。他喜欢带来访客人参观工厂，随便指着一位员工说：“这是我最好的主管之一。”从而使员工倍感自豪。

（3）关怀激励法。关怀激励法就是通过对员工进行关怀、爱护来激发其积极性、创造性的激励方法，它属于感情激励的内容。关怀激励法被管理学家称之为“爱的经济学”，即无须投入资本，只要注入关心、爱护等情感因素，就能获得激励效果。

了解是关怀的前提。作为一个管理者，对下属员工要做到“八个了解”，即了解员工的姓名、籍贯、出身、家庭、经历、特长、个性、表现；“八个有数”，即对员工的工作情况、身体状况、学习情况、经济状况、家庭成员、住房状况、兴趣爱好和社会交往要心里有数。

（4）支持激励法。支持激励法就是要善于支持员工的创造性建议，把员工蕴藏的聪明才智挖掘出来。支持激励包括：尊重下级的人格、尊严首创精神、爱护下级的积极性和创造性；信任下级，放手让下级排忧解难，增加下级的安全感和信任感；当工作遇到差错时，承担自己应该承担的责任，创造一定的条件，使下级能胜任工作。

（5）情绪激励法。情绪激励法就是通过在公司内部建立起亲密、融洽、和谐气氛来激励员工士气的方法。如员工生日时提供生日蛋糕。

（6）榜样激励法。榜样激励法就是通过具有典型性的人物和事例，营造典型示范效应，让员工明白提倡或反对什么思想、作风和行为，鼓励员工学先进、帮后进。要善于及时发现典型、总结典型、运用典型。

（7）团队激励法。良好的激励效果不仅仅直接作用于个人，而且还间接影响其周围的人，有助于形成一种良好的竞争气氛，对整个组织都有着至关重要的影响。对经营者来说，如何做好网店员工的激励工作是值得探究的。经营者应该在实际的工作中，根据本网店的具体情况采取相对应的激励措施，最大限度地提高员工的工作积极性，为实现网店的经营目标而努力！

第4节 网店客服人员的绩效考核

很多网店经营者都可能碰到过一个情况，就是同行的客服比我少，为什么每个季度的销售额会比我多很多？自身在推广的力度及资源上并不比对方差多少。由此可看出，对网店客服人员进行绩效考核是十分有必要的。

1. 网店客服人员考核的六项指标

（1）营业额。通过客服落实的付款金额。

（2）询单到最终付款的成功率。顾客咨询客服到顾客最终付款的一个比例，最终付款人数/询单人数。

（3）客单价。当日平均每个顾客的购买力。举个简单的例子，当日100个顾客购买了3万元商品，那么客单价为30000÷100=300元。客单价是考核客服绩效的一项非常重要的指标，一个好的客服，在工作中做的，不仅仅是接待，而是在接待的同时，去主动引导，推荐顾客购买相关商品，从而提高客单价，最终会提高个人及整个店铺的营业额。

（4）协助跟进人数。顾客下单前的协助服务称之为协助下单，顾客下单后的协助服务称之为协助跟进。协助跟进人数，即客服服务过的已经成功购买的顾客人数，这些不会计入客服的正常绩效中，但因为客服同样服务过，并且多半是因为有他们的协助跟进，顾客才真正完成购买，所以协助跟进人数，也能从中了解到客服的工作情况。

（5）旺旺回复率。客服回应顾客咨询人数的一个比例，继续举例子，比如当日所有顾客咨询，客服都回应了，那么旺旺回复率是100%。这里有些人肯定会问，面对广告事件，客服一般都选择不回复的情况，这会不会影响旺旺回复率的统计呢？如果面对发广告的不回复，这不仅仅会影响旺旺回复率的统计，

也同样会影响客服正常绩效包括询单流失人数、咨询成功率等统计。比较好的客服绩效管理软件，会提供这方面的过滤，比如过滤掉广告事件不计入客服绩效，让客服绩效考核更加精确。

（6）响应时间。指顾客咨询到客服回应的每一次的时间差的均值。这个值一般跟店铺接待情况及客服工作压力，即同时接待客户数有关。一般来说，五六十秒的响应时间是相对正常的，做得好的客服会把响应时间控制在二三十秒，做得不好的客服也可能让响应时间达到一百秒甚至更多。

2. 网店客服人员绩效考核标准制度（供参考）

（1）绩效考核的目的。

①客观公正评价员工的工作业绩、工作能力及工作态度，促使员工不断提高工作的积极性和绩效，提升企业的整体协作及劳有所得的主人翁责任感。

②为员工的薪酬决策、培训规划、职位晋升、岗位轮换等人力资源管理工作提供决策依据。

（2）适用对象。本制度适用于公司所有客服人员，但考评期内未到岗累计超2个月（包括请假及其他原因缺岗）的员工不参与当期考核。

（3）绩效考核的内容。

①工作业绩。工作业绩主要从月销售额和对上级主管安排的任务的完成情况来体现。

②工作能力。根据本人实际完成的工作成果及各方面的综合素质来评价其工作技能和水平，如专业知识掌握程度，沟通技巧及语言文字表达能力等。

③工作态度。主要对员工平时的工作表现予以评价，包括客户纠纷、积极性、主动性、责任感，信息反馈的及时性等。

（4）绩效考核实施。

①考核周期。根据岗位需要，对员工实施月度考核，其实施时间分别是下一个月的5～10日。

②考核实施。

考核者依据制定的考核指标和评价标准，对被考核者的工作业绩、工作能力、工作态度等方面进行评估，并根据考核分值确定其考核等级。

考核者应熟悉绩效考核制度及流程，熟练使用相关考核工具，及时与被考

核者沟通，客观公正地完成考评工作。

（5）考核结果应用。

①根据员工的考核结果，将其划分为5个等级，主要应用于职位晋升、培训需求、绩效提成发放、岗位工资调整等方面，具体应用见表13-1。

表13-1 考核结果应用表

评估等级	考核得分	所需培训强度	职位晋升	岗位级别	岗位工资调整
卓越	95～100	无	推荐	资深客服	3500元
优秀	85～94	一般	储备	二级客服	3000元
良好	75～84	较强	—	一级客服	2500元
一般	65～74	强	—	初级客服	2200元
不及格	65以下	很强	—	见习客服	2000元

②个人销售绩效提成计算方法见表13-2。

表13-2 个人销售绩效提成计算方法

销售额	绩效提成
15000元以下	1.5%
15000～20000元	超出15000元部分×2%+200元
20001～25000元	超出20000元部分×3%+500元
25000元以上	5%

③公共销售绩效提成计算方法：公共销售绩效提成＝公共销售业绩总额×1%÷客服人数。

④最终工资计算方法： 当月工资＝岗位工资＋个人绩效提成＋公共绩效提成＋全勤奖金。

⑤连续3个月考核排名第一的，将给予一次性1000元的奖励；连续3个月考核不及格的，自动请辞。

第5节 开店窍门与问答

1. 客服人员如何促成交易

（1）利用顾客希望快点拿到商品的心理。大多数顾客希望在付款后越快寄出商品越好。所以在顾客已有购买意向，但还在最后犹豫中的时候。可以说："如果真的喜欢的话就赶紧拍下吧，快递公司的人再过10分钟就要来了，如果现在支付成功的话，马上就能为你寄出了。"这对可以用网银转账或用安付通在线付款的顾客尤为有效。

（2）利用"怕买不到"的心理。人们常对越是得不到、买不到的东西，越想得到它、买到它。你可利用这种"怕买不到"的心理，来促成订单。当对方已经有比较明显的购买意向，但还在最后犹豫中的时候。可以用以下说法来促成交易："这款是我们最畅销的，经常脱销，现在这批又只剩2个了，估计不要一两天又会没了，喜欢的话别错过了哦。"或者说："今天是优惠价的截止日，请把握良机，明天你就买不到这种打折的宝贝了。"

（3）运用"二选一"成交法。当顾客一再出现购买信号，却又犹豫不决拿不定主意时，可采用"二选其一"的技巧。譬如，你可以对他说："请问您需要第14款还是第6款？"或是说："请问要平邮给您还是快递给您？"这种"二选其一"的问话技巧，只要准顾客选中一个，其实就是你帮他拿主意，下决心购买了。

2. 网店怎样招到合适的客服人员

招聘客服人员，首先是打字速度要快，这个招聘的时候需要把关。要有耐心和亲和力，在线上和线下的表现方式是不一样的，有些人在线下可能给人感觉很冷漠，但线上却表现出了另一面。

其次就是人品的选择，不能用功利心太强的人，急功近利的人会不择手段地去成交一切可能成交的单子，但对网店造成的不良影响却是不可低估的。这种人也是留不住的，哪天自己羽翼丰满了，就会另择高枝或是另立门户了。

此外，最好选一个声音甜美的客服，毕竟有时候还是要跟客户电话联系的。研究证明，甜美的声音会增加客户的心情愉悦度，这样对你的店铺又多了一份好感。

3．如何避免客服人员跳槽

有统计数据显示，网店流失的员工很大一部分是客服人员，客服人员往往在三四个月的时候流失的几率最高。常见的状况是这样的，新员工到了某网店，先接受一些制度、流程的培训，就开始上岗实习。并且因为客服的门槛较低，比较容易上手，很多人在工作一段时间后就会有自己当老板的想法。再加上客服劳动强度大，工作比较复杂，这样很容易造成客服人员的流失。

（1）管理要人性化。其实客服这个工作是比较辛苦的，整天对着电脑，跟不同的各种各样的人通过网络沟通，这也是个“伤神劳人”的事情。作为掌柜或者老板，你们应该尽量对客服员工好一点，不要过于限制他们的“工作自由”，比如一边听音乐一边和为顾客服务等也可以的。

（2）运用激励制度激发员工工作热情。对于客服人员来讲，收入才是最真实的。对于客服人员要真正的实施收入和能力挂钩的工资制度，不能等他们真正做到较高交易额的时候，你又舍不得兑现当初的提成承诺了。绩效考核制度必不可少，要给员工制定出工作标准，让他们知道什么可为，什么不可为，做得好的自然会被嘉奖，这样有利于提高工作绩效。很多跳槽的人都是觉得客服是没有前景的行业，是吃青春饭的行业，通过网店的一系列设计，给他们设计一个流程、发展方向的话，他都有一个工作的目标，同时也更易于管理。

（3）不要怕你的员工当老板。为了能让客服人员留在店里，首先要做的就是不要怕你的员工当老板，就像不想当将军的士兵不是好士兵一样。不想当老板的员工也不是好员工，招员工首先告诉他们欢迎来这里学习淘宝或者网店的经营管理，也希望他们能把网店当作自己的网店来做，并且告诉他们，如果有一天他们觉得自己完全可以独立操作网店，也会继续和他们保持良好的合作关系的。与其遮遮掩掩，不如把话说明了，关键的在于他们能不能把你的

精髓学去。

4．网店客服人员如何有效说服客户

（1）调节气氛，以退为进。在说服时，你首先应该想方设法地调节谈话的气氛。如果你和颜悦色地用提问的方式代替命令，并给人以维护自尊和荣誉的机会，气氛就是友好而和谐的，说服也就容易成功；反之，在说服时不尊重他人，拿出一副盛气凌人的架势，那么说服多半是要失败的。毕竟人都是有自尊心的，就连三岁孩童也有他们的自尊心，谁都不希望自己被他人不费力地说服而受其支配。

（2）争取同情，以弱克强。渴望同情是人的天性，如果你想说服比较强大的对手时，不妨采用这种争取同情的技巧，从而以弱克强，达到目的。

（3）消除防范，以情感化。一般来说，在你和要说服的对象较量时，彼此都会产生一种防范心理，尤其是在危急关头。这时候，要想使说服成功，你就要注意消除对方的防范心理。如何消除防范心理呢？从潜意识来说，防范心理的产生是一种自卫，也就是当人们把对方当作假想敌时产生的一种自卫心理，那么消除防范心理的最有效方法就是反复给予暗示，表示自己是朋友而不是敌人。这种暗示可以采用种种方法来进行比如，嘘寒问暖、给予关心、表示愿给帮助，等等。

（4）投其所好，以心换心。站在他人的立场上分析问题，能给他人一种为他着想的感觉，这种投其所好的技巧常常具有极强的说服力。要做到这一点，“知己知彼”十分重要，唯先知彼，而后方能在对方立场上考虑问题。

（5）寻求一致，以短补长。习惯于顽固地拒绝他人说服的人，经常都处于“不”的心理组织状态之中，所以自然而然地会呈现僵硬的表情和姿势。对付这种人，如果一开始就提出问题，绝不能打破他“不”的心理。所以，你得努力寻找与对方一致的地方，先让对方赞同你远离主题的意见，从而使之对你的话感兴趣，而后再想法将你的主意引入话题，而最终求得对方的同意。

24岁美女淘宝开店，月营业额过400万

咋一眼看沈秋，你完全没法将女强人、年销售额三四千万元这些字眼跟她联系起来。这位1990年出生的美女，沈秋大学毕业后便只身闯荡淘宝江湖，用了不到4年的时间，做到了五皇冠的成绩，客户中不乏网络红人，逛淘宝逛出了商机。

沈秋从高中起就喜欢网购。从买家变身为卖家，是在2010年。那年，沈秋刚大学毕业，而且因为自己对淘宝这种交易模式非常感兴趣，20岁的她决定进军淘宝。开什么样的店成了问题。现在的沈秋是个皮肤白皙的小美女，以前不是这样。沈秋是敏感肌，夸张到绝大部分化妆品不能碰。后来逐渐接触到一些偏方，肤质开始改善。

沈秋萌生了一个念头："如果我能找到一些纯天然的配方，分享给敏感肌的朋友，应该是个赚钱的商机。"这个想法开启了沈秋的淘宝路。

只卖纯天然护肤品

沈秋只崇尚天然护肤。她店里销售的护肤品都是纯天然产品。

她说，天然手工护肤品不含任何有害物质，纯天然的呵护，手工护肤品其护肤功效不仅可以与大品牌专业级别的护肤品相媲美，更能够避免工业化生产不得不添加的各类有害化学物质。

用她的话说："用心，用自己的双手，给客户带来一份安心，也给自己带来更多简单的快乐。"这也是她店铺能快速成长的秘诀所在。

网络红人经常光顾

"上月的销售额已经突破400万元。"沈秋说。从芝麻绿豆大点的小

店，到今天能取得这样骄人的成绩，其中少不了艰辛，但沈秋觉得最大的秘诀还是做口碑。

“最初我们推这些纯天然的护肤品的时候，障碍很大，因为新进入市场，没多少人知道。”那时，沈秋和她的团队每天都会在淘宝论坛发各种护肤普及帖子，同时附加它们的产品介绍，为此吸引到了许多客户。发展至今，小店已经积累了十几万客户，其中不乏一些网络红人，比如，模特沈忆秋、视频红人兔兔、作家潞浠等。

小女人有大梦想

4年过去了，从前那个懵懂的沈秋，在商场上变得更加老练。沈秋觉得，自己的产品是与大家分享的，所以一定要做得精。所以，每次有新产品研发出来，她都要亲自试用两三个月，确保没有任何副作用，而且能有不错的效果，才会在店铺里上架。

谈起对未来的规划，沈秋充满了展望。她说，现在已经有了自己的加工厂，所有产品都是自主研发、自己生产。沈秋说，现在新的商标已经重新注册，正在筹备其他手续，“离进驻商城的日子已经不远了”。

第十四章

网店售后服务与纠纷处理

很多卖家都认为提供良好的售后服务会增加开店成本，其实这是一种错误的认知。只有在保证质量的同时，做好售后服务，才可能会获得更多的客户。

第1节 如何做好网店售后服务

售后服务是整个交易过程的重点之一。售后服务和商品的质量、信誉同等重要。

1. 售后服务的具体事项

俗话说，一个好的客服等于三个销售，尤其是售后服务做得好，回头客不会少。贴心周到的售后服务会给买家带来愉悦的心情，从而成为你的忠实客户，以后会经常来购买你的商品。售后服务增加了与买家交流的机会，同时拉进了与买家之间的距离，增强信任的机会，这样的话买家很可能会介绍其他更多的亲朋好友来光顾的。在做淘宝的售后服务时，一定要注意以下几点：

（1）随时跟踪包裹去向。买家付款后要尽快发货并通知买家，货物寄出后要随时跟踪包裹的去向，如有运输意外，要尽快查明原因，并和买家解释说明。比如，卖家曾发过一个申通快递，在查询包裹时发现日期都两天了也没变化，赶紧向快递公司询问原因，原来是客户所在地区下大雪了而无法走件。和买家说明后，买家表示理解，避免了差评。

（2）交易结束及时联系。货到后及时联系对方，首先询问对货品是否满意，有没有破损，如对方回答没有，就请对方确认并评价。这就是所说的“先发制人”，买家都满意了还能给你差评吗？如果真的有什么问题，因为我们是主动询问的，也会缓和一下气氛，不至于“剑拔弩张”，更有利于解决问题。因为往往好多事情争取主动要比被动更易占“上风”，当然遇到“胡搅蛮缠”的买家则另当别论。

（3）平和心态处理投诉。因为来自五湖四海的买家什么样性格都有、货物运输力所不能及等各种原因，都会不可避免地出现各种各样的纠纷，能和平解

决的尽量和平解决，如果真正遇到居心不良或特别顽固的买家，我们也要拿起合法武器去据理力争、奉陪到底。

（4）认真对待退换货。货品寄出前最好要认真检查一遍，千万不要发出残次品，也不要发错货。如果因运输而造成货物损坏或其他确实是产品本身问题，买家要求退换货时，卖家也应痛快地答应买家要求，正所谓和气生财，说不定这个买家以后会成为你的忠实客户。

（5）不同买家不同备注。卖家们应该好好地总结自己买家群体的特征，因为只有全面地了解到买家情况，才能确保你进的货正好是你的买家喜欢的物品，更好地做生意。

建立买家的资料库，及时记录每个成交交易的买家的各种联系方式。

总结买家的背景至关重要，在和买家交易过程中了解买家的职业或者城市等其他的背景，能帮你总结不同的顾客的需求和特点。

购买能力很强的买家更要作为你总结的重点，发展这批群体成为你忠实买家有助于提高你的生意。

（6）发展潜在的忠实买家。当用户成为你的买家以后，淘宝不可能收回这些买家，他们将成为你自己的资产，你维护的好坏将直接影响他们以后会不会继续购买你的物品。

忠实买家所产生的销售额通常能够达到一定比例。所以对于曾经购买过你的物品的买家除了做好第一次交易，更要做好后续的维护，让他们成为你的忠实顾客。

定期给买家发送有针对性，买家感兴趣的邮件和QQ消息，切忌不要太频繁，否则很可能被当作垃圾邮件，另外，宣传的物品绝对要有吸引力！

把忠实买家设定为你的VIP买家群体，在店铺内制定出相应的优惠政策，比如可以让他们享受新品优惠，等等。

定期回访顾客，用打电话、QQ或者E-mail的方式关心客户，与他们建立起良好的客户关系，同时也可以从他们那里得到很好的意见和建议。

（7）管理买家资料。随着信誉的增长，买家越来越多，那么管理买家资料也是很重要的啦！除了买家的联系方式之外，还可以记录这些信息：货物发出、到货时间；这个买家喜欢自己挑选还是别人推荐；买家的性格是“慢吞

吞”还是“风驰电掣”；在价格或产品问题上是随意还是苛刻……建立这些资料的作用有二点：一是如果买家再次购买时，用不同的方式与之沟通；二是可以积累实际“战斗”经验。

2. 网店售后服务应具备的六种意识

卖家们都知道，货源和宝贝照片在网店经营中有非常重要的作用，货源直接影响到商品的价格，而照片影响到商品交易成功率。但卖家们在注意到这两点至关重要的同时，更需要注意的是售后服务。在某些时候，售后服务的重要性还要赶超前两者。遇到过中差评的卖家们深有体会，中差评会拉低网店的信誉度，对商品销售影响极大。通过良好的售后服务，可以最大可能地解决这个问题，使得卖家的长远利益伤害值减到最小。总结一下，良好的售后服务需要具备六种意识。

（1）职业意识。不论是兼职还是全职的卖家，都必须具备卖家的职业道德，否则在淘宝是无法长久存活的。哪怕是拍卖一个一元的物品，卖家也需要学习淘宝规则，具备职业素养，不然投诉和举报接踵而来，这样的事情对于卖家来说是很不利的。

（2）危机意识。对卖家来说，最怕遇到差评或中评，说不定一个差评下来，连消保都没法加入了。关于对中差评处理的技巧都是需要卖家首先学习的，不能遇到了问题再现学现卖。所以每一单的货品发出后，需要总结经验。

（3）换位思考意识。在淘宝上的卖家，大部分也都是买家，卖家往往在抱怨买家不理解自己的同时，应该想想自己作为买家的时候对产品或者对卖家的期待。有这样一个例子：有一位卖家在淘宝论坛发帖喊冤，说是快递私自转了物流，造成买家冒着大雨打车去取货，买家最后给了中评，说是付了几十块钱的快递费用还需要自己冒雨打车去取，太不像话了。当时帖子里大家回复的意见不一，部分卖家认为该买家应该体谅卖家不容易，可也有部分卖家认为，事态发展到当时的情况，买家给出差评也不为过，因为就交易的过程及结果来说，买家在经济和精神上都有不同程度的损失。换位思考一下，谁买东西能接受这样的结果呢？这位卖家应该追究快递的责任，最好能让快递跟买家道歉并给出适当的赔偿，这样这个中评才有可能得以修改。

（4）服务意识。虽然卖家在淘宝出售的是商品，但是买家购买时会根据

附加值来考虑到底到谁家购买。很多卖家都会想，我卖的东西是正品，质地很好，凭什么要低三下四地跟买家说话，像求人家买似的。在淘宝，卖家太多太多了，同类商品重复非常之多，这让买家有了更多的挑选空间。买家在购买商品时都会挑地点、挑价格、挑信誉，如果商品质量一样，唯一可比的就只能是服务了。若是没有好的服务，又如何吸引买家来你店里购买呢？切记服务第一。

（5）公关意识。前面说到卖家要具有危机意识，要提前准备，提前准备并非指做好被中评然后申诉的准备，而是提前开始做售后服务，将这个中差评的苗头扼杀在摇篮里。这里所谈的售后，不是指买家接到商品收货后的过程，而是指卖家发货之后的过程。当商品发出之后，经常会遇到各种问题，比如常见的物流问题，这时公关就显得尤为重要。对待不同的人要用不同的公关手法，不要因为在途中出现的失误让买家对你的商品产生质疑。只要卖家用心与买家多沟通，总是能找到解决的办法的。

（6）树立形象意识。很多卖家认为树立形象应该是前期宣传中所要做的，其实不然。随着店铺的发展壮大，遇到不同的买家，能一直维持100%好评的卖家必然是少数的。这有很多方面的因素，比如遇到的买家实在是无法协调之类的问题。除去协调和申诉，卖家还有一种解决方法，那就是差评下面的解释，有理有据的解释会使买家对你产生好感，中差评的解释有的时候还能起到正面的影响。如果遇到差评不解释，别人就以为你已经默认了。

第2节 如何处理交易纠纷

在交易过程中，有时买卖双方发生纠纷是不可避免的。当问题发生的时候，我们应该尽量协调和妥善地解决问题，在不影响生意的情况下，找到一个买卖双方都可以接受的平衡点，也不会导致因小失大。

1. 制定退货与换货规则的注意事项

买卖中很容易出现买家不满意的情况，如果发生了纠纷应该如何处理呢？一般情况下卖家都应先制定一个合理的退货与换货的规则。使得买家在购买商品时更放心。卖家在制订退货与换货规则时应注意以下几点：

（1）退货与换货的条件。通常情况下对于没保修期的商品，如果发货前就出现了质量问题或者在运输途中出现了质量问题，卖家都应该为买家进行退货与换货。如果是有保修期的商品，那么卖家应该在保修期内只要商品出现了质量问题都应该为买家进行商品的退货与换货。当然如果是买家人为地造成了损坏，则卖家可以不对其负任何责任。

（2）退货与换货的期限。退货与换货还是要设定一个时间限制的，如果不对它进行限制，买家放在手里很长时间后再退还到卖家手里，如果破坏了卖家的第二次交易，那就得不偿失了。这个要求相信大部分买家都是能够接受的。

（3）退货或换货物流费用。这里的费用应该和买家进行协商处理，一般情况下买卖双方是谁的责任，谁就负责物流的费用。

（4）退货或换货引起交易时间的变更。为了避免系统自动打款，卖家应该主动为买家延长交易的时间，为买家争取到时间，这样才可以给买家提供最好的服务。

如果买家因为对商品的颜色或者型号不满意而希望退还商品，卖家还是应该尽量为买家考虑，能换货的就进行换货处理，实在不好办的最好选择退货，这样买家不会给你评差评。

2. 合理处理买家退货要求

“网店卖家最怕遇到什么？”消费者的退货要求必定榜上有名，其实网上的货品交易，难免因各种原因被买家要求退货。不同于线下交易，由于网购商品缺乏直接接触，也可能存在商品质量、物流配送等一系列问题，使得消费者即使在付款后也可以申请退款维权。然而退款、退货对淘宝商户来说却十分“头疼”，一方面增加了店铺的无效工作时间，另一方面也会增加店铺的退款率，同时退款原因也会显示在信用栏中供买家参考，因此退货问题的处理是否得当也会间接影响店铺销量。

按交易进度可将退货分为两大类，包括在付款后确认收货前的退货，以及在确认收货后的退货要求，其中消费者的退货和换货要求大多是一瞬间的决定，针对不同阶段的退货要求，售后客服会采用不同的应对技巧。不过无论交易最终是否完成，售后人员都要积极努力地主动解决买家的退换货问题。处理买家退货的方法一般有以下几种：

（1）如果顾客因为某些不合意的理由，使用已购买的商品不能感到满意而希望退货的时候，就网上店铺服务顾客的立场而言，不得不接受顾客退货的要求。但是接受顾客退货的情形，并不是百分之百无条件地接受。也就是说店铺当然在允许范围之内接受退货或换货。

店铺必须事先决定好有关顾客退货换货的标准才行。如果不这么做的话，不但造成工作人员莫衷一是，而且就连顾客也会对店铺产生不信任的感觉。一般而言，以生鲜食品为主的商品，原则上是拒绝退货的。至于服饰类，因为有季节性的区别，即使是在旺季，价格也会一天一天地滑落。正因为衣服具有这种特性，所以除了特别情况之外，一般接受退货的期限是在一个星期以内。

（2）退货的理由也是一个问题。如果光是说：“买回家一看，发现不喜欢。先生也说不好看。”对店铺来说无可奈何，又不能很痛快地接受顾客的退货，这种时候不妨建议顾客更换其他商品。退货自然是愈早愈好，如果在短短几个小时之内来要求退货，店方应该很高兴地乐意接受退货的要求，不过邮费

最好由买家承担以避免无谓损失。

（3）因为顾客是怀着不好意思的心情来退货的，如果这时候店员不情愿，说话态度不好，结果会使原本心怀内疚的顾客转变成愤怒，把顾客弄得不愉快之后，再也不会来这家店购物了。

如果是不得不接受退货，也应该一开始就心情愉快地接受。并且马上笑着说："好的，没关系。"把钱退给顾客，并请顾客再次光临。之后，顾客一定会跟家人、左邻右舍或朋友们这样宣传："那家店退货时的待客态度很好。而且处理速度快，所以大可安心买东西。您也到那家店去买东西吧，就说是我介绍来的就可以了。"这样不但可以创造客户群，也可以达到一传十、十传百的广告效果，建立良好的口碑。

3. 正确应对顾客的投诉

如果交易中需要退换货，但经买卖双方协商后没有解决的，那么任意一方都可以向淘宝网进行投诉，之后淘宝网工作人员将介入并与双方协调解决。

一般来说，在交易过程中以买家投诉卖家居多，而买家多是在双方协商未果的情况下才向淘宝网投诉卖家。首先买家会发出投诉请求，并提供相应的证据，如商品图片、旺旺聊天记录等，而淘宝网客服在接受投诉后，一般会通过邮件方式联系卖家。

在收到投诉通知后，卖家需要根据实际情况进行处理。如果确实属于自己的退换货范畴，那么应当积极退换货并联系买家撤诉。因为如果自己强行不予退换，那么淘宝网工作人员会根据情况进行强制退款或给予卖家不同程度的处分。对于网店卖家，因为一次交易而换取一定的处分是非常不值得的。

当然，如果确实属于买家责任，那么卖家可以向淘宝工作人员提供有力的证据来说明自己不予退换的理由。只要证据充分，工作人员就会正确处理的。

无论责任在哪方，只要能通过买卖双方交流与协商解决的问题，尽量不必向淘宝网申诉，申诉的结果一般都以责任方妥协而告终，但在申诉的过程中卖家需要耗费大量的时间和精力。

当淘宝网店的信用和规模达到了一定的程度之后，交易量会大大增加，顾客的投诉必然也会增加。不管是钻石卖家，还是皇冠卖家，没有不处理投诉的。在处理顾客投诉的过程中，态度是非常关键的。

（1）换位思考。理解是化解矛盾的良药，店主一定要学会换位思考，站在顾客的角度看待问题。不管问题出在什么地方，都要先真诚地向顾客道歉，千万不要试图去制止顾客的火气，也不要指责顾客，要尊重顾客并让顾客发泄。顾客往往会在平静下来后觉得对不起你，甚至会向你道歉，这个时候难道还会有什么问题不好解决吗？当一个人被放到文明的环境中时，他也会用文明的方式解决问题。相反，如果他受到了不公正的待遇，他的行为甚至有可能是偏激的。

（2）认真倾听。顾客投诉的时候，肯定会有很多怨气。处理投诉，首先要处理的是顾客的心情，认真地倾听会让顾客的心情平静下来，也会让你了解顾客的真正意图。要耐心地倾听顾客的抱怨，不要轻易地打断顾客的叙述，不要批评顾客的不足，应该让他们尽情渲泄心中的不满。你只需要闭口不言、仔细聆听。当然，不要让顾客觉得你在敷衍他。当耐心地听完了顾客的倾诉与抱怨，顾客发泄满足之后，就能够比较自然地听卖家的解释和道歉了。

通过他的报怨，了解他所认为的真正问题是什么，他这次投诉真正要达到的目的是什么。这既是对顾客的安慰，也有助于店主了解真相，解决问题。

（3）态度好一点。买家抱怨或投诉的原因一般是对产品及服务不满意。从心理上来说，他们会觉得卖家亏待了他们。因此，如果在处理过程中态度不友好，会让买家的情绪很差，会恶化与买家之间的关系。反之，如果卖家态度诚恳，礼貌热情，会降低买家的抵触心理。

（4）不可推卸责任。接到顾客投诉时，不管是何种原因引起的投诉，首先要向顾客真诚地道歉，承认自己的不足，然后双方再交流投诉产生的原因。此时切不可推卸责任，把一切过错都推到顾客身上，在你把责任推出去的时候，一定会连顾客也一块推出去了。

（5）及时表达歉意。即使卖家没有错，或只是一个误会，也不妨礼貌地给顾客道个歉。道歉并不意味着做错了什么，重要的是它向顾客表达了卖家的态度。尽量用委婉的语言与买家沟通，即使是买家存在不合理的地方，也不要过于冲动，否则，只会使买家失望并很快离去。

（6）询问顾客意愿。店主不要试图以自己的意愿来解决问题，也不要把以前解决同类投诉的经验照搬过来。每个顾客希望的解决方案都是不一样的，有

时顾客也许只想听到真诚的道歉和改进工作的保证，而不是经济方面的补偿，询问清楚顾客的意愿，才能真正做到让顾客满意。

（7）提出完善的解决方案。顾客的所有投诉、抱怨，归根到底，是要求解决问题。因此，买家抱怨或投诉之后，往往会希望得到补偿。这种补偿有可能是物质上的，如更换产品、退货，或赠送产品等，也可能是精神上的，如道歉等。有时是物质补偿及精神补偿同时进行，多一点的补偿，让买家得到额外的收获，他们会理解卖家的诚意而下次再来的。

（8）双方谈判。谈判时一定要向顾客展示自己的诚意和信心。对顾客提出的不现实的解决方案，要先君子后小人，因为让顾客满意并不代表着要一味地退让，全盘接受顾客的方案。谈判的结果应该是双方在理智的范围内达成一致。

（9）信守承诺。谈判方案达成后，落实工作一定要及时到位，包括赔偿。越早处理，顾客的满意程度就越高。处理投诉和抱怨的动作快，第一，可以让买家感觉到尊重；第二，表示卖家解决问题的诚意；第三，可以及时防止买家的负面宣传造成更大的伤害。一般接到买家的投诉或抱怨信息，应立即向买家了解具体情况，想好处理方案，最好当天给买家答复。如果迟迟不肯落实，会加重顾客的不满情绪，引发新的投诉。

（10）跟踪结果。问题解决后的一定时间内对顾客进行回访，了解顾客对解决方案的满意程度。这样才可以增加顾客对你的信任度，使之成为你的忠实顾客。

4. 避免买家的中差评

“差评”是一个随时可以挑起淘宝卖家神经的关键词，尤其在日均订单量不是很大的情况下，由于评价的总量较少，在评价的百分比中差评会占了较大的比重，一个差评往往可以颠覆了卖家们之前付出的努力。相信许多卖家都会遇到一些刁钻的买家，单子不做没得赚，做了又怕遭差评。为了做好客户服务疲于奔命，“亲爱的”“非常感谢”这些讨好的词汇已经无法满足卖家们的词库了，送小礼物也不是办法。

以下几种方法可以尽可能地避免中差评：

（1）先从自己的客服管理做起。有时候客服为了做好订单达到绩效，常常

会给买家许下承诺。比如发货时间，快递到达时间。物流这个环节并不是控制在卖家手上，天有不测风云，快递耽误了物流不会为卖家负责，所以卖家给买家的答复应该是“正常情况下××天到达”，而不是“××天肯定能到”这种绝对的答复。在给客服做培训的时候一定要讲清楚这个问题，时常调取客服的旺旺聊天记录查看客服在对话里有没有不妥的措辞，注意及时帮助他们纠正。

（2）注意宝贝详情的内容，把你的宝贝可能存在争议的问题写清楚。比如你卖的是衣服，买家会关注面料、尺码和细节做工，虽然卖家在宝贝详情里的配图已经做得很详细了，但是有很多卖家把宝贝详情都过度优化，内容太多太密集，买家关注的几个细节反而会被忽略。所以，概括性的东西大概提一下就可以了。把买家关注的问题写清楚写详细，就算哪天你和买家的交易出现纠纷，你的宝贝详情快照也能够帮你证明你的服务已经说清楚了。

（3）注意收集买家的提问，通过记录买家的问题了解买家对你的宝贝的关注焦点。在积累到一定时间后把这些问题做一个排序，提问最多的必然可以代表市面上最常出现的问题，有利于以后卖家在给客服做话术培训以及进货采购时，尽可能地规避掉这些问题。

（4）密切留意买家给你的评价。因为网购的大多数都是上班族，下班回到家里以后拆封，确认收货，所以其实有超过60%的买家会在晚上给出评价，而这时候很多店铺的客服都处于轮班状态或者无人值守的状态。而得到差评的更有80%是因为买家找不到客服认为申诉无门，纠纷无法得到解决干脆就给一个差评。因此晚班的客服值守很重要，这个客服要有及时地解决问题的能力和权力，否则要给买家换货还得找老板请示，那就来不及了。

（5）多做活动冲掉负面的评价。有时候一些差评是没办法逆转的。那只能通过好的评价来冲抵差评所占的比重。比如，你可以用一些促销品做包邮来冲订单数，当然这可能会消耗一点利润，但是这对于评价和总体评分的提升是有好处的。也可以做做店铺有奖评价活动，旺商云好评推广就有这个功能。你可以设定逢80、180、280的评价，就奖励小礼物。用这种方法来刺激买家尽快给你确认和评价。然后把这些获奖的评价信息，好评信息分享到你的店铺微博上去，既可以给店铺做一些引流，也可以让你的店铺尽可能地出现优质评价。

第3节 开店窍门与问答

1. 网店售后服务的“短、平、快”原则

售后是一种态度：售后工作其实是很琐碎繁杂的，需要有强大的抗压能力和平和的心态，售后服务应遵循“短、平、快”的原则。

（1）“短”。就是尽可能在最短的时间用最有效的方式解决问题，协商一致。

（2）“平”。是指售后需要随时保持一种平和的心态去处理问题。

买家有问题需要处理，不管是有理还是无理，卖家都要把控好自己的情绪，并对买家有一个良性的感染力，最忌跟买家针锋相对。

（3）“快”。主要表现在效率上面，买家有问题找到你，最好能当时就解决掉，不拖拉。

卖家要直接问买家，“亲，你希望怎么处理比较好？”或是如果买家问卖家如何解决时，卖家应一一列出解决方案，退换或补偿多少，然后再问买家愿意接受哪种方式。这样直奔主题，双方都不浪费时间。

有时有些买家遇到的问题并不是很大，比如穿了觉得不好看啊，没有想象中的那么厚啊，这时候，她们可能单纯只是想要倾诉一下心里的感受，这时你的语言方面一定要注意分寸，表现得亲切一些，多用用旺旺的各种让人愉快的表情。

2. 淘宝开店如何应对职业差评师

职业差评师的硬特征：

（1）送出的中评或差评数量较多。

（2）送出的中差评多分散于各个网店。

职业差评师的软特征：

（1）基本不聊天或很少聊天，拍下后直接付款。

（2）基本用新账号，老账号差评多了容易被人发现。

（3）聊天和拍付可能会使用不同账号，这样即使有证据也对不上旺旺号。

（4）基本直接给中差评，不会事先与卖家沟通。

（5）基本不接电话，也不用旺旺沟通，会告诉卖家：我只用QQ聊天的。

（6）基本用QQ沟通，因为淘宝客服不承认QQ聊天记录证据。

职业差评师的目标网店：

（1）有一定交易量的、好评率100%的网店。一般来说周成交量300笔以上的卖家，差评师是不会去碰的，因为几个中差评对店铺的信誉影响并不大，差评师也就失去了要挟的砝码。

（2）新开的或者信誉等级偏低的网店，好评率就不用说了，一个中差评，确实可以重重打击这类网店，甚至可以让店主失去继续开店的信心。

针对这类网店，如果能提前知道差评师就能早做防范。对于已经成交的订单，在发货前最好再确认下每个买家的信用详情，查看下是否潜伏着差评师？

应对职业差评师的方法：

（1）要使用引蛇出洞的策略，让对方说出修改评价条件，哪怕是通过QQ聊天。

（2）尽量引导对方向修改评价条件的方向聊天，聊得越详细越好。

（3）保留QQ聊天截图，发布到淘宝相关的论坛，召集同样受害的卖家，引起共鸣。

（4）查找对方的购买记录和给出的中差评数量，联系其他卖家商量解决方案。

（5）如果查出该客户给其他网店也有很多中差评，就向淘宝客服投诉并说明该客户的其他劣迹。

3．售后回访，赢得回头客

对买家进行售后回访，了解商品的使用情况，交代使用注意事项，指导买家进行维护和保养，有问题给予及时解决，可以赢得大量回头客。

回访的方式通常有以下几种：

（1）建立顾客档案。把买家的姓名、联系方式、地址、购买的商品以及所需商品做一个详细的清单，方便假日的时候问候买家。

（2）节假日信函回访、问候顾客。定期对买家进行回访，节假日花几分钟时间真诚地给买家发一封贺卡或短信问候等，都有助于维护顾客关系。买家也会感到店主很尊重自己，以后再购物时会第一时间想起店主的。

（3）电话回访。电话回访的最佳时机就是估算买家大概的收货时间，这时回访有两方面的好处：一是让买家觉得你在关心他，若是没有收到货最好及时为他查询；二是有利于买家及时做出好评。买家因为店主热心周到的服务而感动、感激，觉得店主是个可以信赖的卖家。店主也就赢得了更多的回头客，生意也会越来越好。

无论是在交易中还是交易后，都要以顾客为中心，永远把顾客作为上帝。这样才能赢得顾客的信赖，才能做好网上销售，提升营业额。